◆ 湖北民族学院民族社会发展学科群，武陵山民族文化与旅游产业发展湖北省协同创新中心研究成果

■ 民族社会发展研究丛书

土家族传统生态知识及其现代传承研究

姜爱 著

中国社会科学出版社

图书在版编目（CIP）数据

土家族传统生态知识及其现代传承研究／姜爱著 . —北京：
中国社会科学出版社，2017.9
（民族社会发展研究丛书）
ISBN 978 - 7 - 5203 - 0885 - 4

Ⅰ.①土… Ⅱ.①姜… Ⅲ.①土家族—传统文化—研究—中国
Ⅳ.①K287.3

中国版本图书馆 CIP 数据核字（2017）第 210423 号

出 版 人　赵剑英
责任编辑　孔继萍
责任校对　李　莉
责任印制　李寡寡

出　　　版　中国社会科学出版社
社　　　址　北京鼓楼西大街甲 158 号
邮　　　编　100720
网　　　址　http：//www. csspw. cn
发 行 部　010 - 84083685
门 市 部　010 - 84029450
经　　　销　新华书店及其他书店

印刷装订　北京君升印刷有限公司
版　　　次　2017 年 9 月第 1 版
印　　　次　2017 年 9 月第 1 次印刷

开　　　本　710×1000　1/16
印　　　张　17.25
插　　　页　2
字　　　数　282 千字
定　　　价　69.00 元

总　序

　　湖北民族学院地处神奇美丽的恩施土家族苗族自治州，东连荆楚，南接潇湘，西邻渝黔，北靠陕渝，是一所湖北省政府和国家民委共建的省属普通本科院校。进入新世纪以来，学校在科学研究方面取得了显著成绩，同时学科建设形成了特色，服务民族地区经济社会发展的水平得到了较大提升。2003 年，学校"南方少数民族研究中心"获批为湖北省高校人文社科重点研究基地，以此为依托，该校以"大民族学"学科视域开展科学研究，建设了多个科研平台，如"武陵山少数民族经济社会发展研究基地""武陵山民族理论政策研究基地""鄂西生态文化旅游研究中心""湖北民族研究所"等等。2012 年，由湖北民族学院牵头，协同华中师范大学、三峡大学等高校，联合恩施州相关政府部门以及武陵山片区旅游企业共同组建了"武陵山民族文化与旅游产业发展湖北省协同创新中心"；2015 年，学校以民族学学科为主干学科，法学、经济学等为支撑学科，获得了"民族社会发展"省级学科群建设项目，同年还获得了"武陵山民族文化传承与创新"博士点建设对口支持项目。近年来，湖北民族学院民族学学科团队直接服务于国家区域发展战略，积极发掘和整理研究武陵山民族民间文化资源，在区域经济发展、民族文化传承、生态文明建设以及民族区域治理等领域产生了一批具有重大影响的成果，受到学术界以及地方政府部门的高度关注。

　　武陵山片区集革命老区、民族地区和贫困地区于一体，是跨省交界面大、少数民族聚集多、贫困人口分布广的连片特困地区，也是中国区域经济的分水岭和西部大开发的最前沿。近二十年来，在国家的大力支持和当地群众的共同努力下，武陵山片区经济社会发展取得了引人瞩目的成就，特别是在非物质文化遗产挖掘、申报、保护以及文化产业发展方面取得的成绩可圈可点。但我们也清楚地认识到，全面振兴武陵山片区的任务依然还很艰巨，前进的道路还很漫长，如何促进该地区又好又快地发展一直是政府、学者以及当地群众共同面临的主要现实问题。因此在进行经济文化建设的同时，还必须加强对武陵山片区社会发展中的相关问题进行调研与探究，提前规划，为该地区的发展提供参考。

在湖北省"民族社会发展"学科群建设项目和湖北省协同创新中心经费的支持下，呈现在广大读者面前的这套《民族社会发展研究丛书》是湖北民族学院民族学学科团队继《文化多样性与地方治理丛书》编纂之后的又一个跨学科协同研究成果。该系列成果涉及民族学、政治学、法学、经济学、艺术学等多个学科领域，研究区域主要在武陵山片区，研究对象主要为武陵山片区的少数民族，研究内容涉及非物质文化遗产、特色村寨、文化产业、民间信仰以及和谐社会建设；研究成果既有基础理论研究，还有直接服务于民族地区经济社会发展的应用型成果。

丛书的作者大多是接受过系统专业学习和学术训练的高层次研究人员，既有已经在学界崭露头角的中青年专家，也有初出茅庐的青年才俊，虽然有的著作可能还略显稚嫩，但都显示出了每一位研究者较为扎实的基本功底和严谨务实的精神。我们期待该丛书的出版能对民族地区社会发展有所裨益，同时也期望圆满完成"民族社会发展"项目建设任务，在学科基础条件建设、团队建设、创新水平等方面有较大程度的提升。

谭志满

2017 年 3 月 12 日

序　言

自现代化运动以来，人类社会发生了重大变化，科技的进步延长了人类的手臂，改变了人们的生活方式。人类在一个世纪创造的物质财富超过以前所有时代的总和。但人类并不幸福，环境恶化、生态灾难、价值观扭曲、贫富悬殊、恐怖主义蔓延等困扰着世界。生态环境是人类生存的基本条件，生态环境恶化问题具有跨国别、跨区域特点，影响人类的生存和发展，受到当下各国普遍关注。

为破解生态环境问题，相关国际组织、各国政府进行着不懈努力，有关环保国际合作项目在积极推进。中国政府提出了推进社会主义生态文明建设，建设环境友好型社会的目标，并取得了重要成效。中国生态学、人类学等学科学者就生态环境保护进行了认真研究，产出了一些重要成果。中华各民族传统文化中的生态知识，中华各区域的地方性生态知识，积淀了中华民族数千年的生态智慧。这些知识和智慧在不同时期为中华民族适应环境、生息繁衍、发展进步起了重要作用，在当今环境整治，生态建设中也具有重要价值。认真研究各民族生态知识和智慧，对于推进生态文明建设，建设美丽中国，具有重要现实意义。

土家族聚居在我国武陵山区，这个区域山多田少，森林密布，河流纵横，地形多样。在长期的历史发展过程中，土家人积累了适应山地环境、合理利用山地资源的丰富知识和智慧，深入发掘这些生态知识和智慧，研究其合理利用，对于推进当今土家族地区生态文明建设具有重要意义，对于其他地区生态环境治理也有参考价值。

湖北民族学院姜爱博士撰写的《土家族传统生态知识及其现代传承研究》即将由中国社会科学出版社出版，作为她的导师，我感到由衷高兴。在博士研究生学习期间，姜爱同志德业双修，收获颇丰。工作之后，曾赴台湾"中研院"访学，研究能力进一步提升。本著是她在博士学位论文基础上修改而成，其特点和价值主要体现在以下几个方面：

一是充分利用大量文献资料，对土家族传统生态知识内容进行了全面地梳理。在吸收已有研究成果基础上，对武陵山区的地方史志、文史资料、民间文书、家谱、碑刻铭记、乡规民约中蕴含的生态知识进行了深入挖掘，对土家族一些传统文化事项的生态含义进行解读，从观念、规约、技术三方面较为详细地梳理了土家族传统生态知识的内容，拓展了生态知识的研究视域。

二是通过细致深入工作，搜集了许多宝贵的一手资料。为了全面占有资料，姜爱同志足迹遍及湘鄂渝黔四省市土家族地区，对恩施土家族苗族自治州、湘西土家族苗族自治州永顺县和龙山县、重庆市酉阳土家族自治县、贵州省沿河土家族自治县进行了重点调查。选取利川市桂花村、宣恩县彭家寨、永顺县双凤村、来凤县马家园村等土家族村寨进行个案考察。通过文献梳理、深度访谈、问卷调查等方法，获得了大量材料，特别获取了许多珍贵的口述资料、图片、实物资料。扎实的材料工作，夯实了本著观点的科学性。

三是在分析传统生态知识传承机理基础上，建构了生态知识的现代传承体系。通过研究，姜爱同志发现，土家族传统生态知识是通过"纵向承继"和"横向传播"两条路径传承的，其具体形式有教育内化、仪式强化、群体规范、外部环境制衡等。在此基础上，她从传承者与接受者、传承内容、传承途径、保障体系等方面，建构了传统生态知识现代传承体系。以上工作，深化了土家族生态知识的理论探究，彰显了本著的学术价值和现实意义。

传统生态知识研究涉及历史学、生态学、民族学、人类学等多个学科。生态民族学研究尚待进一步推进，土家族传统生态知识还需要深入剖析。我们期望姜爱同志以本著出版为契机，在学术道路上不断前行，在民族学研究方面取得更多成果，为社会做出更大贡献！

段超

2017 年 7 月 26 日于中南民族大学

目　　录

绪　　论 ……………………………………………………………… (1)

一　选题缘由及研究意义 …………………………………………… (1)

（一）选题缘由 ……………………………………………………… (1)

（二）研究意义 ……………………………………………………… (2)

二　相关理论与学术史回顾 ………………………………………… (3)

（一）生态人类学的发展轨迹 ……………………………………… (3)

（二）土家族生态研究的相关成果 ………………………………… (18)

三　基本思路与主要内容 …………………………………………… (20)

（一）基本思路 ……………………………………………………… (20)

（二）主要内容 ……………………………………………………… (20)

四　资料来源与研究方法 …………………………………………… (22)

（一）资料来源 ……………………………………………………… (22)

（二）研究方法 ……………………………………………………… (23)

五　相关术语的界定与辨析 ………………………………………… (26)

（一）"本土知识""地方性知识"与"传统知识" ………………… (26)

（二）"生态知识"与"生态文化" ………………………………… (28)

（三）"传统生态知识" ……………………………………………… (29)

第一章　土家族传统生态知识的形成背景 ………………………… (32)

第一节　地理环境 …………………………………………………… (32)

一　复杂多样的山地地形 …………………………………………… (32)

二　纵横交织的河流水系 …………………………………………… (34)

三　温湿多雨的立体气候 …………………………………………… (34)

　　四　贫瘠多石的土壤土质 ………………………………………（35）

　　五　频繁多发的自然灾害 ………………………………………（37）

　　六　丰富多样的动植物资源 ……………………………………（42）

第二节　历史文化背景 ……………………………………………（45）

　　一　复杂多元的先民文化的影响 ………………………………（46）

　　二　交织互动的多民族文化的熏染 ……………………………（48）

第三节　人口背景 …………………………………………………（51）

　　一　不断增长的人口数量 ………………………………………（51）

　　二　相对偏低的文化教育水平 …………………………………（54）

　　三　不均衡的分布格局 …………………………………………（55）

第四节　政治经济背景 ……………………………………………（56）

　　一　发展缓慢的经济条件 ………………………………………（56）

　　二　不断变换的政府政策 ………………………………………（58）

本章小结 ……………………………………………………………（62）

第二章　认知与适应：土家族传统观念型生态知识 ………………（63）

第一节　朴素的生态伦理观 ………………………………………（63）

　　一　热爱之心——亲近自然 ……………………………………（63）

　　二　感恩之心——回报自然 ……………………………………（66）

　　三　敬畏之心——崇拜自然 ……………………………………（69）

第二节　传统历法气象认知 ………………………………………（80）

　　一　传统计时制度 ………………………………………………（80）

　　二　传统气候预测 ………………………………………………（82）

第三节　动植物传统认知分类系统 ………………………………（86）

　　一　植物认知与分类 ……………………………………………（86）

　　二　动物习性认知与利用 ………………………………………（93）

第四节　朴素的传统生态系统认知 ………………………………（97）

　　一　因时因地制宜 ………………………………………………（97）

　　二　"用"与"养"相结合的平衡生态认知 …………………（100）

本章小结 …………………………………………………………（103）

第三章 管理与约束:土家族传统规约型生态知识 ……………… (104)

第一节 强制性公约制度规束 …………………………………… (104)

一 山林树木保护制度 ……………………………………… (104)

二 河流水源管理制度 ……………………………………… (108)

三 野生动物适度索取制度 ………………………………… (109)

四 土地资源保护与利用制度 ……………………………… (110)

第二节 约定俗成的习俗约制 …………………………………… (111)

一 人生礼仪与"栽树栽竹" ………………………………… (112)

二 衣食住行与生态适应 …………………………………… (114)

三 节日习俗与环境保护 …………………………………… (123)

第三节 神秘的信仰禁忌控制 …………………………………… (125)

一 生产禁忌与索取节制 …………………………………… (125)

二 生活禁忌与生态保护意识 ……………………………… (126)

本章小结 ……………………………………………………… (127)

第四章 利用与治理:土家族传统技术型生态知识 ……………… (129)

第一节 常态适应型生态技能 …………………………………… (129)

一 刀耕火种,轮歇恢复 …………………………………… (129)

二 间作套种,密植高收 …………………………………… (131)

三 植树造林,适地适树 …………………………………… (134)

四 精于储存,保质保鲜 …………………………………… (137)

五 排水灌水,节水巧用 …………………………………… (139)

六 擅用竹木,巧于编织 …………………………………… (141)

第二节 抗风险适应型生态技能 ………………………………… (144)

一 自然灾害的防范技术 …………………………………… (144)

二 "驱鸟兽"技术 ………………………………………… (147)

三 作物病虫害传统防治技术 ……………………………… (150)

四 动物疫病防治技术 ……………………………………… (153)

第三节 改造补救型生态技能 …………………………………… (154)

一 开土造田,治山治水 …………………………………… (154)

二 积肥施肥,改良土壤 …………………………………… (156)

本章小结 ……………………………………………………………（161）

第五章 土家族传统生态知识的历史传承机理 ……………………（162）
第一节 教育内化机理 …………………………………………（162）
一 个体实践教育："人家怎么做，咱就怎么做" ……………（162）
二 集体记忆与民间叙事教化 ………………………………（163）
第二节 仪式强化机理 …………………………………………（173）
一 "谢果树"与"牛王会"：传统生态伦理观的强化 ………（174）
二 "封山护林"与"梅山神祭祀"：生态保护规约的传承 …（176）
三 建房仪式：传统生态技艺知识的传承 …………………（178）
第三节 人际网络引导机理 ……………………………………（180）
一 "换工互助"与"拉家常"的意外收获 …………………（181）
二 村落评价尺度的引导 ……………………………………（183）
三 "权威"人士的指引与推动 ……………………………（186）
第四节 外部环境制衡机理 ……………………………………（189）
一 生存环境的长期稳定性 …………………………………（189）
二 政治环境的控制 …………………………………………（190）
本章小结 ……………………………………………………………（193）

第六章 现代化背景下土家族传统生态知识的境遇 ………………（194）
第一节 土家族传统生态知识的现代价值 …………………（194）
一 生态价值：生态维护与生物多样性的保护 ……………（194）
二 经济价值：山地资源的充分合理利用 …………………（196）
三 科技价值：弥补现代科学技术的缺憾 …………………（199）
四 产业开发价值：生态产业与绿色产品 …………………（201）
五 社会价值：生态管理与社会可持续发展 ………………（204）
第二节 当代土家族传统生态知识的传承现状及流失原因 …（205）
一 现代化背景下土家族传统生态知识的传承现状 ………（206）
二 土家族传统生态知识的流失原因探析 …………………（208）
本章小结 ……………………………………………………………（217）

第七章　新时期土家族传统生态知识有效传承的思考 ……………（218）

　第一节　加深人们对传统生态知识的理性认知 …………………（218）

　　一　克服对传统生态知识的文化偏见 …………………………（219）

　　二　认清传统生态知识传承的特殊性 …………………………（219）

　第二节　传统生态知识内容的系统化与科学化 …………………（221）

　　一　挖掘与整理：传统生态知识的系统化 ……………………（221）

　　二　发展与创新："弱生态知识"→"强生态知识" ……………（222）

　第三节　实现传承途径的多样化 …………………………………（224）

　　一　历史传承方式的继承 ………………………………………（224）

　　二　现代传播手段的充分利用 …………………………………（226）

　　三　开发利用中活态传承 ………………………………………（232）

　第四节　建立现代传承的保障体系 ………………………………（240）

　　一　法律法规的完善 ……………………………………………（240）

　　二　政府与学者的支持 …………………………………………（241）

　　三　经费保障 ……………………………………………………（241）

　　四　人才队伍保障 ………………………………………………（241）

　第五节　吸收借鉴国内外实践经验 ………………………………（242）

　　一　发展观光农业与生态旅游 …………………………………（242）

　　二　建立生态学校 ………………………………………………（243）

　　三　发展有机农业，建设农业生态园 …………………………（244）

　本章小结 ……………………………………………………………（245）

结　语 ………………………………………………………………（247）

　一　土家族传统生态知识的独特魅力 ……………………………（247）

　二　土家族传统生态知识的"声声不息" …………………………（248）

参考文献 ……………………………………………………………（253）

后　记 ………………………………………………………………（263）

绪　　论

一　选题缘由及研究意义

改革开放以来，中国的经济一直保持着持续、快速的增长势头，但在经济繁荣的背后却是环境的巨大压力和生态的进一步恶化。在这种新的形势下，人们开始重新审视人与自然界的关系，生态建设与生态安全开始成为公众普遍关注的焦点，生态研究也引起了包括自然科学和人文科学在内的众多领域学者的重视，越来越多的人类学者开始关注人类社会的可持续发展问题，他们将研究视角指向不同民族、不同地区和不同群体，期望从中发现可资借鉴和学习的经验。我国少数民族生存的自然生态环境与汉族地区存在较大差异，因而孕育着不同的生态知识和智慧，这些智慧是少数民族长期积累和流传下来的具有历史性和延续性的东西，不仅存在于过去，还存在于现在，对于今天的生态建设仍然具有重要的现实价值。

（一）选题缘由

土家族是一个历史悠久的民族，主要集中分布在湘、鄂、渝、黔四省市交界处的武陵山区，当地土家人虽然没有现代社会强烈的"生态环保"自觉，但他们在这独特的山地环境中积累了一整套与大自然和谐相处的生态智慧，从而使该地区的生态一直保持得相对完好。这些传统生态智慧世代传承，经过了实践的长期检验，是适应当地特殊山地环境的产物。在学术界，有些学者认为土家族农、林、牧业都不具备特色，因此对其缺乏应有的关注。殊不知，这种"无特色的特色"即是土家族传统生态知识的最大魅力所在。土家族在武陵山区的长期生产生活实践中到底积累了哪些

传统生态知识？这些传统生态知识是如何传承至今的？现代化背景下这些
生态知识又面临怎样的境遇？许多问题都有待深入研究与探讨。

笔者虽然来自江汉平原，但因为"求学—工作—深造"，至今已在土
家族地区生活多年，对土家族也有了一份特殊的感情。长期的调查及生活
经历促使自己走过武陵山区的许多地方，熟悉了这里的山山水水和风俗人
情，人际交流、饮食习惯、交通等早已不是田野障碍，第一手资料的搜集
相对容易。母校中南民族大学与湖北民族学院都是土家族研究的重要基
地，数量可观的地方文本资料有利于课题的完成，秉承传统研究也相对便
利。鉴于此，在导师的指导下，笔者将"土家族的传统生态知识及其现
代传承研究"作为博士学位论文的选题，以期拓展与丰富土家族的生态
问题研究。

（二）研究意义

1. 拓展土家族生态研究领域，丰富生态人类学的地方性研究

生态人类学是从国外传入国内、新近发展起来的一门学科，对于传统
生态知识的研究是生态人类学中不可或缺的组成部分。传统生态学的特性
之一就是它的地方性，因此，对不同地域生态知识的研究便是生态人类学
研究必不可少的环节。土家族自 1957 年被认定为单一的民族以来，对其
研究引起了学者们的高度重视，研究成果大量问世，这些成果涉及土家族
族源、文化变迁与互动、宗教信仰、婚姻家庭、经济发展等众多领域。在
土家族生态问题研究方面，不同学者从不同视角也进行过一些探索，但由
于学者们重视程度不够，这些成果或由于篇幅所限，或由于主题所限，均
没有全面深入地对土家族传统生态知识进行系统研究，更没有有效探讨这
些传统生态知识的传承问题。本书采取"点面结合"的方式全面系统地
研究整个土家族地区的生态知识，探讨这些生态知识的历史传承机理并由
此建立当代传承的科学体系，可以拓宽土家族的研究领域，丰富生态人类
学的地方性研究。

2. 推动武陵山区的健康可持续发展

武陵山区是典型的"老、少、边、山、穷"地区，生态环境复杂，
如何促进该地区生态与经济的和谐可持续发展一直是困扰当地政府及民众
的主要难题。只有认识自然、适应自然，才能充分利用自然并有效改造自

然。土家族传统生态知识是土家人在长期与自然环境的交往中积累起来的一套知识体系，它经过了实践的反复检验，是适应当地生态环境和社会文化特点的产物，体现了民众的生存逻辑与生存智慧。传承土家族传统生态知识，有利于弘扬优秀民族传统文化，彰显民族精神。本书挖掘土家族传统生态知识，也有利于政府相关部门正确认清武陵山区的特殊环境，了解传统知识的价值，因地制宜地建立合理的农业产业结构，从而正确处理武陵山区人口、资源、环境与经济社会发展之间的关系，推动当地的健康可持续发展。

3. 为实现"美丽中国"和建设生态文明提供借鉴与参考

在当今全球生态危机和环境问题日益突出的严峻形势下，和谐与发展成为中国目前面临的两大主题，人与自然的和谐、发展与保护等问题逐渐凸显。党的十八大报告把"美丽中国"作为未来生态文明建设的宏伟目标，把生态建设摆在总体布局的高度来论述。加强生态文明建设，绝不是要人类消极地向自然回归，而是要人类积极地与自然实现和谐相处。人类既不能简单地去"主宰"或"统治"自然，也不能在自然面前无所作为。土家族传统生态知识中蕴含着许多对今日有启示意义的与大自然和谐相处的宝贵智慧，挖掘与传承这些生态智慧可以为当代的生态保护与环境治理提供参考，可以为全国自然资源管理提供借鉴，有利于生态文明建设。

二　相关理论与学术史回顾

本书的研究对象是土家族的传统生态知识及其传承，因此研究采用的主要理论就是生态人类学的相关知识。以下将对这一理论及其相关研究作一简要阐述。

（一）生态人类学的发展轨迹

1. 国外生态人类学的理论与方法

生态人类学是20世纪60年代出现的一门分支学科，它"主要采用人类学的理论和方法研究人类、生态环境及文化三者之间的互动关系"[①]。

---

① 任国英：《生态人类学的主要理论及其发展》，《黑龙江民族丛刊》2004 年第 5 期。

同其他学科一样，生态人类学也有一个产生和发展的历史过程。在生态人类学的发展过程中，由于受不同人类学学派的影响形成了不同的理论范式，主要有环境决定论、环境可能论、文化生态学、生态系统学、民族志生态学以及文化唯物论等。

（1）环境决定论

在早期西方生态人类学思想中，环境决定论居于主导地位。环境决定论认为物质环境在人类事务中发挥着"原动力"作用，文化的形成、进化、变迁及群体的发展等都是由地理环境因素造成的。希波克拉底（Hippocrates）的体液论就是最典型的环境决定论，他认为人的体内有黄胆汁、黑胆汁、黏液和血液四种体液，分别代表火、土、水和血。这四种体液在身体中相对比例的不同造成个体在体格和人格上以及虚弱和健康的差异。居住在热带的人们因为炎热和缺水而导致体液失衡，所以他们易动感情，沉溺于暴力。[1] 柏拉图和亚里士多德两人把气候与政体相连，认为温和的气候产生民主政府，炎热的气候产生专制政府，寒冷的气候无法产生任何真正的政府形式。孟德斯鸠和亨廷顿将气候与宗教相连，认为炎热的气候产生消极的宗教，最高级的宗教形式只在气候温和的地区产生。

19 世纪末 20 世纪初，体液论的声望开始下降，但是环境决定论的影响仍然在持续。早期古典进化论代表人物巴斯蒂安提出"地理区域"的概念，认为每个民族文化都有自己的分布区域并受地理环境影响。传播论学派代表人德国学者拉策尔将地理环境概念发展为地理环境学说，认为自然对个人以及通过个人对整个民族的体质和精神产生决定性影响，他强调地理环境决定人的生理、心理以及人类的分布、社会现象及其发展进程。环境决定论过于强调自然环境的决定作用，"强调简单的、线性的因果关系，而忽视人、环境与文化之间的相互作用"[2]，认为人基本上是自然环境的消极产物，其局限性是显而易见的。

（2）环境可能论

20 世纪 20—30 年代，人类学界环境解释的总趋势是由决定论转向可

---

① ［美］唐纳德·L. 哈迪斯蒂：《生态人类学》，郭凡、邹和译，文物出版社 2002 年版，第 1—2 页。

② 李霞：《生态人类学的产生和发展》，《国外社会科学》2000 年第 6 期。

能论，它认为环境只能起到一种限制或选择的作用。这种转变主要归因于博厄斯历史特殊论学派的影响。博厄斯主张文化特征和文化模式的起源应归因于历史传统而非环境，但他并非完全忽略环境对文化的影响，他认为环境的重要作用在于解释一些文化特征为什么没有出现，而不是说明它们为什么一定会产生。① 功能学派创始人马林诺夫斯基以西太平洋特罗布里恩德群岛人卓越的航海技术证实了"野蛮人"对环境的理解和控制力，他用详细的民族志指出了一个事实，即环境决定论无法面对诸多现实状况。美国历史学派代表人物克鲁伯对北美玉米作物的研究是运用环境可能论解释的最著名的例子，他认为玉米的生长需要长达 4 个月的充足降水，并且不能有毁灭性的霜冻。因此北美玉米作物的分布受到气候的限制。② 考古学家 W. 韦德尔（Wedel）也作了类似的研究。他认为大平原上早期农耕的地理分布与降雨量密切相关。农业只出现在年平均降水量足以满足农作物生长的地区，以及那些不经常发生干旱的地区；在一些年平均降雨量充足，但毁灭性干旱经常发生的地区，则实行农业种植和狩猎采集的混合方式；在一些年降雨量极少且干旱又频繁发生的地区，则仅出现攫食者。③

　　环境可能论对"文化区"概念的形成贡献卓著。早在 1896 年，梅森就指出，物质文化和技术的地理分布是由环境塑造的而并非由它引起。基于这一假说，它确立了 12 个民族环境或文化区域。考古学家 B. 梅格斯提出"环境限制文化发展"的观点，她认为农业在文化进化的高级阶段是必需的，而一个地区对农业的可适性则是衡量此地区文化进化"潜能"的标尺并按照农业从最不适合到最适合的程度划分了四种环境类型。环境可能论虽然贡献卓著，但也不是一个完满的理论解释框架，格尔茨曾有过精辟的论述："使用这样一种公式，人们只能最笼统地提出：文化受环境影响的程度如何？人类活动在多大程度上改造环境？答案只能是最笼统

---

① ［美］唐纳德·L. 哈迪斯蒂：《生态人类学》，郭凡、邹和译，文物出版社 2002 年版，第 4 页。

② Kroeber, A. L., Cultural and Natural Areas of Native North America, University of California Press, Berkeley, 1939.

③ Wedel, W., Environment and Native Snbsistence Economies in the Central Great Plains, Smithsonian Institution, Miscellaneons Collections, 100（3），1941.

的——在一定程度上，但不是完全。"① 环境可能论对于人类文化的大部分情况仍然无法明确说明。

（3）文化生态学

20 世纪 50 年代，新进化论代表人物斯图尔德开创了文化生态学的研究范例，他强调文化与环境之间的相互作用和相互关系，认为文化之间的差异是社会与环境相互影响的特殊适应过程引起的。他一方面承认自然环境对于具有生物属性的人类有不可忽视的强大的规定性，越是简单的和早期的人类社会，受环境的影响就越直接。另一方面，他又强调作为社会的文化的人类对于自然环境所具有的超常的认知、利用甚至改造的能力。他认为以生计为中心的文化的多样性，其实就是人类适应多样化的自然环境的结果，适应如同通往文化殿堂的一把钥匙，有了这把钥匙，便获得了阐释人类与自然环境关系、阐释文化及其衍化的一个有效的视角和途径。在斯图尔德看来，文化与其生态环境密不可分，相似的生态环境下会产生相似的文化形态及其发展线索，而相异的生态环境造就了与之相应的文化形态及其发展线索的差别。他探究了对相类似环境的适应问题，得出了关于跨文化同一性的结论。1955 年，他在《文化变迁理论》一书中较完整地阐述了文化—生态适应的理论，认为文化生态学的基本问题是"人类的行为方式是为了适应其生存环境调整的结果，还是在可能范围内自由选择的结果"，他强调具体环境模塑着特定的文化特征，认为"某一文化现象是某种特定的生态特征的产物，文化之间的差异是由社会与环境相互影响的特殊适应过程引起的（地形、动植物群的不同，会使人们使用不同的技术和构成不同的社会组织）"。斯图尔德的理论围绕着"文化核"的概念，这个概念他定义为"同生存活动、经济格局最紧密关联诸特性的集合体"。

文化生态学以环境适应为基础，力图通过人类的文化方式适应自然环境和人文环境，它认为文化在人类与其生态环境之间起着重要作用，但更强调的是环境因素，"他把人类生活分成初级层次和高级层次，初级层次是衣食住行这些东西，亲属制度、生育是适应自然的，自然对人的影响通

---

① 任国英：《生态人类学的主要理论及其发展》，《黑龙江民族丛刊》2004 年第 5 期。

过它过渡到高级层次的生活，比如宗教、仪式等"。① 这种观点忽视了文化是一个超有机体，有着独立于自然生态环境的结构，也未真正关注人的能动性及其文化对环境所带来的影响。文化生态学的后继者维达和拉帕波特也指出了它的不足，认为"斯图尔德的主要目的在于解释某种文化特质的起源，但他的文化生态学似乎不能支持他的理论观点"，其方法"排除了生态学，从而没有对文化与生物学之间的相互作用进行研究"。② 尽管如此，斯图尔德对生态人类学的贡献是有目共睹的，学术界普遍认为斯图尔德是生态人类学的真正开创者，他的文化生态学又常被称为生态人类学。

（4）系统生态学

20世纪60年代，在"一般系统论"的影响下，生态系统学派应运而生。生态系统论研究生物和它所处的环境，它提供一种定位的方法，使人们可以看见个体、种群、群落之相互关系网络中每个组成部分的相互作用。在具体研究方法上，它要求人类学家描述不同有机体、不同物种和不同物理环境之间的动态交互关系，一般可以通过制图和量化能量与养分的流动来确定维持当地群体的关键作用，如测量和比较不同的耕作方式对土壤肥力的影响、各种类型家畜粪便对环境的影响等。1963年，克利福德·格尔茨的《农业过密化》首次明确提出在文化人类学研究中运用生态系统方法。他认为生态学系统是由一群植物和动物及其非生物环境确立的，由此构成一个"食物网"，并对各自的生存机遇产生全面影响。③ 拉帕波特1968年在 *Pigs for the Ancestors：Ritual in the Ecology of a New Guinea People* 一书中对新几内亚 Tsembaga 部落"人—猪—宗教信仰"的关系进行了系统论述，他认为猪对人类很重要，人要吃猪肉就要饲养，但猪养多了就需要其他人一起吃。为了平衡"猪"的生态，当地人就需要战争，因为战争能使不同的部落结为联盟，同时又可以消耗大量猪肉，在消费猪肉的同时祭祀仪式也成为必要。他展示了一个动态系统的组成部分如何相

① 王铭铭：《人类学随谈录》，中国人民大学出版社2006年版，第88页。
② ［美］唐纳德·L.哈迪斯蒂：《生态人类学》，郭凡、邹和译，文物出版社2002年版，第9页。
③ Geertz, C., *The Processes of Ecological Change in Indonesia*, University of California Press, BerkeLey, 1963.

互限制以及系统变量如何通过自我平衡得以恢复。

生态系统论的贡献在于：第一，它强调人与环境的相互影响；第二，在研究方法上，它要求人类学家运用测量法研究人类与自然环境之间进行的各种物质和能量的交换；第三，它关注人口与环境之间的关系，从而促进一门新的分支学科：人口生态学的产生和发展。① 但是生态系统理论带有浓厚的生物学色彩，这样就难以避免以下缺陷：由于过分关注环境而倾向于将文化从人类学的研究中排除出去，同时也避免不了因果循环的目的论色彩。此外，它也由于强调自我控制作用而忽视干扰系统和导致进化变迁的"破坏"作用而受到批评。

（5）民族志生态学

20 世纪 60 年代出现的还有一支学派叫民族志生态学，这是认知人类学的一个分支学科，主要以结构语言学为手段去了解当地人对周围环境的感知，从而得到当地人所具有的世界观。它认为环境不是一个实在，而是人类感知与解释外部世界的产物，即环境是文化建构的产物，因此，不同的人群对自然环境有不同的解释。民族志生态学经常被用于对一些地域环境的本土分类法的研究，或仅对一系列动物和植物物种名字和用途进行描述性记录。康克林对菲律宾哈努诺人进行的民族志生态学研究是典型的范例。他通过对哈努诺人文化内部结构的分析，识别出哈努诺人本土色彩分类系统的复杂内部结构，即明亮度、暗度、湿度和干度四个基本词汇，哈努诺人对当地的动植物有自己的一套认知系统，他们主要根据植物的叶形、颜色、产地、大小、性别、生长习性、生长期、味觉、气味等给植物分类，在植物种类中，每一种都有专门的系统名称。② 学者们经常运用参与观察法和无结构访谈等传统人类学调查研究方法，观察和了解有关当地人如何理解他们的生存环境，人与环境相互作用等相关知识。

民族生态学符合人类学家文化平等的情怀，但却产生了人类学至今无法解决的理论难题：极端的文化相对论。由于语言元素（当地人的术语学）与认知过程并不存在完全的一一对应的关系，因而将结构语言学作

① 任国英：《生态人类学的主要理论及其发展》，《黑龙江民族丛刊》2004 年第 5 期。
② ［英］凯·米尔顿：《多种生态学：人类学，文化与环境》，见《人类学趋势》，社会科学文献出版社 2000 年版，第 307 页。

为研究工具不能不说是有些问题的。

(6) 文化唯物论

20 世纪 80 年代，怀特与斯图尔德的学生马文·哈里斯提出了文化唯物主义理论，他们从自然环境的因素解释社会文化及其发展，认为所有的文化特征（包括技术、居住模型、宗教信仰与仪式）都是人类对自然环境适应的结果，他还提出了"基础结构决定论原则"，客位行为的生产方式和人口再生产方式通过决定客位行为的家庭经济和政治经济，进而决定作为思想的上层建筑。他在《神话牛的文化生态学》（载《当代人类学》，1992 年）这篇论文里应用文化唯物论证实印度教禁止吃牛肉禁忌是同地方环境相关联的。印度教禁止杀牛和吃牛肉，这种禁忌的结果使他们养了许多年老力衰和失去生育能力的牛。这些牛在印度乡下悠闲地逛来逛去，既妨碍交通又扰乱市场。为什么印度不杀牛呢？因为在当地牛的作用体现在多方面，即供应奶、犁地、负重、运输。仅牛粪就有好几种用途：做肥料、燃料和铺地的材料。它为农民节省了上百万吨的化肥，化肥价格太高，农民一般买不起。牛粪又是烧饭用的主要燃料，如果把大批牛宰杀了，那就必须买煤、木柴或煤油等昂贵燃料，而牛粪却比较便宜。因此，从唯物论的观点来看，印度人不吃牛肉的禁忌是有原因的。

哈里斯的理论构架周详而庞大，对生态人类学发展意义重大，不过同文化生态学一样，唯物论者也过于强调环境的作用，将文化视为功利性的、适应性的工具，具有一定局限性。米尔顿（K. Milton）认为："较之斯图尔德的文化生态学，哈里斯的文化唯物论的环境决定论色彩更浓，因为它更全面地考虑文化现象之间的相互联系，从而使决定论的线索在凡是可以找到这种联系的地方都存在。"[1]

总的来看，生态人类学一直处于不断发展变化之中，每个时期都是对前一个时期理论和方法的修正和补充，这是一切科学进步的必然表现，但造成频繁变化的原因还在于它缺乏明晰的研究对象和研究目的。[2] 20 世纪后半期，随着人类社会对可持续发展和生态问题的重视，关注现实的生态环境成为生态人类学在 21 世纪发展的一个新趋势。

---

① 任国英：《生态人类学的主要理论及其发展》，《黑龙江民族丛刊》2004 年第 5 期。
② 韩昭庆：《美国生态人类学研究述略》，《原生态民族文化学刊》2012 年第 1 期。

2. 国内生态人类学的发展

我国生态人类学的研究起步较晚，学术界普遍将20世纪30年代末40年代初费孝通和张之毅在云南所作的"禄村调查"看作中国最早的真正意义上的生态人类学研究。《禄村农田》以土地制度为研究中心，分析阐释了农田利用过程中的种种社会现象。20世纪80年代以后，随着国外生态人类学理论方法和研究成果的大量引入，立足本土的生态人类学的著作、文章也陆续出版和发表，研究成果越来越丰富，逐步形成了云南大学、吉首大学、新疆师范大学、中央民族大学等多个研究中心，创建了文化生态学、生态人类学、民族生态学、人类生态系统等诸多理论流派，出版了《生态·环境人类学通讯》这一内部刊物。云南大学尹绍亭教授主持的"云南民族文化生态村"项目成为生态人类学研究和实践的典范。国内学者对少数民族生态的研究主要有以下几种范式。

（1）经济文化类型研究范式

20世纪50年代，苏联民族学家提出了"经济文化类型"的概念和理论，着重对人类社会的经济文化特点与生态环境之间的关系问题进行探讨。我国民族学家林耀华与苏联学者切博克萨罗夫合著了《中国的经济文化类型》一书，该成果运用经济文化类型理论，着眼于生计和物质文化差异，将东亚各民族的生计形态划分为三种类型：第一是狩猎、采集和捕鱼起主导作用的类型；第二是以锄掘（徒手耕）农业或动物饲养为主的类型；第三是以犁耕（耕耘）农业为主的类型。[①] 20世纪90年代，"经济文化类型"出现了新的划分标准：一是渔猎采集经济文化类型，主要分布于我国东北部，包括讲阿尔泰语系通古斯—满语族诸语言的赫哲、鄂伦春和部分鄂温克族；二是畜牧经济文化类型，包括草原、戈壁草原、盆地和高原，划归其中的民族有蒙古族、哈萨克族、柯尔克孜族、裕固族、塔吉克族、藏族、达斡尔族等；三是农耕经济文化类型，它的亚类型可粗略分为山地游耕、山地耕牧、山地耕猎、绿洲耕牧、水田稻作和平原集约农业等。新的类型划分虽然仍然主要依据社会发展阶段论，然而"少数民族的生计与地理生态环境适应"的观点也同时出现于论著当中，理论

---

① 林耀华等：《中国的经济文化类型》，见林耀华《民族学研究》，中国社会科学出版社1985年版。

参照的视野显然扩大了。①

如今，经济文化类型的研究还在继续，学者们结合中国的历史与现状，围绕不同主题展开了论述。如蒋立松认为经济文化类型是西南地区民族关系形成和发展过程中的基础性因素。② 王俊敏的《狩猎经济文化类型的当代变迁》通过对鄂伦春族狩猎经济文化类型的当代变迁的三个个案的调查，展现了狩猎经济文化类型所走过的坎坷道路和猎民目前的困难处境，并探讨了成功弃猎转牧的条件和途径。③ 韩荣培将贵州经济文化类型划分为"山林刀耕火种""山地耕牧"和"丘陵稻作农耕"三种类型并探讨了不同经济文化类型的特点。④ 严雪晴探讨了民族融合与经济文化类型嬗变的相互关系，认为民族融合是促进岭南经济文化类型嬗变的重要因素，而经济文化类型嬗变加快了民族族内融合的进程，推动着民族族际融合进一步深化。⑤

（2）生态环境史研究范式

生态环境史研究是人类学与历史学的交叉学科，人类学的研究不同于历史学主要依据文献资料分析的方法，而是必须从事田野调查，力图通过田野从生态环境的角度去认识人类文化的变迁，或从文化的角度去解读生态环境的变化。这种研究范式是云南大学尹绍亭教授最先倡导并开展研究的，2002 年，日本综合地球环境研究所和云南大学达成协议，共同开展了"云南热带季风区生态环境史研究"课题。课题组成员分别在中国云南省西南部及与越、老、泰、缅四国临近的地带做了较长时间的定点田野调查，写出了一批反映 50 年来各民族社区文化生态变迁的研究报告，出版了《民族生境——从金沙江到红河》（2002 年）、《雨林啊胶林——西双版纳橡胶种植与文化和环境相互关系的生态史研究》（2003 年）等论文集，第一辑《人类学生态环境史研究》（2006 年）也已由中国社会科学

①　林耀华：《中国少数民族的社会文化类型及其社会主义现代过程》，《民族学研究》1991年第 6 期。

②　蒋立松：《经济文化类型：西南地区民族关系的物质基础》，《西南民族大学学报》（人文社会科学版）2005 年第 5 期。

③　王俊敏：《狩猎经济文化类型的当代变迁》，《中央民族大学学报》2005 年第 6 期。

④　韩荣培：《贵州经济文化类型的划分及其特点》，《贵州民族研究》2002 年第 4 期。

⑤　严雪晴：《岭南民族融合与经济文化类型嬗变研究》，《广西民族研究》2010 年第 1 期。

出版社出版。[①]

云南大学人类学者在开展课题研究的基础上，总结出人类生态环境史的一套研究方法，主要有：其一，以某种重要的自然资源为对象，集中考察人类对某种自然资源的利用管理方式及历史变迁过程；其二，以植物和农作物为对象；其三，以传统农业变迁和土地利用变迁为对象；其四，以特殊的自然条件或以特殊的地方疾病为对象。[②] 在这种研究范式指导下的研究成果也比较多，如杨雪吟、罗意通过对云南澜沧县糯福南段村龙竹棚老寨的调查，分析了拉祜西人刀耕火种传统土地制度和生计变迁的历史脉络。[③] 朱力平详细梳理了云南疟疾的流行史，从人类行为、观念和文化的角度对少数民族疾病观念和治病行为进行了人类学分析。[④]

（3）民族植物学研究范式

民族植物学诞生于 1896 年，由美国植物学家哈什伯杰（John Harshberger）创立，在 20 世纪 80 年代初期介绍到中国大陆，云南西双版纳是大陆民族植物学产生的摇篮。1987 年，昆明植物研究所成立了大陆第一个"民族植物学研究室"，在裴盛基等人的努力下取得了大量研究成果。他们起初采用经典的民族植物学方法，在区域民族植物学、植物类群民族植物学、药用民族植物学三个领域开展了研究。到了 90 年代后期，他们把研究延伸到应用民族学领域，重点开展了资源利用、生物多样性保护和自然保护区建设、传统医药知识的传承与发展、农村社区发展、农业生物多样性管理 5 个领域的研究，先后出版了《民族植物学》《关于我国民族药研究与新药开发的探讨》《西双版纳民族植物学的初步研究》等成果的书。[⑤] 内蒙古师范大学于 1995 年成立了民族植物学研究所，在陈山和哈斯巴根的引领下对蒙古民族植物学进行了较为深入的多项研究，完成了

---

① 瞿明安：《当代中国文化人类学》，云南人民出版社 2008 年版，第 504 页。

② 尹绍亭、赵文娟：《人类学生态环境史研究的理论和方法》，《广西民族大学学报》（哲学社会科学版）2007 年第 5 期。

③ 杨雪吟、罗意：《云南澜沧拉祜西人土地制度与生计变迁》，《中南民族大学学报》（人文社会科学版）2007 年第 1 期。

④ 朱力平：《云南少数民族地区疟疾流行史概述》，《思想战线》2005 年人文社会科学专辑。

⑤ 裴盛基：《中国民族植物学研究三十年概述与未来展望》，《中央民族大学学报》（自然科学版）2011 年第 2 期。

《蒙古高原民族植物学研究》等重要著作。中央民族大学的薛达元和龙春林在西部民族地区开展了民族传统知识和植物资源的调查，出版了多部有关少数民族利用植物的专项书刊和调查报告，如《民族地区自然资源的传统管理》《民族文化与生物多样性保护》等。此外，云南师范大学崔明昆还将民族植物学与认知人类学相结合，探讨了云南新平傣族植物的分类原理和象征意义，提出了认知体系—利用体系—信仰体系三位一体的传统知识的构成框架。[①]

（4）少数民族生计方式与生态适应研究范式

少数民族生计方式一直是民族学研究的核心问题，一个民族的生计方式的形成在很大程度上都依赖于该民族所处的自然环境，都是适应当地生态环境的结果。中国人类学学者在研究一个社会或族群时，几乎都会把生态环境作为其研究的背景，介绍该族群的生计方式是必不可少的一个环节，如我国本土人类学的两本重要奠基之作：费孝通的《江村经济》和林耀华的《金翼》便是如此。20世纪50—60年代大范围的社会历史调查中，民族分布、村寨自然环境、自然资源以及生计方式等成为几乎每篇报告必备的内容。有些报告比如黎族、彝族、佤族、傣族、独龙族、景颇族等民族的自然环境与生计方式的调查，大都成为不可再次搜集的珍贵史料。[②]

近年来，许多学者也专门探讨了少数民族的生计方式问题。罗康隆、罗康智以侗族为个案，认为民族生计方式不仅是一套文化策略，更是一套生存的知识体系。每个民族的生计知识都是相关民族在特定地区世代经验积累中所建构的知识体系，表明人类对不同资源的不同层次、不同程度的利用，一个民族的生计方式对社会环境的应对并不是被动的，而是一种文化选择。[③]郭家骥在对云南藏族进行深入调查的基础上，从生产方式、生活方式、自然资源管理机制和婚姻家庭模式等方面阐述了云南藏族对其所处生态环境的文化适应。[④]温士贤通过对怒江峡谷秋那桶村的田野调查，

---

①　崔明昆：《植物民间分类、利用与文化象征——云南新平傣族植物传统知识研究》，《中南民族大学学报》（人文社会科学版）2005年第4期。

②　瞿明安：《当代中国文化人类学》，云南人民出版社2008年版，第491页。

③　罗康智、罗康隆：《传统文化中的生计策略——以侗族为个案》，民族出版社2009年版。

④　郭家骥：《生态环境与云南藏族的文化适应》，《民族研究》2003年第1期。

看到混合农耕现已取代刀耕火种成为西南山地民族的主要农耕模式。这种以粮养畜、以粪肥田的混合农耕模式与当地的山地环境非常适应，不仅有效地维持着当地农业生态平衡，同时也最大限度地实现了当地村民的自给自足，成功实现了生计转型。①

（5）少数民族生态知识（文化）研究范式

中国少数民族的传统知识体系中具有丰富、独特的关于自然环境保护的观念、伦理、法规和合理利用管理自然资源的经验、措施和技术等内容。这些生态知识是各民族对其生境长期适应的智慧结晶，不仅具有历史和文化价值，而且对于当代人类的生存和发展仍然具有十分重要的意义。宋蜀华教授对我国多样化的生态环境和多元民族文化的关系进行了研究，认为民族文化和它所生存的生态环境之间有着紧密的关系。在现代化进程中，发扬民族传统文化中有利于保护生态环境和可持续发展的文化功能是一项应当深入研究的重要课题。② 何星亮教授在《中国少数民族传统文化与生态保护》一文中研究了生态与文化、生态文化与人类理性的关系，认为少数民族保护生态环境的各种观念、行为、习俗等对人类社会发展中的生态保护有着重要的促进作用。③

吉首大学民族学与人类学研究所的杨庭硕教授和罗康隆教授在传统生态知识研究领域做出了重要贡献，他们主持了福特基金国际环境与发展项目"中国西部各民族地方性生态知识发掘、传承、推广及利用研究"，对贵州侗族、苗族的生态智慧做了深入研究，出版了《本土生态知识引论》《人类的根基》《美丽生存》《生态人类学导论》《发展与代价：中国少数民族经济发展问题》等具有影响力的著作和研究论文。

自21世纪以来，少数民族传统生态知识的研究在学术界引起了越来越多学者的关注，成果日益丰富，主要涵盖以下五个方面：

一是不同少数民族传统生态知识具体内容的研究。我国各少数民族的传统生态知识都是在当地特殊民族生境下形成的，内涵丰富、各具特色。

---

① 温士贤：《山地民族的农耕模式与生态适应——基于对怒江峡谷秋那桶村的田野研究》，《黑龙江民族丛刊》2011年第2期。

② 宋蜀华：《论中国的民族文化、生态环境与可持续发展的关系》，《贵州民族研究》2002年第2期。

③ 何星亮：《中国少数民族传统文化与生态保护》，《云南民族大学学报》2004年第1期。

廖国强、何明、袁国友系统研究了中国少数民族生产生活领域、制度及宗教中蕴藏的传统生态知识以及朴素而深邃的生态伦理观；① 王永莉探讨了西南地区彝族、藏族、苗族、壮族、羌族等少数民族传统生态知识的具体内容及特征；② 刘荣昆从傣族的宗教、稻作、服饰、饮食、傣寨、文学、音乐舞蹈等七个方面系统研究了傣族的生态知识；③ 葛根高娃详细解读了蒙古族的生态文化；④ 等等。此外，许多学者还选取微观研究范式，具体阐述少数民族传统物质文化、制度文化和观念文化三者中某一个维度的生态知识。廖国强阐述了云南少数民族传统刀耕火种农业中蕴含的朴素而深刻的生态智慧；⑤ 刘雁翎认为贵州苗族环境习惯法对保护苗族地区优美的自然环境起到了跨越历史时空的基础作用⑥；奇格、阿拉腾和盛明光探讨了古代蒙古法中的生态环境保护；⑦ 王立平、韩广富揭示了体现在蒙古族神话传说、英雄史诗、宗教信仰、风尚习俗中的生态文化观。⑧

二是少数民族传统生态知识的生成因素研究。学者们普遍认为少数民族传统生态知识的生成与该民族所处地理环境、文化习俗、经济状况、历史传统、宗教信仰等因素是分不开的，如王紫萱探讨了古代蒙古族生态文化生成原因：特定的生存环境是物质基础，萨满教与藏传佛教是其精神因素，习俗禁忌的约束、法律的强制性规范是制度保障，生产生活方式和对客观环境的物质需求是其现实基础。⑨权小勇认为侗族生态文化形成的原因主要有三："第一，侗族属农耕民族，传统的农耕生产决定了侗族生态

①　廖国强、何明、袁国友：《中国少数民族生态文化研究》，云南人民出版社 2006 年版，第 19—144 页。

②　王永莉：《试论西南民族地区的生态文化与生态环境保护》，《西南民族大学学报》（人文社科版）2006 年第 2 期。

③　刘荣昆：《傣族生态文化研究》，云南大学出版社 2011 年版，第 8—31 页。

④　杨红：《摩梭人生态文化研究》，四川大学出版社 2010 年版，第 60—96 页。

⑤　廖国强：《云南少数民族刀耕火种农业中的生态文化》，《广西民族研究》2001 年第 2 期。

⑥　刘雁翎：《论贵州苗族环境习惯法》，《贵州民族研究》2008 年第 4 期。

⑦　奇格、阿拉腾、盛明光：《古代蒙古生态保护法规》，《内蒙古社会科学》（汉文版）2001 年第 5 期。

⑧　王立平、韩广富：《蒙古族传统生态文化观探源》，《广西民族大学学报》（哲学社会科学版）2010 年第 3 期。

⑨　王紫萱：《古代蒙古族生态文化研究》，硕士学位论文，兰州大学，2006 年。

文化的形成；第二，自然经济的性质决定了侗族生态文化的保持；第三，受汉族天人合一思想的影响。"① 张晓东认为在藏族生态文化的形成过程中，有两个方面的因素发挥了重要影响：一是苯教信仰的作用；二是生态环境的制约。②

三是少数民族传统生态知识的价值评估研究。少数民族传统生态知识是少数民族长期集体智慧的结晶，在维护生态安全、促进社会可持续发展方面具有重要价值。杨庭硕所著《人类的根基：生态人类学视野中的水土资源》以我国西南少数民族地区为例，证明各民族文化中蕴含了较之于现代科技并不逊色的生态智慧和技能，这些知识在维护人类生态安全上可以发挥极其重要的作用。③ 薛达元所著《民族地区传统文化与生物多样性保护》揭示了少数民族传统生态文化在保护生物多样性和生物资源持续利用方面的重要价值。④ 廖国强认为少数民族传统生态知识可以为农业、林业的可持续发展提供借鉴，可以为塑造与可持续发展战略相适应的"内源调节机制"提供借鉴。⑤ 罗康隆以贵州麻山为例，认为一切本土生态知识都是特定民族文化在世代调适与积累中发育起来的生态智慧与生态技能，利用这些生态知识去维护生态安全是一种最有效的生态维护方式。⑥

四是少数民族传统生态知识的发展创新的思考。随着经济发展与现代化的冲击，少数民族地区的生活环境和生计方式都发生了巨大变化，少数民族传统生态知识也必须发展创新。袁国友认为在特定的社会历史条件下中国少数民族传统生态文化与生态环境之间维持的是一种低水平、低层次的脆弱平衡，而在当今只有实现由传统向现代的创新、转换和发展，才能

---

① 权小勇：《侗族生态文化探析》，硕士学位论文，广西师范大学，2001年。

② 张晓东：《论苯教对藏族生态文化的影响》，硕士学位论文，兰州大学，2008年。

③ 杨庭硕、吕永锋：《人类的根基：生态人类学视野中的水土资源》，云南大学出版社2004年版，第85—91页。

④ 薛达元：《民族地区传统文化与生物多样性保护》，中国环境科学出版社2009年版，第6—16页。

⑤ 廖国强：《中国少数民族生态观对可持续发展的借鉴和启示》，《云南民族学院学报》（哲学社会科学版）2001年第9期。

⑥ 罗康隆：《论苗族传统生态知识在区域生态维护中的价值——以贵州麻山为例》，《思想战线》2010年第2期。

实现中国少数民族和少数民族地区的可持续发展。① 闵文义认为民族地区要构建社会主义和谐社会，应当在继续保持传统生态文化的多元性、科学性和合理性的同时，根据现行社会生态经济系统的特征，将其改造成"强生态文化"。②

五是少数民族传统生态文化的传承保护研究。基于少数民族生态知识的重要价值，学者们不断探讨有效保护与传承这些宝贵遗产的具体措施。他们认为传统策略是必不可少的，保护与传承少数民族传统生态文化必须要加强立法保护、政府保护、教育保护及编写乡土教材等。同时，保护文化生境，在开发利用中传承传统生态知识也是非常重要的。如崔献勇认为保护和田地区维吾尔族的生态文化应该与保护维吾尔族传统文化相结合，必须澄清认识，更新观念，采取政府保护、立法保护、分类别保护和教育保护等多种保护手段。③ 王明东认为要弘扬独龙族生态文化必须发展生态农业、开发得天独厚的经济林果资源和牧场资源、发展生态旅游业等。④ 安颖认为自然资源和生态环境是少数民族生态文化形成的生境和自然基础，各种文化生境的差异性孕育了生态文化的地域性和民族性，因此有效保护少数民族生态文化的重要途径就是保护与恢复其文化生境，只有这样才能整体地和永久地保存生态文化的生命力。⑤

除了以上五种研究范式以外，还有部分学者关注生态移民、资源开发与环境保护、绿洲生态、草原生态等相关内容。从近十年来前人的研究成果来看，中国少数民族生态研究在成果数量、研究内容、研究方法与视角等方面都取得了可喜的成绩。研究成果涉及民族学、生态学、人类学、社会学、民俗学、历史学、哲学、政治学、林学、环境学等多学科领域，学者们运用多角度相结合的方法，注重宏观研究与微观研究相结合，历史文

① 袁国友：《中国少数民族生态文化的创新转换与发展》，《云南社会科学》2001 年第 1 期。

② 闵文义：《民族地区构建和谐社会应加强对传统多元生态文化的利用和改造》，《西北民族大学学报》（哲学社会科学版）2005 年第 6 期。

③ 崔献勇：《和田地区维吾尔族生态文化保护研究》，硕士学位论文，新疆师范大学，2005 年。

④ 王明东：《独龙族的生态文化与可持续发展》，《云南民族学院学报》（哲学社会科学版）2001 年第 5 期。

⑤ 安颖：《少数民族生态文化之理性思考》，《野生动物杂志》2008 年第 5 期。

献研究与田野实证研究并重，成绩是有目共睹的。只是研究关注点还呈现出不平衡状态，对部分民族如侗族、藏族、蒙古族、傣族重视相对较多，而对其他民族尤其是散杂居民族、人口较少民族的关注还不够，许多研究领域尚有待开辟。此外，部分研究的深层次分析也不够，由于没有在具体的调研点作细致深入的微观考察，没有深度挖掘出一个民族的民族特色与地域特色，没有把握一个民族的特殊生态认知与利用体系。

（二）土家族生态研究的相关成果

土家族研究从土家族的民族识别开始，研究成果非常丰硕。中南民族大学、湖北民族学院、吉首大学、三峡大学、长江师范学院等单位都有大量土家族研究的专家与学者，武陵山区各地民宗部门和文化局也非常注重土家族文化的收集与整理，他们出版的众多论著在学术界产生了重要影响。在世纪之交的时候，湖北民族学院率先推出了《土家族研究丛书》，紧跟着中南民族大学和湖北省民委联合推出了《土家族问题研究丛书》，湖北省民委推出了《湖北民族文化系列丛书》，恩施州连续推出了四套《恩施州民族研究丛书》，重庆推出了《重庆民族丛书》，吉首大学推出了《五溪文化丛书》，湘西州推出了《湘西民族民俗文化丛书》和《湘西民族民间文化资源图录》。此外，各个县市也不甘落后，恩施市、利川市、来凤县、鹤峰县、巴东县都先后推出了它们的民族文化丛书，建始县推出了《建始乡土文化丛书》，宜昌长阳县推出了《巴土文化丛书》，等等。近年来，湖北民族学院又新推出了"文化多样性与地方治理"丛书。在这些成果中，虽然许多著作都不是直接研究土家族生态问题的，但其中的许多文化内容都涉及生态内涵，如胡炳章的《土家族文化精神》、周兴茂的《土家族区域可持续发展研究》、段超的《土家族文化史》、彭英明的《土家族文化通志新编》、田发刚和谭笑的《鄂西土家族传统文化概观》、曹毅的《土家族民间文化散论》、萧洪恩的《土家族口承文化哲学研究》、冉春桃和蓝寿荣的《土家族习惯法》等，这些成果为本书提供了不少思路与线索。

2005 年以来，随着国家对生态问题的重视及人们生态意识的提高，土家族生态知识开始引起了部分学者的关注。瞿州莲在《浅论土家族宗族村社制在生态维护中的价值》一文中指出，土家族社区传统的社区组织宗族村社制中的族规家训和习惯法，不仅维护土家族宗族社区内的稳定，而且在生态环境维护和生态灾变的救治中都发挥着重要作用。① 冉红芳从神话传说、图腾崇拜、生产、居住、禁忌和丧葬方面探析了土家族传统文化中蕴含的生态意识。② 艾训儒以湖北清江流域土家族聚居区作为自然—社会—经济复合生态系统，用生态学的基本原理与方法研究了清江流域土家族种群的生物生态学特性、土家族对环境的生物生态适应、文化生态适应以及土家族聚居区复合生态系统特征等内容。③ 王希辉以黄连种植为例探讨了土家族地方性生态知识的传承与保护问题。④ 2007 年以来，中南民族大学柏贵喜教授和他的学生梁正海、李技文、龙运荣一起展开了对土家族传统知识的研究，其中的部分成果就涉及生态知识，如《村落传统生态知识的多样性表达及其特点与利用——湘西土家族村落"苏竹"个案研究》⑤、《传统知识的现代价值与反思——以土家族传统养猪方式为个案的民族志研究》⑥、《民族学视野下土家族传统生态知识类型及其内涵》⑦、《认知人类学视野下的土家族农家肥知识探析——鄂西五峰土家族自治县红烈村的个案研究》⑧、《土家族传统农业生产知识的实践内容及其现代价值——基于红烈和龙桥两个村寨的田野调查》⑨ 等。田华银探讨了乌江流域土家族的宗教信仰中蕴含的自然生态理念，即天、地、人是相互

---

① 瞿州莲：《浅论土家族宗族村社制在生态维护中的价值》，《中南民族大学学报》（人文社会科学版）2005 年第 5 期。

② 冉红芳：《土家族传统文化中的生态意识探析》，《湖北民族学院学报》（哲学社会科学版）2005 年第 4 期。

③ 艾训儒：《湖北清江流域土家族生态学研究》，中国农业科学技术出版社 2006 年版。

④ 王希辉：《少数民族地方性生态知识的传承与保护——以石柱土家族黄连种植为例》，《广西民族大学学报》（哲学社会科学版）2008 年第 9 期。

⑤ 梁正海、柏贵喜：《村落传统生态知识的多样性表达及其特点与利用——湘西土家族村落"苏竹"个案研究》，《吉首大学学报》（社会科学版）2009 年第 5 期。

⑥ 龙运荣、李技文、柏贵喜：《传统知识的现代价值与反思——以土家族传统养猪方式为个案的民族志研究》，《湖北民族学院学报》（哲学社会科学版）2009 年第 4 期。

⑦ 梁正海：《民族学视野下土家族传统生态知识类型及其内涵》，《湖北民族学院学报》（哲学社会科学版）2010 年第 4 期。

⑧ 柏贵喜、李技文：《认知人类学视野下的土家族农家肥知识探析——鄂西五峰土家族自治县红烈村的个案研究》，《吉首大学学报》（社会科学版）2009 年第 9 期。

⑨ 李技文、柏贵喜：《土家族传统农业生产知识的实践内容及其现代价值——基于红烈和龙桥两个村寨的田野调查》，《吉首大学学报》（社会科学版）2010 年第 1 期。

联系的整体，认可并尊重自然物的内在价值，人与自然和谐的可持续发展观，强调人的特殊价值和主体性地位，等等。①

这些成果带给笔者很大启发，使笔者一开始就形成了对土家族传统生态知识的初步认知，也为进一步的研究打开了方便之门。但这些成果或由于篇幅所限，或由于主题所限，都没有全面深入地对土家族传统生态知识进行系统研究，更没有深入探讨这些传统生态知识的传承问题，这些不足也是本书需要努力的方向。

三　基本思路与主要内容

（一）基本思路

本书的基本思路可以概括为"围绕一条主线，做到两个结合，弄清三个关系"。"围绕一条主线"是指本书的技术路线是："弄清现状→发现问题→分析原因→解决问题"，通过全面深入地调查研究，弄清武陵山区土家族传统生态知识的主要内容及价值，找出现代化背景下传统知识所面临的传承困境，深入剖析其形成原因并提出解决对策。"做到两个结合"是指课题研究过程中一方面注重理论与实践的结合，注意将生态人类学的相关理论与武陵山区土家族的生产生活实践相结合；另一方面注重文献资料与田野调查资料的结合，田野注重"面"上的总体考察与"点"的具体分析相结合，全面挖掘和整理其土家族的传统民间智慧。"弄清三个关系"指研究中要注意弄清武陵山区自然生态与土家族传统文化的关系、"外来知识"与"地方性知识"的关系、"传统知识"与"现代知识"的关系，合理认识土家族传统生态知识的山地民族特色。

（二）主要内容

本课题的主要目的在于全面挖掘与梳理土家族的传统生态知识，通过摸清它的内容及历史传承机理，分析这些生态思想的现代价值及传承困境，探讨现代社会如何有效传承与利用这些优秀文化的对策。全书主要分

---

① 田华银：《乌江流域土家族宗教信仰中的自然生态理念》，《长江师范学院学报》2011 年第 3 期。

为六个部分：

第一部分即第一章，阐述了土家族传统生态知识的形成背景，主要包括自然背景、人口背景、政治经济背景和历史文化背景，说明土家族传统生态知识的生成与其自身所处的自然环境和社会环境紧密相关。

第二部分包括第二、三、四章，分别从观念、规约、技术三大领域详细梳理土家族传统生态知识的内容。第二章"认知与适应：土家族传统观念型生态知识"阐述了土家人热爱自然、感恩自然、敬畏自然的朴素生态观，探讨了土家人的独特生态认知：历法气候认知、动植物习性认知及对生态系统的认知。第三章"管理与约束：土家族传统规约型生态知识"，主要揭示了土家人长期积累的丰富的生态管理与保护的经验，这些宝贵经验主要通过乡规民约、风俗习惯、信仰禁忌等形式表现出来。第四章"利用与治理：土家族传统技术型生态知识"，分析总结了土家人在长期的生产生活实践中积累的一套适应生态、抵抗风险及改造自然环境的生态技术知识，这些生态知识帮助他们有效实现了自身的生存与发展。

第三部分即第五章，考察了土家族传统生态知识的历史传承机理。历史上土家族传统生态知识的传承大致是通过教育内化、仪式强化、人际网络引导与外部制衡四种形式实现的，它们相互作用，共同构筑了一种承载着生态知识和土家民族文化的高度综合的文化传承空间。

第四部分即第六章，描述了现代化背景下土家族传统生态知识的境遇。这一章探讨了传统生态知识在现代社会的生态价值、经济价值、科技价值、产业开发价值和社会价值，分析了这些传统智慧在现代化背景下的传承现状及其流失与变异的原因。

第五部分即第七章，探讨了新时期建立土家族传统生态知识科学传承体系的路径。本章从文化传承体系的几个构成要素：传者与受者、传承内容、传承方式、保障体系等入手，认为在新时期要促进土家族传统生态知识有效传承必须提高人们对传统知识的理性认知，促进传统生态知识的发展与创新，实现传承方式多样化，建立有效的保障体系并不断吸收借鉴国内外生态知识传承的实践经验。

最后为"结语"部分，剖析了土家族传统生态知识的民族特色并展望了其未来发展前景。土家族传统生态知识有利于充分利用山地自然资源，有利于建设"美丽中国"，它在现代社会中依然具有巨大的发展空间。

四　资料来源与研究方法

（一）资料来源

搜集资料是研究中非常繁重而重要的一环，没有资料支撑的研究也就成了"无水之鱼"。资料分为许多种类，既有被研究者大量运用的官方典籍文献，也有难登"大雅之堂"的民间族谱、地方文化人的手抄文本、田野调查所得的口述材料、音像摄影等。这些资料虽然都是一种"社会记忆"，受到个人、群体或社会意识的影响，但却是增加研究说服力的有力证据。本书搜集的资料主要来自田野调查、高校图书馆、地方档案馆、网络等，搜集的资料大致可以分为三类。

1. 文献资料

本书搜集的文献资料大致可以分为四大部分：其一是各种正史、政书、期刊论文等学术研究成果。笔者查阅了中南民族大学、湖北民族学院、吉首大学的图书馆藏书及土家族研究中心的相关成果，从中国知网、维普、万方等电子数据库搜集下载了大量相关期刊论文及硕士、博士学位论文。其二是武陵山土家族地区各地的地方史志、文史资料、相关政府部门如林业局、农业局、畜牧局、国土资源局、民宗局的统计数据、报表、年鉴、各类调查报告、年度计划与总结、发布的文件等地方文献资料，同时还包括当地文人和土专家的研究成果。其三是民间保存的各种族谱家谱、碑刻铭记、私家藏书、乡规民约等民间文书，这类资料包含着土家族过去经历的解释与主张的"历史叙述"。其四是网络信息与资料。武陵山区各地的新闻网、土家族文化网、中国山地民族文化网、武陵网、相关政府网站、个人微博等也是本书重要的资料来源。

2. 口述资料

口述资料主要是通过调查访谈的方式获取的，本书的重要访谈对象主要包括以下四类：一是土家族地区相关政府的工作人员及村干部；二是相关领域的技术专家；三是地方文化人和具有一技之长的人，如民间医生、风水先生、吊脚楼师傅等；四是部分种植能手、养殖专业户、林老板等。访谈内容主要涉及村民的农业生产技术、生态观念、生态产业发展概况、有关动植物和生态保护的山歌、神话、传说等。由于口述资料掺杂着太多的个人情感，因此在调查中笔者基于年龄、性别、经济状况、生活阅历等因素的不同对同一个问题尽量选取多个报道人，或者从其他方面寻求佐证，力求调查资料的客观真实。

3. 音像、实物等资料

在民族学诞生之初，许多专家学者就已开始利用录音和照相两种手段来进行记录和研究。随着科学技术的进步以及人类学对自我表现手法反思的推进，摄影、录音手段得到越来越多学者的采纳。在田野调查中，笔者用摄影镜头真实记录了土家人的生产生活，用录音设备真实保存了土家人的口述资料，还从政府相关单位、文化人、摄影爱好者等处搜集了相关图片及录音、录像资料，这些影音资料为本书的顺利完成提供了便利。此外，武陵山区的碑刻、建筑、土家人的生产生活用具等也都是本书研究的重要实物资料。

（二）研究方法

根据课题主旨及土家族分布特点，本书主要采取"从文献分析入手，多点式调查"的研究方法，坚持点面结合，主位研究与客位研究相结合，社区与个案相结合，具体方法应用如下。

1. 田野调查——获得一手资料

田野调查是民族学获取资料的最基本途径。由于土家族分布于湘、鄂、渝、黔四省市，地理地形复杂、气候变化多样，各地土家人的生计方式也存在一定差异，单一村寨的个案研究会存有以偏概全的倾向。鉴于此，根据课题主旨及土家族分布特点，本书主要采取"多点"田野调查方式，参与观察与深度访谈相结合，主要调查大致可以分为三个阶段：

第一阶段为预调查阶段。从2007年至2011年，笔者基于各种原因先后走访了恩施州鹤峰县、来凤县、宣恩县，湘西州龙山县，除了到这些县市的政府部门搜集文献资料以外，还重点调查了一些土家族村寨如鹤峰县屏山村、走马镇白果坪、燕子乡青湖村，来凤县百福司镇舍米湖村，湘西龙山县洗车河镇草果村、苗儿滩镇捞车村等村寨。虽然这些调查都不是直接调查土家族传统生态知识的，但使笔者对土家族地区的地理地形特点、气候、土壤、土家人的生计生活方式等都有了一些粗浅的认识，为后期调查做了准备，部分调查资料还可以直接为写作所用。

第二阶段是为博士学位论文展开的专门调查。2012 年 9—10 月，笔者根据土家族人口分布区域选取恩施州利川市、来凤县，重庆酉阳县，贵州沿河县，湘西永顺县进行了调查。每到一地，笔者一般首先到该县的农业局、林业局、畜牧局了解情况，再到民宗部门搜集资料，然后结合网络材料重点选择一些典型乡镇及村寨进行详细调研。在利川市，笔者调查了星斗山自然保护区所辖的谋道镇、忠路镇小河乡、汪营镇福宝山，还到城郊理智坳及团堡镇调研了现代生态农业发展情况。此外，笔者在来凤县主要调研了沙坨片区和大河镇，在重庆酉阳县调研了后溪镇和酉酬镇，在贵州沿河县调研了土地坳和官周镇，在湘西永顺县笔者主要调研了芙蓉镇与大坝乡。除了面上的资料搜集外，笔者还选取了几个土家村寨进行了重点调研，这几个村寨都具有一定特色，主要有：

一是利川小河镇桂花村。该村位于星斗山自然保护区内，共有 17 个组 2760 人，其中土家人口占总人口的 80%，主要姓氏为杨、邓、喻、瞿等。该村保存有世纪冰川遗留的水杉古树四五十根，是利川古杉树遗留最多的一个村寨，这些古树大多都有 400 年左右的历史，现在都已挂牌保护。村寨 15 组、16 组所居地势海拔较高、山大，人烟稀少，主要发展黄连；其他组所居地方人口密集，土地较少，主要发展种苗产业。由于气候优势，该村的种苗种植已有几十年的历史，主要品种有水杉、厚朴、紫荆花、枫香树、椿树、白果树、桂花树、银杏树等，积累了丰富的选种、留种、育种及田间管理知识。

二是宣恩县沙道沟镇彭家寨。彭家寨是恩施州命名的首批"民族特色村寨"之一，它隶属宣恩县沙道沟镇两河村 8 组，距离宣恩县城 10 公里，东连鹤峰县，南部与来凤县和龙山县接壤，西南和咸丰县相连。因居住者绝大多数为彭姓所以名为"彭家寨"，全寨 45 户 250 余人。据宣恩《彭氏族谱》记载，该地彭姓土家族迁自湖南，于清末在此伐木建房，历经 300 年的繁衍生息，发展成现在的单姓大寨。彭家寨是武陵山区土家聚落的典型选址，村中 30 余栋吊脚楼和干栏式建筑保存完好，凝聚着土家族高超的传统建筑营造技艺。村寨中保留着土家族区域的诸多民俗和文化，如过"赶年""哭嫁"、三棒鼓、敬土地神、猎神等。村寨山多田少，主要经济作物为椪柑、白柚及百合，年轻人大多外出务工。

三是湘西永顺县双凤村。双凤村位于永顺县大坝乡境内，距县城 15 公里，坐落在海拔 680 米的山顶盆地中。该村现有 96 户 325 人，全部是土家族，以田、彭两姓为主。该村土家族风俗保存完整，村里年长的老人都还会土家语，传统土家民居建筑、摆手歌舞、毛古斯、梯玛神歌、哭嫁习俗、打溜子、嬲草锣鼓至今仍在延续，村寨四周古树参天，自然生态保护较好，被誉为"中国土家第一村"。该村土家人的农业生产、林业生产、家庭饲养和渔猎等活动与其所处生态环境紧密地联系在一起。20 世纪 50 年代初著名民族学家潘光旦先生就是依据此村完成了土家族的民族识别，2002 年，云南少数民族村寨调查组又对此展开深入调查并留下《土家族——湖南永顺县双凤村调查》一书。现在对该村进行跟踪研究，一方面可以便捷地借鉴和参考前人的研究资料；另一方面可以做历史性比较分析，补充和完善相关内容。

四是来凤县翔凤镇马家园村。马家园村位于湖北省恩施州来凤县东南角，距县城 6 公里，全村下辖 10 个村民小组，总户数 743 户，总人口 3467 人。全村版土面积 4355 亩，现有耕地面积 2295 亩，其中水田 2133 亩，旱地面积 862 亩。近几年，通过产业结构调整，85% 的土地从传统的耕种模式转换过来，形成了水果、水产养殖、特色蔬菜三大农业主导产业，精养鱼池 800 亩，以蜜橘椪柑为主的小水果 1100 亩，各类苗圃基地 100 亩，当地土家人因地制宜实施多样化经营，将传统农业技术与现代科技相结合，现代生态农业发展成效显著。2006 年被列为"百镇千村"的示范点，2007 年被拟定为国家"农业生态旅游观光示范村"。

第三阶段是后期的补充调查。2013—2016 年，笔者因为工作和课题研究的需要对沙道沟镇彭家寨、来凤县百福司镇舍米湖、鹤峰县平山村等村落展开了后续调查，补充了相关资料的不足。

2. 主位、客位方法——资料分析

"主位"与"客位"的概念最初是派克（Kenneth Pike）1954 年从语言学术语——"音位的"和"音素的"中推出来的，后来经认知人类学引入民族学研究。"主位研究"是指研究者能从当地人的视角去理解文化，像本地人那样去思考和行动；"客位研究"是指研究者以文化外来观察者的角度来理解文化，以科学家的标准对其行为的原因和结果进行解释。"主位研究"和"客位研究"作为民族学研究的两种角度，都具备一定的优劣，"主位研究"有利于进入被研究者的情感领域，对被研究者的本土化概念和知识会有更加深刻的理解，但不利于发现现实背后的"真实"；"客位研究"有助于更好、更科学地理解异（族）文化，但会使研究者与研究对象之间在心理和空间上保持一定的距离。本书将客位分析框架与内在认知分类相结合，全面探究土家族传统生态知识，既从主位视角考察土家族的动植物认知及生存知识，同时也从客位视角考究土家文化中隐藏的生态智慧。本书特别强调被研究者的观点，因此在调查中笔者注重将报道人的口述资料录音，之后及时地用文字记录下来（白天调查，晚上整理），力求保持原貌。笔者是江汉平原地区长大的汉族人，但又在土家族地区生活多年，因此具有将主位视角与客位视角相结合的优势，在坚持学术中立的同时力求资料的完整与真实，书中的田野报道者都是真有其人，只是根据人类学的研究传统笔者做了相应的匿名化处理。

五　相关术语的界定与辨析

（一）"本土知识""地方性知识"与"传统知识"

在中国生态人类学研究中，"传统知识""本土知识"与"地方性知识"是学者们经常使用的三个概念，有的学者认为"传统知识又叫乡土知识，也是本土知识、地方性知识和民间知识的别称"[①]。在笔者看来，这三个概念密切相关，都强调该知识与当地生态环境之间的密切关系，但又各有侧重、相互区别。

"本土知识"（Indigenous Knowledge）在英文中有两种解释：一是指本土的、土生土长的知识；二是指生来固有的知识。它主要指与城市知识相对的，具有独特乡土文化气息的知识，是一个空间维度概念。麻春霞认为"生活于任一区域的居民由于适应自身所处生态系统的办法千差万别，也就形成了有异于其他区域的本土知识"[②]。在石中英看来，"本土知识是

① 李技文：《近十年来我国少数民族传统知识研究述评》，《贵州师范大学学报》2010 年第 1 期。

② 麻春霞：《生态人类学的方法论》，《贵州民族学院学报》（哲学社会科学版）2006 年第 6 期。

本土居民长期生活和发展过程中自主生产、享用和传递的知识体系，与本土居民的生存和发展环境及历史密不可分，是本土居民的共同精神财富和实现可持续发展的智力基础与力量源泉"。①

"地方性知识"（Local Knowledge）首先是由文化人类学家格尔茨引进学术界的，它在英文中有三种解释：（1）地方的、当地的、本地的知识；（2）乡土的、狭隘的知识；（3）局部的知识。"地方性知识"主要是相对于全球性知识或者说普同性知识而言的，在汉语中它的另外一层意义主要是相对于"中央的，官方的，正统的"，是空间维度的相对性概念。按照格尔茨的观点，地方性知识主要有以下特征：（1）在某种意义上，知识的地方性是就它们与西方知识的关系而言的；（2）地方性知识还指代与现代性知识相对照的非现代知识；（3）地方性知识一定是与当地知识掌握者密切关联的知识。② 一些学者将地方性知识具体化，赋予其实质性的内涵，如认为："地方性知识是在特定社会背景中产生和由普通百姓在日常生活中使用的知识，是各个民族民间传统智慧的结晶"③。他们认为地方性知识与当地生态和生计系统紧密相连，与民族传统文化相统一。

"传统知识"（Traditional Knowledge）在英文中有两种解释：一是指传统的、惯例的、因袭的知识；二是指口传的、传说中的知识。④ 有关传统知识的概念一直是学术界讨论的热点，但至今尚没有公认的定义。薛达元根据 CBD 和 WIPO 的理解，认为传统知识是"从长期的经验发展而来，并且适应了当地文化和环境的知识、创新与实践，属于集体所有，可通过文字，但多半是以口头形式代代相传"。他基于自己多年研究与调查的经验，将传统知识划分为以下 5 个主要类型：传统利用农业生物及遗传资源的知识、传统利用药用生物资源的知识、生物资源利用的传统技术创新与传统生产生活方式、生物资源保护与利用相关的传统文化习俗和传统地理

① 石中英：《知识转型与教育改革》，教育科学出版社 2001 年版，第 327—329 页。

② 吴彤：《两种"地方性知识"——兼评吉尔兹和劳斯的观点》，《自然辩证法研究》2005年第 11 期。

③ 袁同凯：《地方性知识中的生态关怀：生态人类学的视角》，《思想战线》2008 年第 1期。

④ 邢启顺：《乡土知识与社区可持续生计》，《贵州社会科学》2006 年第 5 期。

标志产品。① 梁正海认为传统知识是"民族村庄或社区基于智力活动创造的传统农业知识、技术知识、生态知识、医药知识、生物多样性有关的知识"②。一般说来，"传统"是区别于"现在"的时间维度概念，传统知识即是旧有知识基础上的存在和延续，通常指的是祖祖辈辈口头传承的陈述、信仰或实践，它在世代相传的背景下产生、保存和传递，与具有该知识的本地社区和人民有特殊联系。

总之，这三个概念相互涵盖，它们都是传统社区基于生产生活和智力活动总结和创造的关于自然与社会的实践经验和认知体系，同一知识形态是否同时被三个概念所指，要在具体文化现象中进行具体分析。本书中的"传统知识"主要是指土家人世代积累并长期沿袭的保护与适应当地生态环境的知识体系，它具有"本土性"和"地方性"，在此并没有与"本土性知识"和"地方性知识"的内涵严格区分，本书采用"传统知识"一词只是出于研究的习惯与便利。

（二）"生态知识"与"生态文化"

"生态文化"与"生态知识"这两个词也是现代研究中经常使用而又相互混用的两个概念。"生态文化"一词最初由我国学者余谋昌于1986年从意大利《新生态学》杂志引进③，由于概念出现较晚，目前在我国尚未形成权威性定义，比较有代表性的主要有：（1）将生态文化视为一种新的文化形态。如任永堂把人类文化划分为历时态的三种类型："原始文化""人本文化"和"生态文化"，认为它们在人类历史上是依次出现和规律性展开的，生态文化是人类文化发展的崭新阶段。④ 余谋昌认为："生态文化是人与自然关系新的价值取向"。⑤ （2）从广义、狭义两种视角来界定，认为广义的生态文化是一种生态价值观，狭义的生态文化是以

---

① 薛达元、郭泺：《论传统知识的概念与保护》，《生物多样性》2009年第2期。

② 梁正海、柏贵喜：《传统知识的传承与权利——以湘西土家族苏竹人医药知识为中心》，博士学位论文，中南民族大学，2010年。

③ 刘亚萍、金建湘、程胜龙：《壮族森林生态文化在发展当地旅游业中的传承与创新》，《林业经济》2010年第3期。

④ 任永堂：《生态文化：现代文化的最佳模式》，《求是学刊》1995年第2期。

⑤ 余谋昌：《生态文化论》，河北教育出版社2001年版，第335—337页。

生态价值观为指导的社会文化现象，如卢风①、陈寿朋②等。（3）将生态文化界定为绿色文化。周鸿所著《人类生态学》指出"生态文化即绿色文化"，是"人类适应环境而创造的一切以绿色植物为标志的文化"③。（4）将生态文化看成是人们对自然环境的适应性体系。郭家骥从"民族"和"生态人类学"的角度把生态文化看成一个民族对生活于其中的自然环境的适应体系，他认为"所谓生态文化，实质就是一个民族在适应、利用和改造环境及其被环境所改造的过程中，在文化与自然互动关系的发展过程中所积累和形成的知识和经验"④。（5）认为生态文化是生态与文化相互关系的文化，代表人物主要是华中师范大学教授王玉德，他认为"生态文化是有关生态与文化关系的文化"，具体涉及生态对文化的影响、影响生态的文化、区域生态文化圈的特点和比较、生态文化的发展轨迹等四个方面。⑤ 他要求既要揭示生态对文化的影响，也要揭示文化对生态的影响。由此看来，学术界对于生态文化的认识和理解并不完全一致，不过总的来说主要有两条认知路径：一是将生态文化视为一种新的文化形态；二是将生态文化视为一种独特的文化或价值观念。学术界对"生态知识"尚没有专门的界定，在笔者看来，"生态知识"属于"生态文化"的核心范畴，主要指生态文化中对人与自然的关系具有重要指导和借鉴意义的文化或观念。

（三）"传统生态知识"

"传统生态知识"（Traditional Ecological Knowledge）在学术界有多种定义，其中以贝尔克斯（Berkes）的定义最为简明而权威，他认为："传统生态知识是随适应性过程进化的、祖祖辈辈经由文化传承传递下来的有关生物体（包括人类）彼此之间和与它们的环境之间关系的经验、实践、社会和世界观的集合体。"具体而言，这一集合体包括四个层面："第一

---

① 卢风：《论生态文化与生态价值观》，《清华大学学报》（哲学社会科学版）2008年第1期。

② 陈寿朋、杨立新：《论生态文化及其价值观基础》，《道德与文明》2005年第2期。

③ 周鸿：《人类生态学》，高等教育出版社2001年版，第68—69页。

④ 郭家骥：《生态文化论》，《云南社会科学》2005年第6期。

⑤ 王玉德：《生态文化与文化生态辨析》，《生态文化》2003年第1期。

个层面是为生存所需而对环境的观察所得到的经验知识；第二个层面是对于生态和自然资源管理的规则知识；第三个层面是使人们得以有效的协调和合作的社会制度；第四个层面则是支撑这些知识、规则和社会制度的世界观或宇宙论。"① 他强调这几个层面的知识是相互支持方能运作，这和现代科学知识是很不相同的。

部分学者将"传统生态知识"等同于"传统生态智慧"（Traditional Ecological Wisdom）。"智慧"是一种意识，是人们在长期生存中的文化积淀，即人们对人生、对社会、对自然界的领悟并在领悟的基础上形成的正确解决人生和应对社会、自然及其变化的认识和能力。② "生态智慧"这一概念在西方最早由挪威哲学家 Arne Naess 于 1973 年提出，后来成为西方深层生态学运动的理论基石之一，主要指有关生态和谐或生态平衡的哲学或自然哲理。在笔者看来，这两者是一种涵盖关系，"传统生态智慧"主要指"传统生态知识"中经历千百年历史检验得以留存的具有深刻性和较强普适性的一部分，是"传统生态知识"中的精华所在。

在生态人类学研究中，针对"传统生态知识"这一研究范畴并没有统一的术语，也没有统一的概念界定，不同的学者会根据叙述的需要采用"本土生态知识""本土环境知识""地方性生态知识""传统环境知识"等多个术语，部分台湾学者还将其称为"原住民知识"。早在 20 世纪 80 年代初，美国学者沃伦等人认为"传统"反映了 19 世纪简单的、野蛮的和静止的研究取向，而他们需要的是一个动态的、基于社区自身解释和概念的术语，因此他们采纳"本土生态知识"这一术语。吉首大学杨庭硕教授和罗康隆教授一直使用"本土生态知识"这一概念，他们认为传统生态知识体系具有本土性，因而也可以称为"本土生态知识"，主要是指"特定民族或特定地域社群对所处自然与生态系统做出文化适应的知识总汇，是相关民族或社群在世代的经验积累中健全起来的知识体系"③。但部分学者认为使用"本土"一词时容易遭受道德偏见和政治权力的制约。

---

① Berkes, F., Colding, J., Folke, C., "Rediscovery of Traditional Ecological Knowledge as Adaptive Management", *Ecological Applications*, 2000, 10 (5): 1251–1262.

② 罗有亮：《民族民间生态智慧研究》，人民出版社 2015 年版，第 1 页。

③ 杨庭硕、田红：《本土生态知识引论》，民族出版社 2010 年版，第 53 页。

"地方性知识"一词听起来似乎很中立,但它却"内在地强化了人类学界长期存在的问题重重的假设:非工业社会空间上是隔绝的"①。总的来说,无论学者们采用哪一个术语,基本上都属于同一研究范畴,笔者在本书中采纳"传统生态知识"这样一个术语只是为了分析研究的便利。虽然"传统"是一个相对于"现代"而言的时间维度概念,但事实上许多传统知识在当今一直沿用,笔者采纳这样一个概念并不是要强制性地把知识分成两个对立的领域,强制性割裂两种知识是极端文化相对论的一种表现。"虽然两种生态知识都为一定的认知和技术特质所型塑,但它们都属于人类社会知识传统的范畴……只是后来由于受到西方学术霸权的影响。"②

本书所探讨的"土家族传统生态知识"主要是指武陵山区土家人在与周围环境互动中世代积累并长期沿袭的保护自然、适应生态环境、合理利用与改造自然的一套知识体系。这套知识体系是土家族经过数个世代与土地密切的接触与互动才建立起来的,与现代科技知识和机械化相互区别,与本民族所处的自然生态环境相关联,具有一定地方性。其内容大致可以分为三个部分:一是观念型生态知识,主要包括独特的生态伦理观、气象历法、动植物及生态认知体系;二是规约型生态知识,主要包括限制破坏行为、教育人们合理改造自然的各种制度规约、风俗习惯和宗教禁忌;三是技术型生态知识,主要包括常规生态适应技术、抗风险技术及改造补救型生态知识。这套知识体系促使土家人在充分利用山地自然生物资源的同时,又精心维护了所处生态系统的安全。

另外要说明的是,土家族传统生态知识内容非常丰富,长期以来一直处于变化发展中。"传统"并不是静态的,而是持续改变和与时衍化的,不同时代、不同地域尚存在一定差异。本书有意模糊了这些差异,只是选取了其中对于当代最具有借鉴意义的一部分进行阐述。因此,这些知识并不是能够在一个社区全部找到的,也不是哪个时段同时并存的。

---

① 付广华:《传统生态知识:概念、特点及其实践效用》,《湖北民族学院学报》(哲学社会科学版)2012年第4期。

② 同上。

第 一 章

土家族传统生态知识的形成背景

土家族长期繁衍生息在湘、鄂、渝、黔四省市交界地带，包括湖南的湘西土家族苗族自治州（辖龙山、永顺、保靖、古丈、花垣、泸溪、凤凰7县和吉首市）及大庸、桑植、慈利、石门等县市；湖北的恩施土家族苗族自治州及五峰、长阳两个土家族自治县；重庆市的秀山、酉阳、黔江、石柱和彭水五县；黔东北的沿河、印江、德江、江口、思南等县。土家族生态知识的生成与其自身所处的自然环境和社会环境紧密相关，这些知识反映了当地的自然社会生态，又受制于当地的自然社会生态。

第一节　地理环境

自然地理环境是人类居住地域各种因素的总和，包括地形地貌、气候水文、灾害、自然资源等，这些因素对文化的生成和发展具有重要影响，就生态知识而言尤为如此。土家族聚居地属于我国南方中西结合部山区，这一带山崇岭峻，沟壑纵横，土地贫瘠，交通闭塞。这种特殊的地理位置与环境制约着土家人的生产与生活，传统生态知识也是适应其独特山地环境的产物。

一　复杂多样的山地地形

土家族地区平均海拔在1000米左右，海拔在800米以上的地方占全境的70%，这一带山峦重叠，主要有武陵山脉、大娄山脉和大巴山脉，其中以武陵山脉分布面积最广，它贯穿湖南的古丈、保靖、永顺、大庸和贵州的铜仁、印江等地，其支脉延伸到恩施州的来凤、咸丰、宣恩、恩施、鹤峰和重庆的西阳、秀山、黔江、彭水等地。巫山山脉穿插于恩施市、建始县北部和巴东县中部。大娄山在重庆黔江地区展开，湖北利川齐跃山为其边缘，主要的山脉有湖南湘西北部的八大公山，西部的八面山、西南的腊尔山、湖北西南的齐跃山、中部的椿木营、东北部的绿从坡、五峰境内的摸天岭、川东黔江的灰千梁子、四川东南缘的大娄山等。土家族地区山崇岭峻，清人顾彩曾有精彩的描述：土家族地区"武陵地广袤数千里，山环水复，中多迷津。……皆在群山万壑之中，然道路险侧，不可通舟车，虽贵人至此，亦舍马而徒行，或令其土人背负，其险处，一夫当关，万夫莫入"①。土家族世代居住在山，耕种在山，烧伐在山，吃喝在山，山是土家族的宝库，因此，土家族是地地道道的山地民族。

土家族地区以山地为主体，兼有河谷、高原、盆地和坪坝等地貌类型，其中山地又有高山、二高山、低山之分，高山海拔在 1500 米以上，如千丈岩、齐岳山、梵净山等。二高山海拔在 800—1500 米，分布较广，如保靖县"六大山脉"牛角山、白云山、香火山、天塘坡、向家坡、吕洞山，来凤县马鞍山、黑山、贵帽山即为此类。低山海拔在 800 米以下，也占有相当面积。河谷多为两山之间的河流两岸，较大的河谷当数清江河谷、西水河谷、澄水河谷、乌江河谷等。低山之间分布有许多大小不一的盆地和台地，如恩施盆地、建始盆地、召市盆地、廖家村盆地、万坪盆地、秀山盆地等。土家族地区的石灰岩地貌也较为发育，境内分布有不少的石山峰林和石灰岩溶洞，较为出名的如利川的腾龙洞、咸丰的黄金洞等。基于这种复杂多样的地貌地形，土家人在生产生活中也学会了因地制宜，在高山、低山、河谷分别栽种不同的树种和农作物并采取不同的种植方式。农业以旱粮作物为主，水稻种植规模不大，嘉庆《恩施县志》载："土多沙泥，春夏得雨，高山峻岭之上种荞麦、豆、粟等杂粮，阴雨过多，多崩塌。水田甚少，有所谓早稻者，米性坚硬，不及水稻之滑腻，惟苞谷最盛，播不择地，不忌雨，但迎岁虫腐，不可久留。"虽说经过土家山民长年的努力，筑塘堰、修梯田，水稻种植成为可能，但此处依然以旱地农业为主，苞谷、红薯、洋芋种植面较广，经济结构中林业、畜牧业也占有一定比例。

---

① 高润身：《容美纪游注释》，天津古籍出版社 1991 年版，第 1—3 页。

二 纵横交织的河流水系

土家族地区的大小河流数千条，主要水系有清江、澧水、唐崖河、酉水、武水、乌江等，这些水系支流众多、交织若网，不仅流量大，而且穿山越谷，落差大，流速快，水利资源十分丰富。如清江水系发源于鄂西利川市境都亭山，东流经利川市、恩施市、建始县、巴东县、长阳县、宜都市，最后注入长江，全长423公里，故号称"八百里清江"。干流两侧支流众多，主要有忠建河、马水河、野三河、龙王河、招徕河、丹水等。酉水发源于湖北宣恩县东南境，流经宣恩县、来凤县、重庆酉阳县、秀山县、湖南龙山县、保靖县、永顺县、古丈县、沅陵县，最后注入沅水，主要支流有梅江、洗车河、花垣河、猛洞河等。澧水水系主要位于湘西北，面积8000余平方公里，干流长度近300公里，发源于桑植县的八大公山，东流经桑植县、永顺县、张家界市、慈利县、石门县、临澧、澧县、津市等县市，最后注入洞庭湖，大小支流180余条。武水水系位于湘西，发源于凤凰县境腊尔山，流经凤凰县、吉首市、泸溪县，注入沅水。乌江河段一部分流经土家族地区，这一河段上起思南，下至彭水，接纳位于土家族地区的支流主要有唐崖河、郁水。土家族地区无论是大河小溪，最后都注入长江，均与长江紧密地联系在一起。

众多的河流水系对土家族地区的经济生活有不小的影响，山与水是土家人的基本生存条件，崇山峻岭导致土家人生活的封闭，而水正好提供了生活、交通的便利。一方面，这些水系大多都可以通航，成为身居深山的土家人民与外界交往的天然通道，因此土家族传统生态知识深受汉族及其他少数民族的影响；另一方面，土家族的生产生活也离不开水。土家族地区农耕生产以旱作为主，很多都是"望天收"，其产量难有保证。而在溪河的近旁、临近水源的地区，农业生产就可以不受雨水的限制，所以山民们在很早的时候"遇有溪泉之处，便开垦成田"。土家人的房屋也大都喜欢建在依山傍水之地，或临江河，或靠溪边，或居泉边，一是便于人畜饮水；二是为了增加灵气。

三 温湿多雨的立体气候

土家族地区大体上属于亚热带气候，温和湿润，季节分明，夏无酷暑，冬无严寒，四季温和，雾多湿重，风速小，日照充分，年平均气温在12—17℃。自然降水资源充沛，年降水量为1300—1900毫米。不过由于受到季风环流的制约，自然降水有明显的季节变化。春季降水量多为411.7毫米，占全年降水量的30%。4—5月，低温春雨频次较高。6月中旬至7月中旬进入"梅雨期"，多年平均为37天，最长年份为43天。梅雨期降水集中，多连续性降水和大到暴雨，多年年均降水量为276.4毫米。7月上旬末至7月中旬一般会出现夏旱。秋季降水量为294.5毫米，占全年降水量的21%。冬季降水量为81.6毫米，占全年的6%。冬季还有降雪，低山积雪次数不多，平均每年积雪日5天，最大积雪深度14厘米；而高山积雪日数在15—60天不等，最大积雪深度可达70厘米。

受地貌影响，土家族地区具有多种气候带，高山与平地间区别很大，日照、气温等都有很大差异，民间素有"山高一丈，大不一样""阴阳坡，相差多""低山已称谷，高山围火炉"等说法。海拔350米以下的河谷地带年平均气温为17℃，一般从3月6日开始入春，全年日照时数为1239—1260天，无霜期为280天以上，农作物以水稻为主，适宜柑橘、甜橙等水果生长。海拔在350—700米为低山地带，年均气温为15—17℃，无霜期为260天以上，本地带水稻一年两熟。海拔700—1300米的二高山地带，年均气温在11.5—15℃，无霜期为195—220天，农作物一年一熟，旱作间套，适宜烟叶、茶叶、板栗等经济作物和林业树种杉木、柳杉、桦木、樟、楠、棕榈、红麸杨、漆树等树木的生长。海拔在1300—2000米的高山地带，年均气温在6—11℃，无霜期为195—220天，夏短冬长，粮食作物一年一熟，以玉米、洋芋、芸豆为主，适宜黄连、党参、当归等中药材以及黄杉、油松、巴山松生长。海拔2000米以上的高山脊岭地带，年均气温在6.5℃以上，无霜期不足195天，年降水量为1600毫升左右，属宜林、宜牧区，是以各种栎类、漆树和杂灌为主的落叶、阔叶林带，主要树种有黄山松、马褂木、水青岗、厚朴、杜仲、华山松、漆树、油松、桦木、水东瓜等。土家人的经济活动与气候紧密相关，不同地带气候条件下的农耕制度稍有不同。

四　贫瘠多石的土壤土质

土家族地区土壤类型复杂多样，有黄壤、棕壤、红壤、紫色土、石灰土、草甸土、沼泽土、潮土和水稻土等20多个土类，37个土属，140多个土种。海拔在800米以下的低山平坝区主要分布红壤、黄壤、水稻土等，海拔在800米以上的二高山、高山区主要分布黄棕壤、石灰土等。这些不同类型的土壤具有不同特点，如黄棕壤土层较厚，呈酸性反应，初垦有机质含量较高，缺磷，宜种苞谷、黄豆、燕麦、甜菜、花生、辣椒等。黄壤土养分含量较丰富，保水、保肥力差，宜种苞谷、红薯。此外，土家人还形成了一套自己独特的土壤分类体系，他们将土壤按照颜色分为羊血泥（紫色岩发育）、黄沙泥（石灰岩发育）、白泥（板页岩发育）；按质地分为粗沙土、黏土；按水型分为塝田、溶田、烂泥田；按肥力分气泡田泥、狗毛黄泥、鸭屎泥等。① 土家人在长期的实践中认识到土壤与农作物的密切关系，按照土壤的不同特点种植不同的作物。

土家族地区的土壤贫瘠、质地不良，鄂西巴东谚语云："风吹石头滚下河，老鸦歇脚土下梭，三个月亮晒死苗，一场暴雨现岩壳。"水田类有机质和氮肥比较丰富，但磷钾肥极缺，耕性差、透气差，养分分解慢，发苗迟，少数还有矿毒、铁盘层、踩石层等不良因素。旱地类有机质、氮、磷、钾都很缺乏，耕层浅，土层薄，坡度基本大于10度。很多渍水冷浸田，泥温比正常田低5—10℃，土体结构稀糊浮烂不通气，有的产生硫化氢等有毒物质，造成坐兜死苗。土壤中砾石含量较高、分布广，如鄂西来凤县砾石含量大于30%的旱地就达26701亩，占总旱地的15.65%。② 这种土质如果连续晴上十天半月，稻禾一半都要枯焦。清代名士顾彩在康熙四十三年（1704年）应邀游历容美土司境地后曾说："司中地土瘠薄，三寸以下皆石。耕种只可三熟，则废又别垦，故民无常业，官不税租。"③

由于境内山坡多、平坝少，土层不厚，土地贫瘠，山地多石，使土家族有效耕地面积狭小，新中国成立以前大多实行刀耕火种，广种薄收。为了提高粮食收成，土家人除了住房生活不占用可耕地、实行轮作间作以外，还不断努力改善土壤，如开沟排水、增施农家肥料、放水晒田等。

---

① 刘伦文：《母语存留区土家族社会与文化》，民族出版社2006年版，第17页。
② 湖北省《来凤县志》编纂委员会：《来凤县志》，湖北人民出版社1990年版，第37页。
③ 高润身：《容美纪游注释》，天津古籍出版社1991年版，第89—90页。

五　频繁多发的自然灾害

土家族地区山多雾重，湿度大，气候也变化无常，几乎年年都有旱、涝、冰、雪等气象灾害，气象灾害在自然灾害中出现最多、危害最大，其中尤属水旱灾害最为频繁。加之山区地形地质复杂，河流纵横深切，降雨充沛，水力和重力侵蚀作用强，故经常发生地质灾害，岩崩、滑坡、泥石流分布范围较广，水土流失严重。这些灾难性气候在给土家人民带来巨大损失的同时，也促使他们不断摸索出一些气候预测及防范技术。此外，生物灾害也是不能忽视的，兽害、虫害、疾病的威胁也很大。这些自然灾害带给土家人民巨大损失。

（一）气象灾害

土家族地区一年四季都有灾害性天气发生的可能，12月至次年1月的冻害，3—4月的倒春寒，5—7月的洪涝灾害，夏秋的干旱，等等，气象灾害在自然灾害中出现最多、危害最大，其中尤属水、旱灾害最为频繁。据贵州《沿河县志》记载，该县1957—1990年的34年中夏旱就出现了29年，春旱出现了25年，降雨量在12小时内大于30毫米和24小时内大于50毫米的暴雨共150次，冰雹共出现18次。[①] 据湖南《永顺县志》记载，1958—1981年的24年中干旱出现12次，占所有灾害性天气总次数的69%，大旱出现的频率为25%，特大干旱的频率为17%，暴雨山洪在县境连年均有发生，主要集中在5—8月，平均每年产生大风3.5次，冰雹平均每两年出现一次。[②] 恩施州于1950年、1954年、1955年、1969年、1983年、1985年、1999年都曾遭受重大水灾，1959—1960年连续两年旱灾，1983年遭受雹灾，受灾面积广泛。这些灾难性气候给土家人的农业生产带来巨大损失。

（二）地质灾害

由于土家族地处山区，山多坡陡、地质复杂，河流纵横深切，加之降雨充沛，水力和重力侵蚀作用强，故经常发生地质灾害，水土流失严重。

① 《沿河土家族自治县志》编纂委员会：《沿河土家族自治县志》，贵州人民出版社1993年版，第115—117页。

② 《永顺县志》编纂委员会：《永顺县志》，湖南出版社1995年版，第83—85页。

据相关部门统计，恩施自治州的轻度水土流失面积 3827 平方公里，中度流失 4454 平方公里，强度流失面积 1720 平方公里，极度流失面积 128 平方公里。贵州铜仁地区水土流失面积达 9759 方公里，占总土地面积的 54.2%。[①]

滑坡是土家族地区影响最大的地质灾害，每年都会造成较大的损失。据相关部门统计，1980—1989 年湘西州全州共发生山体滑坡 227 处，平均每年发生 23 处；1990—1999 年全州共发生山体滑坡 198 处，平均每年发生 20 处。[②] 恩施巴东县境内的滑坡，除了造成人员伤亡以外，平均每年造成的经济损失大概在 80 万元以上。2008 年 5 月 10 日，清太平镇木竹坪村、郑家园村、梯子口村相继出现大面积山体滑坡，滑坡体总体积约 800 万立方米，造成了住房坍塌、房屋裂缝，居民被迫撤离。2014 年 9 月 3 日，巴东县官渡口镇碾坪垭村二组齐家坪发生滑坡，滑坡面积约 300 亩，7 栋房屋垮塌。[③]

（三）生物灾害

土家族地区的生物灾害主要表现为病虫害和兽害。其中病虫害主要包括森林病虫害和农田病虫害，分布广、危害严重，对生态环境造成很大威胁。湘西州农作物病虫害主要有水稻的稻瘟病、纹枯病、稻综卷叶螟、稻飞虱，柑橘的炭疽病、螨类、蚧壳虫、潜叶蛾，蔬菜的疫病、霜霉病、炭疽病、立枯病、小菜蛾、地老虎、斜纹夜蛾等，烟草的黑茎病、青枯病、花叶病、炭疽病、烟青虫、蚜虫等。据统计，全州每年的农作物病虫害发生面积均在 1000 万亩左右。[④] 来凤县全县农作物病害 164 种，森林病虫害主要有马尾松毛虫、樟叶蜂、漆树黄叶钾、油桐黑斑病、竹螟、竹蝗、松落叶病等。[⑤] 在部分地区，白蚁的危害也是非常大的。2005 年，咸丰县全

---

① 邓正琦、李碧宏：《区域经济联动与整合研究——以渝、鄂、湘、黔交界民族地区为例》，中国社会科学出版社 2009 年版，第 99—100 页。

② 章国材、王邦中：《地质灾害气象预报预警技术文集》，气象出版社 2004 年版，第 148—149 页。

③ 摘自《巴东年鉴》2008 年卷和 2014 年卷。

④ 郭强主：《中国减灾报告》，中国时代经济出版社 2008 年版，第 115 页。

⑤ 湖北省《来凤县志》编纂委员会：《来凤县志》，湖北人民出版社 1990 年版，第 82—84 页。

县白蚁灾害发展为 404 例，危害房屋 381 栋，受灾面积 4.57 万平方米。①

土家族地区的兽害以野猪为主。野猪是一种野生动物，也是国家二级保护动物，但其生性残暴，经常毁坏农作物，还会伤害人畜，威胁人身安全。20 世纪 90 年代以后，由于长防林和天保工程的实施，野猪的生存条件不断改善，数量与日俱增，危害不断增大。2000 年 6 月，咸丰县二仙岩镇干桩坪村一农民被 140 公斤重的野猪咬死。2004 年，活龙坪野猪损害洋芋约 7500 亩、红苕 6800 亩、玉米 1000 亩，退耕还林地 600 亩。② 巴东县神龙溪岸边的红花岭村 4 组、5 组因野猪活动频繁，造成粮食大量减产，导致近 40 亩土地抛荒。③

土家族地区不仅灾年频繁，而且时常数灾并发。干旱之时往往同时伴有虫灾袭击，数月大旱之后即有洪灾暴发，引发山洪，导致滑坡。如 1957 年恩施州 8 县市连续遭受风、旱、虫、冰雹等灾害，成灾面积达 76232 公顷。1980 年湘西州连续出现水、旱、风、雹等自然灾害。这些自然灾害给土家族的生产生活带来重大危害。如嘉庆十八年（1813 年）气候反常，从正月初十下雨，一直下到三月清明，后来三月到八月没下一场透雨，民间歌曲唱道："说起嘉庆十八年，百姓过的鬼门关，路上尸骨堆成堆，无人收殓喂豺狼。"④ 光绪庚子年（1900 年）的灾情同样严重，《庚子灾情歌》唱道："山上竹子勾了头，田里禾苗放火燃。颗粒无收鼓眼睛，一年阳春空一场。山上蕨葛都挖尽，树皮草根都吃完。实在饿的无办法，煮起白泥当稀饭。"

此外，由于土家族地区山多树多，火灾的危害性也是不能忽视的。恩施州咸丰县 1963 年发生火灾 120 起，烧毁山林面积 2965 亩，损失树木 59.7 万余株。⑤ 巴东县 1999 年发生森林火警 13 起，受害面积 35.7 公顷，2004 年发生森林火警 24 起，受害面积 30.5 公顷。⑥

---

① 《咸丰县志》编纂委员会：《咸丰县志（1986—2005）》，方志出版社 2011 年版，第 49 页。

② 同上。

③ 摘自《巴东年鉴》2008 年卷。

④ 彭勃：《永顺土家族》，内部资料，1992 年，第 54 页。

⑤ 《咸丰县志》编纂委员会：《咸丰县志》，武汉大学出版社 1990 年版，第 29 页。

⑥ 巴东县地方志编纂委员会：《巴东县志（1986—2005）》，中国文史出版社 2014 年版，第 107 页。

　　脆弱的自然生境导致自然灾害的频繁多发，当然也是与近年来气候变化以及人类活动对自然的破坏分不开的。这些灾害在给土家人带来巨大损失的同时，也促使他们不断摸索出一些预测及防范技术，如观察物候预测天气，种树防风固土，利用抛撒草木灰和石灰、烧火把驱赶作物虫害等，但在科技落后时代百姓的智慧毕竟是有限的，更多时候他们就会求助于神灵，采取祭祀等手段，从而出现了种种崇拜自然的现象。

表 1—1　　　　　　　　　民国期间至 1990 年恩施州主要自然灾害

灾害名	发生时间	详情
冻害	民国二十六年（1937 年）	恩施四区遭受霜冻，粮食减产六成
	1956.1	恩施低山气温降至 - 3.6℃，夏收作物受冻害
	1964.2	鹤峰走马连续冰冻 23 天
	1972.2	恩施城郊气温降至 - 6.5℃，利川降至 - 15.2℃，农作物均遭冻害
	1977.1	恩施城气温下降到 - 12.3℃，竹子冻死，柑橘几近毁灭，茶叶亦受严重冻害
干旱	民国四年（1915 年）	宣恩八区均遭干旱，3831 户受灾，农作物被旱面积 20459 亩
	民国二十五年（1936 年）	入夏以后，宣恩、利川两月不雨，旱魃肆虐，农田龟裂
	民国三十一年（1942 年）	夏，所属八县天久亢阳不雨，禾苗枯死，一望赤地，建始尤为惨重，民无以为生，死者甚多，生者大半逃往他乡
	1952.6—7	全区干旱月余，40 多万亩水田裂口
	1959.7—9	持续干旱 83 天，受灾面积 283 万亩
	1960.8—9	连续干旱 45 天，农业再次减产
	1971.7—8	伏秋连旱 38 天，尤以鹤峰受灾最重
	1985.7—8	久旱不雨，农作物受灾 96.3 万亩，河沟断流，稻田裂口

续表

灾害名	发生时间	详情
暴雨山洪	民国二十二年（1933年）	恩施白果水患绵亘40余里，200多户流离失所，800余户断粮。鹤峰山洪暴发，水旱田地受灾13万余亩
	民国二十四年（1935年）	各县同遭大暴雨袭击，田禾冲毁，房屋倒塌，人畜淹毙甚多
	民国三十二年（1943年）	建始暴雨14天，低洼之地尽成泽国，禾苗被淹，受灾300余户
	1954.7	大风暴雨席卷全区，山洪暴发，河水横流，冲毁农田84911亩，洪水淹死57人，垮房压死43人
	1963.8	暴雨倾盆，彻夜不停，恩施大水环城
	1969.7	恩施、利川降特大暴雨，恩施城北门外清江水位高419米
	1977.7	鹤峰降雨近300毫米，2万多亩农田受灾，冲毁房屋124栋
	1983.6—7	鹤峰降大暴雨7次，总降雨量达899.3毫米，10万亩农田受灾。咸丰连续降雨41天，淹没农田4.9万亩，垮屋440栋
	1985.7	恩施龙凤、红庙、七里一带，突遭狂风暴雨袭击，六小时降雨近100毫米，受灾面积达10余万亩。红庙区受灾尤为惨重，200多处滑坡
大风冰雹	民国二十四年（1935年）	恩施山洪暴发，并被雹灾纵横30余里，田禾尽毁，灾民流离失所
	1953.4	来凤、咸丰、利川、恩施、建始5县15个区遭冰雹袭击
	1963.6	冰雹袭击鹤峰五里、走马、阳河一线，冰雹直径6—8厘米，玉米、稻叶被打成丝状
	1972.3	利川毛坝遭50年来特大雹灾，冰雹大者如蛋，平地厚度20—30厘米，山脚处厚1.67米，损失惨重
	1974.7	鹤峰654个生产队遭大风冰雹灾害，5.2万亩农作物受灾
	1983年春	全区多处遭受雹灾，受灾面积达60余万亩

续表

灾害名	发生时间	详情
病虫及兽害	民国二十一年（1932 年）	思南各县久旱，旋又发生虫害，农作物所收不及四成
	民国三十三年（1944 年）	全区发生虫灾，稻包虫为害之烈，水稻减产四成
	1951 年	全区稻包虫大暴发，65 万人下田捉虫
	1954 年	马铃薯晚疫病大流行，减产达 1600 万公斤
	1957 年	稻瘟病、负泥虫、稻飞虱、玉米螟等多种病虫害暴发成灾，发生面积 184 万余亩，损失产量 2600 多万公斤
	1962 年	马铃薯晚疫病再次大流行，减产 1100 多万公斤
	1969 年	全区稻飞虱暴发成灾，水稻减产 1400 万公斤
	1972 年夏	恩施沐抚、板桥、大山顶等地粘虫大暴发，2.6 万余亩受害
	1976 年	马铃薯粉痂病泛滥成灾，发病 123 万亩，损失产量 2500 万公斤
	1978 年	马铃薯发生 28 星瓢虫 50 万亩，全区组织 26 万人扑灭成虫
	1980 年	连阴雨后高温，导致稻瘟病大发生，全区发病面积达 35.8 万亩
	1983 年	鼠害大发生。调查测算全区有老鼠 1100 多万只，相当于人口的 3 倍，为害面广。夏秋之交气候异常，稻瘟发生面积达 53.1 万亩
	1985 年	马铃薯粉痂病再次大流行，成灾面积达 44.35 万亩

资料来源：《鄂西农特志》，武汉大学出版社 1993 年版。

六 丰富多样的动植物资源

土家族地区森林覆盖面积大，植被丰富、林木葱郁，改土归流以后虽然几次遭到破坏，但该地的森林覆盖率仍然远高于全国平均水平，动植物资源十分丰富，生物多样性保存完好，素有"中国植物区系的精华之乡"和"生态基因库"之称。现已建立各类保护地 150 多处，包括 60 多处风景名胜区、50 多个自然保护区、20 多个森林公园和 20 多处 4A 国家级旅游景区、2 个国家地质公园、2 个世界自然遗产（详见表 1—2）。[①] 土家族地区拥有各种植物约 7000 种，珍稀树种如银杏、水杉等 60 多种，其中

---

① 段超、陈祖海：《2013 武陵山片区生态文明建设发展报告》，湖北人民出版社 2014 年版，第 2 页。

经济价值较大的林木有水杉、楠木、泡桐、棕树、油茶、漆树、珙桐等300多种。这些木材品种多、质地好，据史书记载：古代溪州木材多是向中央王朝纳贡的贡品，明清两代宫殿王廷的建筑材料很多都是采用永顺土司贡献的大楠木。土司曾因献木有功多次受到中央王朝的赏赐。[1] 石柱的水杉、酉阳的秃杉、秀山的珙桐都属国家一级保护植物，珙桐被欧美称为"中国鸽子树"，是世界著名的观赏树；金钱松、穗花松等珍贵树木既具有观赏价值，又属古老孑遗植物，被誉为世界"活化石"。恩施的坝漆被誉为"世界生漆之冠"，民谣唱到"坝漆清如油，照见美人头；摇起虎斑色，提起钓鱼钩"。由于武陵山区山广田少，油桐生产在土家人生活中曾经发挥过重要作用，民间流传："家有千株桐，永世不受穷。""一船桐油下河去，十船大米上山来。"人们利用油桐榨取桐油和点灯照明，并把它作为主要贸易商品。由于植物资源丰富，许多植物具有食用、药用等经济价值，因此林业经济一直是土家族重要的生计方式之一，土家人经常上山采集，掌握了一套独特的植物认知体系。

表 1—2　　　　　　　　武陵山片区重点生态功能区

类型	名称	位置
国家级自然保护区	湖北五峰后河国家级自然保护区	五峰县
	湖北星斗山国家级自然保护区	利川市、咸丰县、恩施市
	湖北七姊妹山国家级自然保护区	宣恩县
	湖南黄桑国家级自然保护区	绥宁县
	湖南张家界大鲵国家级自然保护区	张家界市武陵源区
	湖南八大公山国家级自然保护区	桑植县
	湖南借母溪国家级自然保护区	沅陵县
	湖南鹰嘴界国家级自然保护区	会同县
	湖南小溪国家级自然保护区	永顺县
	湖南舜皇山国家级自然保护区	新宁县
	贵州梵净山国家级自然保护区	江口县、印江县、松桃县
	贵州麻阳河国家级自然保护区	沿河县、务川县
	湖南壶瓶山国家级自然保护区	石门县

---

[1]　彭勃：《永顺土家族》，内部资料，1992年，第22页。

续表

类型	名称	位置
世界文化自然遗产	湖南武陵源风景名胜区	张家界市武陵源区
	中国丹霞地貌	新宁县
	中国南方喀斯特	武隆县
国家森林	湖北坪坝营国家森林公园	咸丰县
	湖北大老岭国家森林公园	秭归县
	湖北清江国家森林公园	宜昌长阳县
	湖北柴埠溪国家森林公园	宜昌五峰县
	湖北夹山国家森林公园	石门县
	湖北中坡国家森林公园	怀化市鹤城区
	湖南百里龙山国家森林公园	新邵县
公园	湖南张家界国家森林公园	张家界市武陵源区
	湖南天门山国家森林公园	张家界市永定区
	湖南南华山国家森林公园	凤凰县
	重庆黔江国家森林公园	黔江区
	重庆双桂山国家森林公园	丰都县
	重庆黄水国家森林公园	石柱土家族自治县
	重庆仙女山国家森林公园	武隆县
	贵州九道水国家森林公园	正安县
国家地质公园	湖南张家界砂岩峰国家地质公园	张家界市
	湖南莨山国家地质公园	新宁县
	湖南凤凰国家地质公园	凤凰县
	湖南古丈红石林国家地质公园	古丈县

资料来源：《武陵山片区区域发展与扶贫攻坚规划》（2011—2020 年）。

土家族地区盛产药材，有"中药材宝库"的美誉。恩施的药用植物资源品种多达 2080 余种，鸡爪黄连产量居全国前列，板党质地优良，紫油厚朴乃国家珍品，贝母、天麻、丹皮、竹节参、江边一碗水、头顶一颗珠等名贵中药材在国内外久负盛名。湘西的药用植物资源种类多，分布广，名贵药材如黄芪、赤芍、秦芙、大黄、贝母、羌活、当归等在国内中药材市场占有十分重要的地位。渝东南地区出产的石柱黄连、酉阳青蒿素、秀山金银花在世界都享有盛誉，石柱县的黄连产量大、质量优，素有

"中国黄连之乡"的美誉。以药为膳是铜仁地区独有的特色文化，该地区发展药膳产业，促进了当地生态经济的发展。[①]

适宜的气候、众多的山溪和茂密的森林为动物的繁殖生长提供了理想的场所，动物的种类、数量众多。仅以恩施州为例，被列为国家保护的珍贵动物有23种，占湖北省的64%；野生毛皮类动物60多种，药用动物60多种。[②] 在历史时期，土家族地区的动物种类比现在更多，从文献记载和考古材料来看，野生动物主要有虎、豹、熊、象、狼、鹿、猿、狸、水獭、松鼠、金丝猴等，鱼类主要有鲤、鲇、大鲵、鳝鱼、脚鱼、倒刺巴、鲢、鳊鱼、鲫等，鸟类主要有八哥、乌鸦、喜鹊、斑鸠、画眉、竹鸡、锦鸡、白鹤、鹭鸶、野鸭等。如湖北鹤峰州的山羊隘地区改流前"山则有熊、㺊、鹿、麂、豺狼、虎、豹诸兽……水则有双唇石卿、重唇诸色之鱼……小鸟若竹鸡、白雄鸡、野鸡、凤凰、锦鸡、上宿鸡、土香鸡，真有取之不尽，用之不竭之慨。"[③] 这段文献记载是土家族地区历史时期动物资源丰富的真实写照。由于动物资源丰富，人们"时而持枪入山，则兽物在所必获；时而持沟入河，则水族终至盈笱"。不少人以渔猎为生。改土归流以后，土家人虽然以农耕为主，但渔猎经济依然是他们生活的必要补充，他们在长期的生产生活中与动物和谐相处。

土家族地区还生存有许多农作物病虫天敌，除益兽、益鸟、蛇和青蛙、蟾蜍外，还有益虫，其优势种群主要有：七星瓢虫、二星瓢虫、莆龟纹瓢虫、四斑月瓢虫、大红瓢虫、多异瓢虫、门食蚜蝇、大草蛉、中华草蛉、蜻蜓、螳螂、草间小黑蛛、广长脚蛛等。土家人在长期实践中了解了部分天敌的习性，巧妙利用它们防治农作物病虫害，自觉保护它们。

第二节　历史文化背景

土家族传统生态知识的生成离不开一定的历史文化的浸染，"任何一

---

① 段超、陈祖海：《2013 武陵山片区生态文明建设发展报告》，湖北人民出版社 2014 年版，第 5—6 页。

② 段超：《土家族文化史》，民族出版社 2000 年版，第 12 页。

③ 湖北省鹤峰县：《甄氏族谱·山羊隘沿革考》。

种民族文化，从历史的纵轴而言，必然有其文化传统的延续性；从历史的横轴而言，又有着与其他民族文化多向传播关系"。① 在土家族传统生态知识的形成中，巴文化、濮文化和楚文化等先民文化的影响深远；在其成长与发展中，汉文化、苗文化、侗文化等多民族文化也发挥了重要作用。正是在这种多民族文化交流与影响的环境下，土家族传统生态知识得以不断地吸收他族文化之精华，扬弃本族文化之糟粕，不断地丰富与完善。

一 复杂多元的先民文化的影响

根据段超教授的研究，土家族是巴人、濮人、越人、乌蛮、汉人、楚人等多部族融合而形成的一个民族，在长期的历史发展过程中，巴文化、越濮文化、楚文化、中原文化、乌蛮文化都对土家族文化产生过重要影响。② 就传统生态知识而言，尤以巴文化、濮文化和楚文化的影响更为深远。

（一）巴文化的遗继

巴人是土家族的重要来源，它对土家族生态知识的影响主要体现在"神化自然"方面。巴人崇蛇，最先以蛇为其部族图腾，其"巴"字的甲骨文就写作蛇形。这种蛇图腾信仰在湘西北土家族中仍有遗存，这里的土家人将蛇视为其祖先。若是有蛇进入家中，他们不但不会伤害蛇，还要对其焚烧香纸祭拜，请其离开，不要惊吓后世子孙。廪君时期的巴人则将白虎视为图腾，并以虎为族徽。《后汉书》载："廪君死，魂魄化为白虎。"虎图腾信仰在土家族地区还有不少遗迹，在渝东、鄂西、湘西、黔东发现的从东周到秦汉时代的巴人青铜器物上，不管是兵器还是乐器，大都有虎的纹饰或图像。白虎神因此也一直为土家人所崇拜，如鄂西南土家族就认为"白虎当堂坐，白虎是家神"，体现了原始图腾崇拜中折射出"人虎合一"的生态意识。

（二）濮文化的承接

徐中舒先生在《巴蜀文化论》中指出："巴濮的统治部族同为廪君之后"，"巴、濮本为两个部族，因为长期杂居而逐渐成为一族"。邓少琴先

---

① 胡炳章：《土家族文化精神》，民族出版社1999年版，第31页。
② 段超：《土家族文化史》，民族出版社2000年版，第13—35页。

生在《巴史探索》中认为："古代巴濮联称，濮散布最广，故在汉世南中地区多称濮而少言巴，盖称濮即包括巴也。"从几位学者的研究成果来看，濮人也是土家族的来源之一，先秦时期曾在武陵山区广泛活动，与巴人有较多的交流，他们在共同的生活与迁徙当中，相互影响，互相融合，创造了许多相同或相近的民族文化。濮文化对土家族生态知识的影响主要体现在居住文化上，由于濮人居住的濮水流域低洼潮湿，多沼泽和毒蛇猛兽，为避湿气及毒蛇猛兽的袭击，濮人及其后裔民族一直采用"依树积木"的干栏式建筑。[①]"干栏"最早起源于"巢居"，其特点是分上、下两层，"构竹木为楼"，"人栖其上，牛羊犬豕畜其下"。现今土家族地区盛行的吊脚楼，即是"干栏"式建筑的一种演变形式，保存并延续着濮人文化的遗风。吊脚楼依山而建，分台而筑，具有良好的实用功能和审美功能。

（三）楚文化的遗存

武陵山区在历史上属于楚巴两国的交边地带，楚巴文化交流频繁，许多楚人曾进入这一地区并逐渐融合到后来的土家族、苗族等部族中，因此土家族生态文化中保存有许多楚文化因子。首先，土家族的太阳神崇拜、火神崇拜与楚人崇火尚赤的信仰密切相关。楚人以祝融为始祖，认为自己是太阳与火的传人，十分崇拜太阳与火神，进而崇尚红色。楚人崇火尚赤的信仰在土家族地区得以延续并演变为太阳神崇拜与火神崇拜。土家族地区家家设有火塘，火塘中间放有三脚架，认为它是火神的象征。湘西龙山县、保靖县及鄂西、川东的土家人世代流传 11 月 19 日为太阳的生日，在这一天要给太阳贺诞辰并举行一些祭祀习俗。其次，土家人崇拜凤鸟也是受到楚人凤鸟图腾的影响。楚人认为凤鸟对其部族的子孙具有保护作用，土家人也崇拜凤鸟，在他们举行的"摆手祭祖"的仪式中，就高举着绣有龙凤的旗帜。此外，土家节俗在端午五月五日要悬艾叶、菖蒲在门上，要捣蒜和雄黄水遍洒门户及墙角，等等，这些基本上都是在延续楚人之遗风。

---

① 胡炳章：《土家族文化精神》，民族出版社 1999 年版，第 30—32 页。

二　交织互动的多民族文化的熏染

费孝通先生于 1991 年 10 月考察武陵山区之后写下《武陵行》一文，文中指出："这个山区（指武陵山）在历史巨浪不断冲击下实际上早已不再是个偏僻的世外桃源了，已成为从云贵高原向江汉平原开放的通道。这条多民族接触交流的走廊，一方面由于特殊的地貌还保持了各时期积淀的居民和他们原来的民族特点，另一方面又由于人口流动和融合，成了不同时期入山定居移民的一个民族熔炉。他们长期在一个地区生活，在不同程度上已形成了一个我中有你、你中有我，你我之间既有区别、又难分解的多民族共向体。"① 土家族所处的武陵山区处于中西接合部，东、南、北面与汉族地区相邻，西部同西南各少数民族相交，历史上属于中原与西南交流的重要通道，西南少数民族同中原发生联系时都必须经过土家族地区。三峡大学黄柏权老师将此地称为"武陵民族走廊"，认为这里从古至今都是多元文化相互采借和各种文化相互碰撞融合的典型地带，既有利于土家族文化与汉文化的交流，也使土家族有更多机会同西南各族发生关联。因此，土家族传统生态知识是多民族文化互动交织的结果，与汉族及西南其他部分少数民族的传统生态知识存在某些共性。

（一）强势中原汉文化的儒化

由于土家族与汉族地区直接相交，汉文化的广泛传播对土家族地区意义深远，其影响几乎遍及土家族文化的各个领域，包括宗教信仰、语言文字、道德伦理、经济生活、文学艺术、民间习俗等。土家族传统生态知识的形成与发展受汉族影响也非常大，土家人的传统生态观念、改造自然生态的技术、适宜环境的生产工具等很多内容都是在吸收汉文化的基础上形成的，影响无处不在。土家族在大年三十给果树喂年饭的习俗就来自汉族，土家人本有树灵崇拜，汉族给果树喂腊八粥的习俗传入后，即为其所接受并形成了在大年三十喂年饭的习俗，他们相信，果树神灵只有吃了年饭，来年才会结出又大又甜的果子。土家族地区的许多作物品种也来自汉族地区，湖北省恩施市七里坪旧州城有一块南宋咸淳六年（1270 年）的"西瓜碑"（见图 1—1），碑文曰："郡守秦将军到此栽养万桑，诣菜园开修迤花

---

① 费孝通：《武陵行》，《瞭望》1992 年第 2 期。

池创立接客亭及种西瓜……甜瓜梢瓜有数种，咸淳五年在此试种，种出多产，满郡皆兴……"该碑文清楚记载了西瓜在土家族地区的试种情形。

图1—1　西瓜碑

（湖北民族学院杨洪林博士提供）

从历史发展来看，汉族传统生态知识在土家族地区的传播主要通过以下几种路径：一是官府的积极学习与推广汉文化。从秦朝开始，巴人地区就成为中央版图的一部分，汉文化与巴文化的交融不断加强，汉族统治者不断以儒学影响土家族地区。从唐宋时期开始，儒学教育就已成为土家族学校教育的主要内容。明朝时期，土司必须学习汉文化才能承袭司位，"土官应袭子弟，悉令入学，渐染风化，以格顽冥。如不学者，不准承袭"①。土家族地区土司学习汉文化掀起一股热潮。改土归流以后，汉族流官大力推行中原农耕生产方式和生产技术，教育土家人民要注意施用各种肥料增加地力，注意精耕细作，严格按农时耕种和收获，"社前下种种荞，谷雨下秧，以及植白露芽，八月蒜，九月麦"② 等生态知识。

二是朝贡。在历史上，为了加强对土家族地区的控制，中央政府先后实行羁縻制度和土司制度，土家族首领必须定期向中央政府朝贡，进献贡

① 《永顺府志·土司》，乾隆本。
② 《保靖县志》卷二，同治本。

品多为当地的土特产品。土家族土司朝贡次数多、规模大，得到了丰厚的回赐品，如绢、帛、钞币、衣物等。他们从回赐品中可以学到汉族的生产方法和技术。同时，他们到汉族地区也可以了解到不少情况，通过亲眼所见、亲耳所闻，对汉族的生产工具、生产技术、生产生活方式等有了许多直观的感性认识。

三是不断迁入的汉族人口的示范。土家族历史上各个时期都有汉族人口以多种不同的形式进入，如政府安排的卫所士兵、土家族首领招募或掠夺的流民以及因为战乱、失去土地等原因自愿迁入的人员等。他们在土家族地区采用汉族的农耕生产方式，对土家人起到了良好的示范效应。

（二）长期共存的苗族文化的渗透

武陵地区是土家族世居地域，这一地区从古至今也一直有苗族生活，由于两个民族在同一个文化区内长期共处，生态环境一致，土家文化与苗文化相互认同、相互吸收，土家族生态知识在成长中也接受了不少苗族的因素，彼此间存在许多共同之处。主要表现如下：第一，生产、生活器具的竹木化及其形状的特殊性。这与武陵山区独特的自然资源、地理特征、生态资源密不可分。二是衣食住行文化的相互吸收。土家族、苗族都选择典型干栏式吊脚楼民居、以酸辣为主的多样化饮食、自纺自织自染的服饰、古朴实用的风雨桥等，这些生态知识都是长期适应当地生态的结果。第三，生态信仰文化的类似。土家族与苗族都有竹王崇拜、土地神崇拜等信仰习俗，农历四月初八是土家族、苗族共同的节日"牛王节"。第四，生态技术文化彼此相一。土家族与苗族在长期的生产生活中相互学习，生产生活技术中有许多相同之处，如农作物病虫害防治技术、食物储存技术等。

（三）其他多民族文化的融汇

武陵地区除了土家族、苗族、汉族外，还生活着侗族、瑶族、回族、蒙古族、白族等30余个少数民族，它们有的是在历史上因为战争、自然灾害、官府相逼或贸易经商而迁入，有的是新中国成立之后因工作或家庭原因由全国各地迁来。这一多民族杂居的文化生态对土家族传统生态知识的形成和发展也具有重要影响。在长期的历史发展中，土家族与这些少数民族杂居相处，自然也与它们发生着经济文化联系，各民族相互学习，虽未全然泯灭各自的文化个性，但共性越来越多却是不争的事实。由于生存环境的相似性，土家族传统生态知识在成长过程中也部分吸收了这些民族的生态知识，各民族文化你中有我，我中有你，梯田农业、刀耕火种、吊脚楼住居、稻田养鱼等传统生态知识都是南方山地民族共享的。从信仰上看，武陵地区各民族"既信仰三清四帝、关帝、火神、土地、鲁班、张飞等汉族神仙，也信奉向王、梅山、傩公傩母、佘氏婆婆、鹰氏公公、彭公爵主、向老官人、田好汉、山神等土家族神祇，还敬奉飞山公、杨泗将军等侗族神祇，膜拜盘瓠等苗瑶神祇，敬本主等白族神祇，信仰真主、耶稣、观音等外来神"①。多元的民间信仰已成为一种地域性特征，这是各民族文化相互借鉴的结果。

第三节　人口背景

人口因素对地区生态环境及生态知识的形成与发展具有重要影响，人口的多寡、人口的密度决定人们的耕作方式和对生态的破坏与改造程度，人们的文化程度及思想观念决定着人们适应生态及合理改造生态的技术知识的运用，人口的迁移与流动制约着生态知识的传播与交流。与自然环境相比，人口是一个动态因素，在一定时间内它的变化是很大的，不过土家族区域的人口在动态变化中依然呈现出一定的趋势与特征。

一　不断增长的人口数量

土家族区域人口数量的增长与两个因素密切相关②：一是人口的自然增长，主要由人口的出生率和死亡率来决定；二是人口的迁移与流动。历史发展中土家族区域的人口增长大致经历了以下三个重要阶段：

第一次高峰是在改土归流时期。由于中央政府终止了土司时期的"蛮不出境，汉不入峒"的禁令，大批汉族地区流民进入土家族地区。如同治《恩施县志》载："各处流民挈妻负子"，"接踵而至"。③ 同治《利

---

① 黄柏权、葛政委：《论文化互动的类型——兼论"武陵民族走廊"多元文化互动》，《中南民族大学学报》（人文社会科学版）2009 年第 2 期。

② 由于土家族是在 1957 年才被确立为单一的少数民族，历史上人口统计中明确的数据资料较少，加上更改民族成分导致的不精确性，本书在此仅讨论土家族地区的人口变动情况。

③ 《恩施县志》卷七《风俗志》，同治本。

川县志》载："自改土以来，流人麇至"。① 随着流民的大量迁入，土家族地区人口迅速激增，湖南永顺县改土归流时编户仅 4 万户，乾隆五十八年增长到 16 万户，60 年间人口增加 4 倍。恩施州在清雍正十三年（1735年）人口总量仅有 15 万人，但到光绪十一年（1885 年）达到 120 万人，150 年间人口翻了三番。重庆秀山县乾隆九年（1744 年）只有 1570 户，乾隆二十九年（1764 年）增加到 6138 户，20 年间增长了 3 倍多。第二次高峰在 1950—1958 年。由于三年经济恢复，土家人民生活趋于稳定，人口死亡率大大降低，健康水平不断提升。第三次高峰在 1961—1971 年。由于人口处于无计划生育状态，如恩施州 10 年间出生了 100.91 万人，年均出生率为 41.61%，年均自然增长率为 29.24%。② 这段时间是恩施州古今以来人口增长最快的历史阶段。20 世纪 80 年代土家族地区开始较系统地抓计划生育工作。但由于人口基数的庞大、土家族又有着传统的养儿防老、多子多福等观念，每年净增的人口数量仍然很大。

　　人口增长对土家族地区的生态环境影响巨大。改土归流以前，该地区人地关系宽松。据史籍记载，隋代清江郡人口为 1.3 万人。唐天宝年间，施州人口为 1.6 万人。元、明两朝及清初在土家族地区普遍施行土司制度且规定"蛮不出境，汉不入峒"，导致人口增长十分缓慢。如 1735 年，来凤县的原住人口才 1.2 万人。③ 由于当时人口较少、人口密度不大，就使"烧一山尽，复往一山"的烧畲农业模式得以普遍施行，刀耕火种、广种薄收，对生态影响也很微弱。但自明清以来，随着人口的大规模增长，土地资源与生产结构的矛盾日益突出，人们不断改造自然生态以提高农业产出，致使土家族地区"零星散地、田边地角、篱边沟侧、悬崖隙土，亦必广种荞、麦、苞谷、草烟、栗、菽、蔬菜、瓜果之类，寸土不使闲，惜土如金也"④。"从前所弃为区脱者，今皆尽地垦种之，幽岩深谷亦

---

① 《利川县志》卷七《物产》，同治本。

② 周兴茂：《土家族区域可持续发展研究》，中央民族大学出版社 2002 年版，第 244—245页。

③ 吴旭：《土仓：华中山区食用植物的民族植物学研究》，复旦大学出版社 2010 年版，第86—87 页。

④ （清）嘉庆《龙山县志》，引自彭英明《土家族文化通志新编》，民族出版社 2001 年版，第 3 页。

筑茅其下，绝壑穷巅亦播种其上。"① 在人口数量不断增多、耕地面积不断下降的双重压力下，土家族区域森林被大批砍伐、坡地被大量开垦，生态环境遭到严重破坏。《山羊隘沿革纪略》详细记述了外来移民迁入所带来的重要影响：

> 山羊隘，古夷地也。有明洪武年间，平麻寮寨，爰设所隘，防御土苗，遂改为麻寮所。所属十隘，曰：细沙、靖安、黄家、梅梓、樱桃、青山、九女、曲溪、栏刀、山羊等隘是也。"所"则世袭千户，"隘"则世袭百户。有一隘而正副数员或一员不等。……各有旗丁军属，官不支俸，军不给粮，以本地之产膳所隘。军丁专以刀耕火种。所植惟秋粟、龙爪谷而已。赋税则有秋粮：……是时，人烟稀散，上下一带，居民不过一二十户，草木畅茂，荒郊旷野，道路俱系羊肠小径，崎岖多险。兽蹄鸟迹，交错于道。山则有熊、豕、鹿、麂、豺狼、虎、豹诸兽，成群结队，或若其性。水则有双鳞、石鲫、重唇诸色之鱼，举网即得，其味鲜美。时而持枪入山，则兽物在所必获；时而持钓入河，则水族终致盈笱。食品之佳，虽山珍海错，龙脑凤髓，未有能出其右者。其间小鸟，若竹鸡、白雉鸡、野鸡、凤凰、锦鸡、上宿鸡、土香鸡，真有取之不尽，用之不竭之概。风气淳朴，道不拾遗，不事奢华，俭约是尚。……春来采茶，夏则砍畲，秋时取岩蜂黄蜡，冬则入山寻黄连、剥棕。常时，以採蕨挖葛为食，饲蜂为业，取其蜜蜡为赋税、购盐之资。……至乾隆年间，始种苞谷。于是开铁厂者来矣，烧石灰者至焉。群来斯土，叠叠青山，斧斤伐之，为之一扫光矣。禽兽逃匿，鱼鳖罄焉。追忆昔日，入山射猎之日，临渊捕鱼之时，取之不尽，用之不竭，不可复得矣。而外来各处人民，携妻负子，佃地种田，植苞谷者接踵而来。山之巅，水之涯，昔日禽兽窠巢，今皆为膏腴之所。②

---

① 《恩施县志》卷七《物产》，同治本。

② 湖北省鹤峰县《甄氏族谱·山羊隘沿革考》，引自《容美土司史料汇编》，中共鹤峰县委统战部等编印，1984 年，第 489 页。

从以上叙述来看，明清外来移民对土家族地区生态环境的影响是非常大的，他们种苞谷、烧炭、烧石灰、开铁厂，所以砍伐了大面积的森林，导致森林木材蓄积量下降。森林被破坏之后，动植物资源也随之大大减少，土家人过去的"采集狩猎""刀耕火种"的生计方式不得不发生改变。

新时期，随着市场经济的发展，土家族区域的人口大量外出务工，加上人口计划生育政策和生态保护政策的实施，该地区的生态得到较快的恢复和重建。

二 相对偏低的文化教育水平

土家族地区新中国成立前教育非常落后，人们文化教育水平比较低，学校相对偏少。直到 1949 年恩施州仅有小学 233 所，初中 8 所，高中 1 所，中专 2 所，在校学生只有 224000 人，仅占当时全州总人口的 3%[①]；湘西州有小学 530 所，中学 12 所，师范学校 6 所，职业技术学校 1 所，在校学生仅 15000 人。[②]

新中国成立以后，土家族地区不断加强对教育的支持力度，改善办学条件，加强教师队伍建设，学校数量不断增多。但与全国比起来，土家人的教育水平仍然比较低。据鄂西《咸丰县志》记载，1964 年咸丰县文盲及半文盲率约占总数的 68.40%，小学文化程度约 26.49%，而高中以上文化程度仅占 1.16%；到 1982 年，文盲及半文盲率约占总数的 30.05%，小学文化程度约 44.67%，高中以上文化程度仅占 6.22%。虽然 1982 年与 1964 年相比人们的文化程度相对提高了许多，但基本还是小学及以下文化程度为主。[③] 1990 年第四次人口普查数据显示，沿河县小学 12 周岁以上文盲、半文盲有 161819 人，小学文化有 157742 人，初中文化有 61982 人，高中（含中专）有 11628 人，大学（含专科）有 908 人，人口基本是以小学及以下文化程度为主。[④]

---

① 中共恩施自治州委政策研究室编：《恩施州情》，内部资料，1993 年，第 314 页。

② 新编《湘西州志》，湖南人民出版社 1999 年版，第 1017 页。

③ 《咸丰县志》编纂委员会：《咸丰县志》，武汉大学出版社 1990 年版，第 54 页。

④ 《沿河土家族自治县志》编纂委员会：《沿河土家族自治县志》，贵州人民出版社 1993 年版，第 793 页。

改革开放以来，随着农村九年义务教育的推行，初中教育文化程度进一步普及，土家族地区文盲、半文盲比例不断下降，但仍然存在教育质量差，学生实际学业水平低等问题。近年来，在市场经济浪潮的冲击下，新一股"读书无用论"正在兴起。一些家长对高等教育改革存有误解，他们看到部分大学生毕业后没有找到合适的工作，因而认为现在读大学也没有意思，没有必要花冤枉钱（这也不难理解，父母对子女的投资肯定是希望有回报的，对于穷困家庭来说尤为如此）。因此，土家族地区学生的辍学率是比较高，几乎每个学期都要流失一部分学生，顺利完成9年义务教育学业的学生人数不多，读到高中毕业的就更少了。如百福司民族中学2007年初一入学时有494人，到2010年6月参加中考的学生仅有218人，所占比例仅有44.13%，许多学生读到初一、初二年级就出去打工，初中毕业继续升高中的多半是教师、干部子女，或者是家庭条件比较好的学生。[①] 土家族偏低的文化教育水平一方面限制了人们认识自然和改造自然的能力；另一方面又阻止了现代生产工具和农业生产技术的迅速传播，人们往往凭前辈口传的经验办事，客观上有利于传统生态知识的传承。

三　不均衡的分布格局

土家族区域由于地理条件的限制，人口分布呈现不均衡的格局，适宜地区人口密度大，从而使人口与资源的矛盾不断加剧。以清江流域为例，土家族人口主要居住在低山和二高山地区，低山地区分布的土家族人口占人口总数的47.87%，二高山地区的土家族占总数的42.69%，不足10%的土家人生活在高山地区。[②] 湘西永顺县据1982年人口统计显示，人口分布中北部较密，东南部较稀。人口密度最高的是中北部的塔卧区，每平方公里为179人；最低的是东南部的长官区，每平方公里为45人。全县513个村居住在海拔300米以下的有19个村，约占总村数的3.7%；居住在海拔300—500米的有292个村，占总村数的56.9%；居住在海拔

---

① 梅军：《濒危的家园——百福司土家族社区的处境与命运》，博士学位论文，中央民族大学，2011年，第66页。

② 艾训儒：《湖北清江流域土家族生态学研究》，中国农业科学技术出版社2006年版，第43页。

500—800 米的有 193 个村，约占总村数的 37.6%；居住在海拔 800 米以上的只有 9 个村，仅占总村数的 1.8%，人口分布非常不均衡。[①] 鄂西咸丰县据 1977 年调查显示，全县共计 283571 人，其中低山地区 100401 人，占总数的 35.41%，平均每平方公里 171 人；二高山地区 160359 人，约占总数的 56.55%，平均每平方公里 100 人；高山地区 22811 人，只占总数的 8.04%，平均每平方公里 63 人。[②]

土家族对居住地的选择是农业耕作适应山地气候的结果，但一些人口密集的地方出现人地关系紧张是显而易见的。即使是在人烟稀少的地方，由于土家族区域遍布石灰岩，喀斯特地貌非常典型，适宜耕地并不多，部分地区岩石裸露在 70% 以上，加上植被破坏严重，因而这些土家族区域人口与耕地的矛盾依然非常突出。在此情况下，土家人选择了多样化的生计方式，并且珍惜每一寸土地的利用。

第四节　政治经济背景

除了自然地理、历史传统和人口因素以外，经济发展和政府决策也对土家族传统生态知识的产生与发展具有重要影响。

一　发展缓慢的经济条件

据《华阳国志》记载，早在春秋战国时期，巴子国境内就已"土植五谷，牲具六畜"。土家族农业种植起源较早，勤劳的土家先民在这里披荆斩棘，辛勤开垦，以渔猎山伐为业。但由于地理条件的限制，他们的耕作方法十分原始。东汉人应劭这样描述当时人们种植水稻的生产过程："烧草下水稻种，草与稻并生，各七八寸，因悉芟去，复下水灌之，草死独稻长，所谓火耕水耨。"[③] 这种"火耕水耨"的生产，耕作粗放，产量不高。人们只能靠渔猎、采集来补充食量的不足。

---

① 《永顺县志》编纂委员会：《永顺县志》，湖南出版社 1995 年版，第 559 页。
② 《咸丰县志》编纂委员会：《咸丰县志》，武汉大学出版社 1990 年版，第 83—85 页。
③ （西汉）司马迁：《史记》卷三十，转引自铜仁地区地方志编纂委员会《铜仁地区志·民族志》，贵州民族出版社 2008 年版，第 41 页。

元明清时期，土家族地区牛耕已普遍使用，平坝处种植水稻，山坡岩脚播种谷子、豆类等杂粮，由于生产工具落后，经济发展缓慢。土司时期，平坦肥沃的田土都为土司占有，其余为舍把、头人，广大土民只有"零星犄角"的一点份地。①"峰尖岭畔，才准土民耕种，平坦处即使荆棘丛生，也不许土民开垦。"②改土归流以后，封建地主经济得到迅速发展，汉族流民的大批迁入带来了各种先进生产工具和生产技术。然而，广大的贫苦农民仍然只有少量土地，或者没有土地，不得不遭受地主、军阀、政府、土匪的层层盘剥。辛亥革命以后，鸦片的广泛种植更是给土家族人民造成了无穷的灾难，农业生产严重破坏，一些土家族"人民所收烟土不够交纳捐款，一时告贷无门，有的卖耕牛，典青苗，售房屋，嫁妻鬻子，有的个人自杀甚至全家自杀"。③

新中国成立以来，各级党委和人民政府为了改变少数民族地区落后的农业生产面貌，在政策、资金上给予优惠照顾，大力推广先进技术，农业生产得到很大进步和发展。但基于地理环境所限，这种发展是缓慢的，农民的食粮常常是"早饭洋芋果，中午苞谷坨，晚餐马尔科"。就整个湘西来说，"大致是山多田少，地脊民贫，人民是普遍的贫苦。丰年多赖苞谷、番薯维持生活，到了稍微歉收的年头，草根树皮便成了他们的家常便饭"④。在铜仁土家族地区，住在边远高寒山区的群众只有在过年过节或有客人时才吃大米饭，平时每餐都杂以红苕、洋芋、苞谷面等。德江县的高山、沙溪等地的人们有的终年吃"糙糙饭""苗面饭"，过去有些每天还是"一干一稀"，农闲时两餐都吃稀饭和红薯。江口县有的地方有的人还过着"几个红薯一颗米，一年糠菜半年粮"的生活。⑤

现阶段，武陵山区经济状况发生了较大的改变，民众的生活质量也有了明显的改善，但地区之间的经济和社会发展水平差距仍然比较大。据2010年统计数据显示，武陵山区农民人均纯收入3499元，仅相当于同期

---

① 《湖广通志》卷首，嘉庆本。
② 《保靖县志》卷十二，同治本。
③ 《1919年川东烟案见闻记》，转引自《土家族简史》，民族出版社2009年版，第143页。
④ 李震一：《湖南的西北角》，宇宙书局1947年版，第19页。
⑤ 铜仁地区地方志编纂委员会：《铜仁地区志·民族志》，贵州民族出版社2008年版，第98页。

全国平均水平的 59.1%。湖北省恩施州 2013 年人均 GDP 为 16335 元，相当于湖北省平均水平的 38% 和全国水平的 43%；湖南湘西州 2013 年人均 GDP 为 16230 元，相当于湖南省平均水平的 44% 和全国水平的 42%。①武陵山区是我国现有的 14 个"集中连片特困地区"之一，71 个县中有 42 个国家扶贫开发工作重点县，13 个省级重点县，处于区域性贫困状态。本地区缺乏具有明显区域特色的大企业，教育、文化、卫生、体育等方面软硬件建设严重滞后，个别偏远地区尚未解决温饱问题，群众自我发展能力弱。

由于生活艰难，土家人只能从自然生态中寻求食物来维持生计，他们"春来采茶，夏则砍畲，秋则取岩蜂、黄蜡，冬则入山寻黄连，剥棕，时常以采蕨挖葛为食，饲蜂业，取其蜜靖为赋税之资，购物之具"②，掌握了一些合理利用自然的野生植物采集知识和渔猎技术。除此以外，他们在长期的生产生活中还掌握了一整套动植物认知体系，了解了部分植物或动物的药用价值及实用价值，如广泛利用野生植物的纤维搓绳结网、纺线织布，用采来的竹木、茅草修房盖屋和制作生活用具，利用艾蒿、蜈蚣、当归、蛇等动植物防病或治病，等等。

二　不断变换的政府政策

政府决策对土家族地区的生态及传统生态知识的形成和发展也具有重要影响。在土家族历史发展中，政府决策变化多端，有些决策对于维护土家族生态环境、促进土家族有效利用和改造自然具有积极作用，有些决策则有悖于自然规律、破坏了生态平衡。总体而论，政府决策对土家族生态及生态知识的形成影响最大的主要是四个时期：

一是改土归流以后的政府政策。清雍正十三年（1735 年），清政府在土家族地区实施了改土归流后，大举对土家族地区进行开发，鼓励乡民广泛开荒种植，同时也劝导农户栽培竹、桐、茶、漆、杉、椿等林木。如恩施县光绪七年（1881 年）颁布的《植竹兴果木劝令》："栽植竹木是兴家

---

① 段超、陈祖海：《2013 武陵山片区生态文明建设发展报告》，湖北人民出版社 2014 年版，第 15 页。

② 湖北省鹤峰县《甄氏族谱·山羊隘沿革考》。

之本，富家之源。"保靖县令王钦布晓谕民众道："平地坡地可以垦植杂粮，自应勤耕稼，至于土埠高岗，尽可种桐。"建始县则倡导"不可播种五谷的宅旁、路旁、村旁、水沟旁，就所宜之木，广为种植，加意培养"。除此以外，清政府还在土家族地区广泛推行中原农耕生产方式和生产技术。鹤峰州第一任知州毛峻德就发布了一系列告示，如《劝民告条》云：

> 鹤峰田土瘠薄，半由农事不讲，今定耕凿六则，劝民是则是仿：
> 一要高培田塍，雨水任我蓄放；二要开圹引流，庶几稍旱不妨；
> 三要多收草粪，春耕和土为上；四要石灰暖地，辟除涧水寒凉；
> 五要勤拔草稗，禾苗定然茂壮；六要收拦牲畜，毋许践踏田庄。
> 以上农家正事，开导非不明朗。本州不时查勘，惰勤分别罚赏。
> 农桑为国之本，尔民勤惰不一，虽轻劝民谆谆，虑未家谕户悉。
> 愿尔崇本力农，切勿务名鲜实。踊跃开垦荒土，随地播种籽粒。
> 旱田依时锄薅，苗稼壮茂可必。更宜积粪和灰，著土免致瘦瘠。
> 旱田旁开水塘，并备车戽沟洫，倘遇雨泽愆期，水塘可资救济。
> 塘上多栽桑麻，桐树棉花并植。桑叶养蚕取丝，棉麻足供纺绩。
> 桐子榨油堪用，有余还变价值。陆续渐兴各种，一夏俱获利息。
> 本州买有种子，听民栽插领给。惰者惩在必行，勤民予以赏锡。
> 民间有主荒土，到处尚多未开。原限本年全熟，因何宽缓延捱。
> 来年如有未垦，外地招农进来。不论有主无主，概作官土赏栽。
> 并即发给印照，永远管业不改，收有执据阻拦，按律计荒究解。
> 此系通详定案，切勿泛视怠懈。[①]

在这则《劝民告条》中，鹤峰州政府官员要求人们加强田间管理和水利灌溉，注意积肥来改善地利等，这些中原地区的生态知识和技术的传入大大加快了土家族地区的经济开发。除了《劝民告条》外，毛俊德还颁布了《劝民蓄粪》《劝贮》《劝开垦》等文告，并规定了严格的检查惩罚制度："本州不时单骑验查，有两月后并未开池蓄粪者，题系顽惰，大

---

① 《鹤峰州志·文告》，乾隆本。

加责惩，决不姑宽。"来凤知县丁周也发布告示《谕阖邑诸民区种田法、家桑山桑蚕法示》，推广江苏、浙江"无土不桑，无户不蚕"，以致富饶的经验，推广"区种之法"，"按常田每亩可收谷三四石，或六七石不等，区种则每亩可收谷二十余石或三十石"。① 在清政府的决策及各级官员的督导下，土家族地区大批荒地得到耕垦，在生态遭到一定破坏的同时，土家人也学到许多改造自然生态的传统知识。

二是"大跃进"和"文革"对土家族自然生态与生态知识的影响。1958 年前后，土家族地区全面实现了农业合作化，生产资料实行了单一的公社所有制，经济生产中片面追求产品数量，浪费极大。许多地区大办钢铁，土高炉燃料全用木炭，不少地方的森林、古树为之砍伐一空。湘西花垣县扩建排污炼铁厂，短期内，炼铁人数由 10 人猛增到 3 万人，土高炉建了 210 座，用木炭做燃料，致使森林严重毁坏；古丈县"大办公共食堂"，烧柴何处方便何处砍，成片的山林被砍尽。"大跃进"和"文革"打破了过去人们对"神山""神树""神水"的传统保护思想，"封山育林""植树造林"的传统生态知识也被扼杀，对土家族地区的生态造成严重破坏，正如当地部分歌曲所唱："白云社，英雄多。铁的妹，铜的哥，手举锄头是干戈，挖得高山低了头，挖得河水上了坡。"据 1962 年森林资源调查，重庆秀山县从 1957 年到 1961 年，5 年间全县森林面积减少了31.8 万亩，比 1956 年下降 56.1%，森林立木蓄积减少 147.9 万立方米，比 1956 年下降 66.9%，森林覆盖率减少 8.7%。②

三是 20 世纪 70 年代末 80 年代初家庭联产承包责任制实施初期的影响。1980 年左右，土家族地区普遍实行了"包产到户，联产计酬"的生产责任制，山林实行"三定"，即"稳定山林权，划定自留山，确定林业生产责任制"。1984 年，政府决定将林业"三定"时划定的承包山、责任山，同样划归农民作自留山处理，简称"三山变一山"。这些政策和措施，调动了广大群众植树造林的积极性，形成了国家、集体、个人一齐办林业的局面。在实施"三定"和"三山变一山"政策过程中，由于农民对历史上政策多变的恐惧心理，以及对农民多年生活用材的欠账，曾经一

---

① 《来凤县志·艺文》，同治本。
② 周兴茂：《土家族区域可持续发展研究》，中央民族大学出版社 2002 年版，第 128 页。

度出现滥伐现象。① 但是在划山到户的过程中，由于许多地方出现一山多主、一主多山的局面，带来许多纠纷。同时，随着土家人生活的逐步改善，他们也开始注重改善自己的住居条件。在永顺县双凤村调查时，该村村主任介绍说双凤村民的木房子大多都是这个阶段新建或翻新的，大量木材都在那时被砍伐。许多村民开始担心国家政策不稳，而将分给自己的林木大肆砍伐，一些国有林场的林木也遭到严重破坏。

四是 1990 年以来的政府生态政策及生态工程的实施。1982 年通过的《中华人民共和国宪法》第一次将环境保护列入国家的根本大法，生态保护开始引起人们的广泛关注。国家先后出台了《中华人民共和国环境保护法》《大气污染防治法》《水土保持法》《矿产资源法》《固体废物污染环境防治法》《水污染防治法》《噪声污染环境防治法》《森林法》《自然保护区条例》《野生动物保护法》等一系列法律法规，土家族地区也根据自己的实际情况制定了一系列保护生态环境的法律法规和制度，如《恩施州农村生活垃圾处理技术指南》《恩施土家族苗族自治州清江保护条例》《湘西土家族苗族自治州小溪国家级自然保护区条例》《重庆市黔江区生态建设与环境保护"十二五"规划》及各乡村的护林防火条约等。森林资源的管理也步入法制化轨道，乱征乱占林业用地现象得到有效遏制。如湘西州 1985 年开始实施凭证采伐林木制度，1987 年实施森林采伐限额制度，各县市严格执行省下达的采伐限额指标，严格按计划采伐，控制了森林资源的过量消耗。此外，国家还设立了与生态、环保相关的土地、工商、城建、林业、环保等机构，司法和行政执法队伍逐步建立健全，生态建设与管理工作不断规范。退耕还林（草）工程、"长防工程"和"五改三建"的生态家园工程的实施大大改善了土家族地区的生态环境，森林植被在近二十年来得到了较好的恢复。自然保护区的建设与管理也取得较好的成绩，生物多样性得到有效保护。生态产业（生态农业、生态林业、生态旅游）的兴起拓宽了农民的增收渠道，改变了许多人的传统生计方式，同时也提高了土家族人民的生态自觉意识。

---

① 湖南省少数民族自治地方概况修订编纂委员会：《湘西土家族苗族自治州概况》，民族出版社 2007 年版，第 139—140 页。

本章小结

本章从地理环境、历史文化背景、人口背景、政治经济背景四个方面阐述了土家族传统生态知识形成背景。研究认为：土家族传统生态知识的生成与其自身所处的自然环境和社会环境紧密相关。一方面，武陵山区山崇岭峻，沟壑纵横，土地贫瘠，气候多样，动植物资源丰富，自然灾害多，这一独特的自然地理环境形成天然的"自然场"，土家族传统生态知识也是适应其独特山地环境的产物；另一方面，土家族地区的历史文化传统、人口的增长与分布、经济政治发展又组成特殊的"社会场"。人口的多寡、人口的密度决定着人们的耕作方式和对生态的破坏与改造程度，艰难的经济发展水平促使土家人在不断认识自然的基础上掌握了一整套动植物认知体系和一些合理利用自然资源的传统技术，政府变换的决策不断影响着土家人的自然生态观和改造自然环境的行为。此外，巴文化、濮文化和楚文化等先民文化的遗承及汉文化、苗文化、侗文化等多民族文化的浸染也对其发挥了重要作用。在这种"自然场"和"社会场"综合作用形成的特殊环境中，土家族传统生态知识不断丰富与成长，形成自己独有的山地文化特色。

第 二 章

认知与适应：土家族传统观念型生态知识

《圣经》云："上帝"创造了亚当和夏娃后，对他们说："你们要生养众多，遍满大地，占领地球，统治大海中的鱼、天空中的鸟以及大地上的一切动物。"他们认为人类天生就是大自然的主人，驾驭、征服、掠夺大自然是天经地义的事。这种错误的传统观念导致西方生态危机的出现。在土家族思想观念中，人和自然是一个不可分割的整体，人类是自然共同体中的普通一员，形成了他们亲近自然、合理利用自然的思想及独特的生态认知体系。

第一节 朴素的生态伦理观

土家人热爱自然、崇拜自然、感恩于自然，这些朴素的生态伦理思想具有深刻的自然保护意义，反映了人与自然的和谐。

一 热爱之心——亲近自然

土家族人民长期生活在生态良好的武陵山中，触目皆是蓝天白云、青山绿水、红花绿叶，他们与大自然相依相容，不断汲取大自然的灵气，与大自然结下了不解之缘。美丽的山林景色和田园风光陶冶了人们纯真、自然的情怀，形成了他们热爱自然、亲近自然，与自然环境和谐相处的思维模式。

土家族民间至今还广泛流传有关开天辟地、万物起源的古歌和传说，他们认为人与世界万物都"同源"，就像同胞兄妹一样。人类起源歌《墨日里日》（土家语）中讲述了人类治天治地治万物的经过，张古佬做天、李古佬做地、衣恶阿巴做人。土家族《摆手歌》对植物创造了人体结构的观点进行了表述，早期土家族认为人体结构由植物变化而成，骨架为竹子所变；肠子为豇豆所变；肝肺为荷叶所变；肌肤为稀泥所变；汗毛为茅草所变；脑袋为葫芦所变。①《虎儿娃》讲述了土家族是老虎与人结合后繁衍的后代。这几首古歌都生动讲述了人与天地、动植物的同生共长关系，体现了土家人与动植物"同源"的亲近之意。湘西北保靖县著名的《梯玛歌》则讲述了天地万物都是人与动植物共同创造的，它唱道：

> 没有天，梦一般昏沉。
> 没有地啊，梦一般混沌。
> ……
> 啊！绕巴涅啊，他把树搬上肩；
> 惹巴涅啊，她把竹扛上身。
> ［那尼］大树连苑，
> ［那尼］大竹盘根。
> 传说大鹰也来帮忙，
> 传说大猫也来相助。
> 大树飞起做支柱，
> 大竹飞起把天撑，
> 大鹰展翅横起身，
> 大猫伸脚站得稳。
> ［啊尼］
> 天开地也开啊，
> 天成地也成。
> ……
> 只有姐弟俩啊，世上只有两人。
> 喜鹊开口劝，二人莫离分。
> 燕子开口说，一团要箍紧啊。

---

① 周兴茂：《土家族的传统伦理道德与现代转型》，中央民族大学出版社 1999 年版，第 42 页。

松鼠也来劝，这样事才成啊。①

在这首梯玛神歌中，天地万物最初与混沌共生，土家始祖绕巴涅、惹巴涅姐弟两人和动植物亲如一家，他们一起动手共同开辟了天地；后来又在喜鹊、燕子、松鼠等劝说下，兄妹二人才最终成亲繁衍人类……人类和动植物如此亲近，这在少数民族创世神话中非常罕见。

土家人把大自然的物种作为自己宗族姓氏崇拜的图腾，他们认为"无丑不成族"，这些自然物被他们恭为祖先或神进行祭奠，例如，鹰——谭姓祖先，虎——覃姓祖先，水獭——田姓祖先，花牛——向姓祖先，甚至将那些无生命的物体也当作干爹进行祭拜，如水、石头、大树等。在他们看来，这些自然物都和自己的远祖有着非常亲近的关系。

土家人对于生养他们的大自然有着深厚的感情，因此许多土家语地名都直接以动植物名称或自然景物特征命名。其一，用自然现象命名的土家语地名。如 lau²¹tá（龙山县洛塔乡）意为"晒太阳"，me³⁵t'an²¹xu²¹（永顺县首车乡）意为打雷的地方，张家界市的著名风景区 so⁵³tɕɕ⁵³iou³⁵（索溪峪）意为"雾大的山庄"，me³⁵tɕe²¹pin²¹（龙山县岩冲乡）意思是"下雨坪"，等等。其二，用动物命名的土家语地名。如 si²¹lai²¹ku⁵³（龙山县凤溪乡）意思是"兔子山"，o⁵³lau⁵³（古丈县断龙乡）意思是"一条蛇"，u³⁵pi⁵³（永顺县保坪乡）意思是"小牛"，pan³⁵ui²¹（龙山县他砂乡半吾村）意思是"鹰出没的地方"，等等。其三，用植物命名的土家语地名。如 k'a²¹k'o²¹lau⁵³（永顺县抚志乡）意思是"一片树林"，sa⁵⁵k'o⁵³su³⁵（保靖县仙仁乡）意思是"杉树"，tsho⁵³ku⁵⁵（龙山县草果村）意思是"竹园"，la⁵⁵pe⁵³（保靖县隆头乡）意思是"萝卜"，a²¹p'oŋ²¹（龙山县洗车镇）意思是"葛"，等等。在来凤大河镇调查时，笔者发现当地现在的村寨名称几乎也都直接以动植物名称或自然景物命名，如"白果树""芭蕉溪""杉木溪""白水泉""五道水""牡丹坪"等。

土家人热爱自然，他们将周围的自然物编织出许多动人的传说故事，每座山、每条河，许多动植物都有自己的故事，内容十分丰富，如《清江水是怎样变清的》《酉水的传说》《七姊妹山》《鸳鸯峰》《三峡的传

---

① 彭荣德、王承尧:《梯玛歌》，岳麓书社 1989 年版，第 151—159 页。

说》《梅子河的传说》《大梅寨的传说》《狗饿雀》《贵贵阳》《黄连》《当归》等。这些传说有的勾画了土家族山水的幽美奇丽，有的表现了土家人民征服自然的强烈愿望，有的则认为许多自然物都具有"人性"。《鸳鸯峰》说土司的女儿覃兰芝聪明美丽，放牛娃曾仙娃勤劳善良，两人都喜吹笛子，情投意合。可兰芝的父亲则为女儿另选高门，逼其出嫁。就在出嫁前夕，兰芝逃出家门找到仙娃一起私奔。土司派人追赶，两人被迫跳岩，后来，山顶上化出一对石人，高耸入云，人们管它叫"鸳鸯峰"。《狗饿雀》讲述到：小姑娘玉秀家境穷困，十岁当童养媳，受公婆虐待。一天，甑里的饭被狗吃了，公婆硬说是玉秀偷吃的，将她活活打死，死后的玉秀变成小鸟，整天叫着"狗饿，狗饿"。《水杉树的传说》讲述了一对青年男女为守护这棵神树献出了宝贵的生命，另一版本《水杉树的传说》讲述了在解救人类遭受毁灭性的冰冻、洪水灾难之时，是青枝绿叶、高耸入云的水杉树给无生机的土家人带来了生命的希望和延展。两个版本的《水杉树的传说》都蕴含了人与自然的亲近之意，他们你保护我、我保护你，在生命危机之时，彼此都愿意为对方付出一切乃至献出生命。

二 感恩之心——回报自然

土家族是一个十分注重知恩图报的民族，对于大自然曾经给予过的帮助和恩惠，他们始终铭记于心并以各种各样的方式表达心中的感激之情。

土家人每年农历四月初八都要过牛王节，要祭祀"牛王菩萨"。为什么要祭祀呢？民间传说不一，有传说：

> 在某年四月八日，土家人战败后被迫退到一条河边，结果遇到河中涨水，在大伙进退两难之际，一头大水牛过河，大家拉着牛尾巴过河才得救。

也有传说：

> 在很久以前，土家人劳作一年仍吃不饱、穿不暖，生活异常困难。某年大旱，饿死了许多人，腐烂的尸体臭气熏天。玉帝下旨查询，牛王将土家人饿死荒野的实情禀报，玉帝听罢，准牛王下凡帮助

土家人耕地犁田，但土家人只能三日一餐。牛王来到人间，变成一头老牛，为民耕犁。在它的帮助下，人们不仅丰衣足食，而且一日三餐。牛王返回天庭，向玉帝回命。玉帝非常生气，怪牛王擅自更改圣旨，罚它下凡，长期为民耕地，以后不能吃饭吃肉，只能吃草为生。这样，牛王就来到人间，为农民耕地。

这两个版本的传说虽然内容不一，但都认为牛曾经在土家人危难之时给予了重要帮助。为了感谢牛的恩德，在牛王节这天，人们要让耕牛休息，打扫牛栏，给它喂最好的饲料、豆浆或鸡蛋。湘西土家族晚上还要在牛栏边焚香烧纸祭祀牛王，并唱《祝牛王词》："世界最苦是你哩，世界最好是你哩，拖了一年犁耙，吃的是青草哩……"

在贵州思南县的宽坪和亭子坝交界处的打狗窝路边，有一块形似卧马的石头，人们叫它卧马石。路过那里的人，总要扯一把草丢在卧马石前，所以卧马石前一年365天总是放着许多带露水的青草。当地土家人都知道一个传说：

传说很久很久以前，有一年天大旱，日头吐着烈焰，烧焦了山上的草木和田里的庄稼，就连坚硬的石头也被晒裂了口子。大地上到处是光秃秃的，十分荒凉。天上的金盆里盛着满满一盆水，可是狠毒的老天爷就是舍不得浇一滴水下来。系在天柱上的一匹天马，看到大地上黄尘翻滚，青烟弥漫，大人小孩叫苦连天，一派凄惨景象，实在目不忍睹，就挣脱了缰绳，走近天门，一脚踢翻了金盆。顿时，大雨滂沱，铺天盖地而下。不久，大地就恢复了一派生机。然而，由于天马用力过猛，随天水坠入大地，死在打狗窝那个地方。人们路过那里，发现了天马的尸体，既感动又悲伤，便扯来青草掩盖天马，并摆上了许多青草在马头前，叫天马带到阴间去吃。

几千年过去了，人们依旧怀念这匹为人类做了好事的天马，只要有机会路过打狗窝，人们总要在卧马石前放上大把大把带着晶莹露珠的青草，无论春夏秋冬都是这样。①

很多少数民族都不吃狗肉，有的民族传说因为狗为人们带来谷种，有的民族传说狗是他们的祖先，有的民族则因为狗是人类的好朋友。湘西保靖县田姓土家人也不吃狗肉，据说是因为一田姓青年因为狗的帮助战胜了山寇，他们过年过节都要躲在门后敬狗菩萨。②

土家人不仅对动物充满了感激之情，对其他植物、土地、山石等也同样如此。土家人感谢大树，有一首山歌这样唱道："吃树上果，穿树上皮，烧树上柴，用树上棒，伙计也，树是好哥哟。"湖南省龙山县贾市兔吐坪村认为他们的祖先以前曾经走过西眉山，当时正值十冬腊月，突遇风雪袭击，祖先冻得快要死的时候，身后突然出现了一棵大树，遮风避雪并带来暖气，从而使祖先死里逃生，于是视之为感恩树。③ 因此，兔吐坪人每年正月跳的"毛古斯"舞蹈中必用土家语叙述这段来历，感谢树木的恩情。

土家人崇拜土地神，每年春节时还要表演"打土地"的舞蹈，据说也是为了感激土地的恩德：

> 据说古时候有个叫肖天子的土地公公，他娶了两个妻子，一个姓柳，一个姓李。柳氏生了四个儿子，李氏生了五个儿子，这些孩子后来全都得道成仙，被封为青苗土地，专管农事。肖天子是个喜乐神，每当新春来临，他就带着儿子儿媳妇来到人间，神人同乐，他心地善良，让人间年年风调雨顺。人们感激土地公公的恩德，每年春节，便扮成他们的模样尽情歌舞，还可以挨门挨户表演，以求赐福于各家各户。④

---

① 思南民族事务委员会：《思南县民族志》，内部刊印，1988 年，第 270—271 页。
② 田仁利：《湘西土家族苗族自治州土家族古籍总目提要》，中央民族大学出版社 2009 年版，第 178 页。
③ 冉红芳：《土家族传统文化中的生态意识探析》，《湖北民族学院学报》（哲学社会科学版）2005 年第 4 期。
④ 彭英明：《土家族文化通志新编》，民族出版社 2001 年版，第 262 页。

三 敬畏之心——崇拜自然

土家人长年繁衍生息在武陵山区,当处于低下生产力和认识力的古代社会时,受万物有灵观念的支配,人们敬仰大自然、畏惧大自然。在漫长的生产生活和斗争中,他们把那些对自身最有影响力的自然物和自然力都加以崇拜,主要有日月星辰崇拜、风雨雷电崇拜、山石井土崇拜、植物崇拜和动物崇拜五种形式。

(一)日月星辰崇拜

土家族先民认为日、月、星、辰都是天神,太阳为人类带来光明和温暖,带来生命的繁衍,它象征天地光明和万物旺盛,因而成为土家人最早崇拜的对象之一。太阳神不仅是农业生产的丰收神,还是小孩成长的保护者,是土家人心中的生命之源。鄂西长阳、湖南龙山等地的土家人认为太阳是"红光娘娘把它养,冬月十九降的生",以农历十一月十九日为其生辰,其他一些地区认为农历六月初六为太阳生辰。土司时期,土王要亲自主持祭祀太阳生辰的仪典,土民皆顶礼膜拜,敬祭太阳神。这种崇拜直至近现代仍有遗俗,如土家人在进行集体协作劳动时,要唱"挖土锣鼓歌",迎请众神保佑劳动安全和五谷丰收,其中对太阳神的敬仰最为虔诚,有固定的迎、送词,酬谢它"日日夜夜不停走,辛辛苦苦为世人",希冀它"保佑凡间四季好,风调雨顺享太平"。

土家人民间传说月亮是太阳的姊妹,认为月亮里有"月光菩萨""月光娘娘",它掌管人间的美满姻缘和合家团圆,男女青年相恋往往拜月盟誓定情,有"月下老人当红娘"的说法,恋人分离也常常对月求拜,盼望团圆。农历八月十五中秋节有拜月习俗,家家户户在庭院摆放供桌,将月饼和一些应时瓜果摆在祭台上,点燃香烛,妇女和小孩对月祭拜,许多地区还流行中秋月夜偷瓜求子的习俗。一些人还认为弯月是一把刀,不能乱指,否则弯月要在你熟睡时划破你的脸或者耳朵,有的人脸上、耳朵上留下疤痕者都说是月亮划的。

除太阳和月亮之外,土家族地区还有其他一些天象崇拜。很多人相信星辰的方位和运行与人们的命运密切相关,认为"天上一颗星,地上一个人",如果天上陨落了一颗星,就预兆着地上有一个人会死去,他们把流星称为"火星",认为是火灾的先兆。土家人还认为不能用手指虹,因为虹是神龙，如果用手指了虹，则要得缺耳病。若是旱季时见虹，便可以用茅草弯成虹形，对着天上的虹一段段地掐断，据说这样可以将虹切断而使天降雨。

（二）风雨雷电崇拜

土家族先人对自然现象风雨雷火神也充满了神秘的原始信仰色彩。风神崇拜祭祀由来已久，至今在黔东北土家族中仍然遗存较多。梵净山江口县每逢农历大年初一，3—5名妇女带上各家各户收集的钱、粮、酒、香纸等祭品到深山无风之地祭拜风神，默念三遍敬语："祈求风雹大神，慈悲万民众生，莫刮大风，莫降冰雹，保佑地方平安，信妇某某跪拜。"①印江县土家族祭风神的时间为农历六月上旬和中旬，他们十二年一大祭，设立祭坛，杀牛及七十二牲举行隆重的祭祀活动；三年一小祭，杀五牲，规模较小。湖北长阳土家族认为风是风神带来的，风神正正规规吹风就吹出好风，歪着嘴吹就要吹出狂风而危害庄稼。为了防止风神歪着嘴吹风，家家户户都要拿出秤钩或锄头挂在户外，表示用钩子钩住风婆的嘴，只有这样才能风调雨顺。

由于雨水不仅在土家人农业生产、采集或狩猎经济中发挥着重要作用，还与人们的生产生活密切相关，故土家族世代都有雨神崇拜。他们将雨神称为龙神，是降雨和生水之神，由此出现很多关于龙王的神话，民歌中有"青龙翻身三天雨，黄龙翻身三天晴"的说法。古时候，土家人求龙王赐雨方式甚多，主要有"拖树求雨""鞭石求雨""闹鱼祈雨""斗龙求雨"这几种形式。宣恩县彭家寨过去有个水洪庙，主要是人们祈雨的地方，据该村族长彭WP介绍，过去天干不下雨时，人们就先把狗放在水里玩，然后到水洪庙去上香，这样一般会比较灵。土家族的求雨崇拜形式反映了他们与汉人对龙顶礼膜拜截然不同的崇拜特征。

土家族火神信仰也十分突出。他们视火神为护佑家庭子孙绵延、农业兴旺的祖先神，相信火神具有驱除邪魔的神力。土家人几乎每家都设有火塘（见图2—1），火塘是火神所在地，搬家时必须先把火种搬至新住地，在新居火塘中烧一炉旺火，火势蒸腾后，才正式搬入其他东西。他们认为

---

① 铜仁地区地方志编纂委员会：《铜仁地区志·民族志》，贵州民族出版社2008年版，第105页。

火塘中的火种不能用水特别是用尿熄灭,不得向火塘内倒污秽物,妇女不得从火塘上跨越,火塘中鼎锅用的三脚铁架也不得随意移动和用脚踏。[①]一些地区每年除夕都要在火塘中烧上一块巨大的硬木树篼,从除夕一直烧到正月十五,以祭火神,希望从年头至年尾均有火神保护,将疾病灾祸全部烧化。

图 2—1　永顺双凤村的火塘

(摄于永顺双凤村)

雷神在土家人心目中也一直很受崇拜,他们认为雷神是形象高大、正直无私的,不仅能够施云布雨,而且还是主持正义、除暴安良之神。传说"惊蛰到,春雷功,蛇虫窜,万物生",土家人通常于惊蛰时在屋外以扩散肉香纸敬供雷公电母。家家在房屋周围撒上石灰,同时用石灰粉在堂院里画雷公锤、电母铲等,这样暗示雷公神灵之存在,使蛇虫不敢侵犯。[②]

(三)山石井土崇拜

土家族居住的大部分地区都被山林所覆盖,他们认为山林中有"山神",普遍存有祭山的习俗,不少地方建有"山神庙"或"山王庙"。据重庆《酉阳州志》载,清代酉阳的金紫山、灵莘山、火山坎、龙头山均建有

---

①　田发刚、谭笑:《鄂西土家族传统文化概观》,长江文艺出版社2003年版,第153页。

②　宋仕平:《土家族传统制度与文化研究》,民族出版社2005年版,第130—132页。

"山王庙"，当地土家百姓定时往祭。鄂西正月十五后开工上山铲火土那天，要先备办大块熟肉、香、酒、纸等，在要动土的山脚下敬山神，然后才能开始劳作。狩猎者认为山中野兽皆归山神管辖，狩猎前后必须以献牲形式祭山神。土家人修屋、伐青山、砍畲等都要事先祭山神，平日里上山劳动生产后，归来路过山神庙都要在庙前留下一根柴火或一把茅草以祭山神。

土家族地区山崇岭峻，其间有许多巨石、奇石、怪石、灵石，人们认为奇必有灵，因而对奇异的山峰、怪状的石头赋予神性而加以崇拜。如贵州梵净山的金顶每年六月都有规模浩大的朝拜观光者，人们都是以崇拜岩石神为目的进行祭祀。思南城西乌江岸上有一巨石，上面有石孔，每年农历六月六日，附近凡结婚有孕的妇女都要去投石，投中者生男，否则生女，同时还要对石头烧香化纸。[1] 西水流域部分地区比较信岩神，哪家小孩不好带，就会带上酒、肉、纸、蜡烛、红布去敬岩神，存有"拜寄石头，以石为爹"的习俗，认为给孩子取一个以"岩"为姓氏的名字就能保佑他。[2] 土家人还认为，石神各异具有不同功能，有护安石、求子石

图 2—2　恩施市芭蕉乡南河村的"神石"
资料来源：恩施电视台谷斌提供。

① 铜仁地区地方志编纂委员会：《铜仁地区志·民族志》，贵州民族出版社 2008 年版，第 106 页。

② 林继富：《西水流域土家族民俗志》，民族出版社 2014 年版，第 426—427 页。

等。护安石主要为保佑幼儿之灵石,也有保外出者平安之功能,求子石多为中年无子人家前往祭祀,如湖北长阳县武落钟离山石神台里供的"玛瑙光"与"黄光石",几百年来一直吸引着众人前去乞子。鄂西咸丰县甲马池镇真假坑村李家湾背后山上的"蛮王牌"(见图2—2)为该镇境内名胜,常年为当地村民所敬奉。

土家族每个自然村都有大大小小的水井,有水井就有神,也可称为水神。土家族信仰井神,修水井时不能随便说"挖不出水来"的话,不然就得罪了井神,真的挖不出来。每年腊月三十午后,家家户户提着酒肉,拿着香纸,到水井边敬神,然后把家里的大小缸、坛子都装满水。正月初一凌晨3点钟,人们便起床到井神处"请早安",迎神烧纸放鞭炮,接着打水,称为"抢银水",又称这种水为"吉利水"。挑回家后,即将此水烧茶敬祖,再烧此水,人人洗脸,以示洗去一切不吉。湖南永顺双凤村民过端午节时要先到井边烧香、纸钱然后提取泉水兑上雄黄酒,用扫帚蘸着在屋子周围洒上一圈,以求得井神对自己居住地的护佑;村里有人过世后,也必须先到水井边敬神然后取水为死者净身。有的家庭如果小孩体弱多病,还要将小孩寄拜给井和水,取名为"水富""水旺""井崽"等,以乞求水神保佑孩子大吉大利。来凤大河土家人年头年尾都要去水井边烧香,淘井中之脏尘,求水神源源不断地为人间赐水,满足人们生活所需。人去世上山下葬之前,道士一班人敲锣打鼓挑灯执花亲去水井边祭拜,此习俗长期流传不衰。

土能生万物,地可产千金,土家族先民神化土地、崇拜土地,土家族地区的土地庙或土地神坛遍及各个村寨。人们认为土地神的神力甚大,除管五谷生长、风调雨顺外,还能管人的生灾祸福,故极受重视。土家族地区的土地神分为天门土地神(主管风调雨顺)、当坊土地神(主管村寨的吉凶祸福)、桥梁土地神(专管孽龙过江,保护桥梁)、街坊土地神(主管生意买卖)、青苗土地神、山神土地神(专看五谷杂粮使其不受野兽、害虫伤害)等,其中,以当坊土地神和山神土地神与乡民的关系最为密切,乡民对他们敬奉也最为殷切。土地庙堂或立于村头寨尾,或置于田边地角,一个土地庙往往成为一寨人的保护神,祭祀可以邪除灾免,野兽咬了牛羊,家里人有点病痛,都要到土地庙那里许愿,平日里祭祀方式大致有年节祭、春播秋收祭和土地神生日祭三种形式,民间歌谣唱道:

苗稼你要保护好，保护五谷得丰登。

一天田边走三道，三天田边走九巡。

莫让青虫吃叶子，莫让黄虫钻苗心。

不准老鸦啄种子，捉到黄虫要抽筋。

捉到老鸦掐翅膀，捉到野猪斩脚跟。

苞谷树上打得秋，高粱好像楠竹林。

苞谷坨坨像牛角，小谷穗穗像缆绳。

绿豆叶子包得盐，高粱秆秆把船撑。

三杯水酒敬供你，外加猪头有三斤。①

这首歌谣形象地说明了土地神（见图2—3）与农民的密切关系，认为土地神可以保护五谷杂粮不受害虫、鸟兽的伤害，寄托着土家人良好的丰收愿望。

图2—3 土地神

（摄于来凤县翔凤镇马家园村）

（四）植物崇拜

土家人对植物的崇拜主要表现为对树木、竹子及五谷神的崇拜。人们

---

① 潘顺福：《薅草锣鼓》，湖北人民出版社2006年版，第41页。

所崇拜的树木主要有三类:一是古树崇拜。许多土家山寨都有古老的
"风水树",有的至今有上千年的历史,任何人都不准砍伐。土家人认为
"老人保寨,古树保村",凡是古树都历经日月光华的磨炼,具有灵气,
能给村寨带来好运。不少村寨都以"神树"的枝繁叶茂而骄傲,也因
"神树"遭到虫害或雷劈而不安或恐慌。过去人们生病后向神树许愿便能
使病痊愈,病愈即祭献树神,有的还向树神讨灵药,摘几片树叶或剥点树
皮,捣碎吞服治病,如江口县快场水草屯坳的一棵千年古树就有不少人前
往朝拜讨药,并用树洞里的水来治病。有的家庭小孩体弱多病,常请土老
司帮助拜古树为寄父,以求保佑顺利成长不生病。梵净山鱼坳的"怀胎
树"曾被人称为"送子树神",人们向它顶礼膜拜,祈求得子。利川谋道
的"天下第一杉"(见图2—4)被当地人誉为"神树",至今每年仍然吸
引着众多百姓前来祭拜,树上挂了许多红布条。二是果树崇拜。果实是过
去土家族采集时代主要的生活资料,果实的多寡与人们的生存息息相关,
故以果树为神。在鄂西土家族地区,人们视惊蛰节为果树的节日,这天必
须给果树喂饭,先用刀从下到上向果树砍七刀,刀口浇上腊肠肉汤,并在
树枝上挂一个破罐子和一条红布,以果木生长寄托丰收愿望。三是花树崇
拜。土家人认为一个人即是一棵花树,它生长于彼岸世界,一个人在世间
的命运变化,全表现在"花树"上。这种花树崇拜之风在清江流域广泛
流传,许多人常请巫师代观自己的花树,以预测自己的婚姻、子女、事业
前程等(见图2—5)。

图2—4 利川谋道"天下第一杉"

(摄于利川谋道)

图2—5 永顺双凤人民祭树仪式

(永顺农业局提供)

　　竹与土家人民的日常生活、社会生产息息相关，除了金属工具以外，竹制工具几乎成为土家族主要的辅助性生产工具。土家人认为，房屋四周种植竹林可起到防止野兽、驱除邪祟、驱赶山鬼的作用，将竹神秘化、神圣化，认为竹具有超凡的神力，于是产生了对竹的信奉和崇拜。土家族早在新房营建过程中即在四周种植竹子，一蓬数根，越发越多，象征家业兴旺、子孙满堂，此竹不得随意砍伐。湘西桑植部分地区种新竹时，家中幼子须去哭竹，据说其旨意在于希望幼子能像新竹一样茁壮成长，其中包蕴了竹对人们的庇佑。① 土家人夜间外出时经常手持一根荆竹棒，借此驱鬼护身。当小孩看到蛇时，大人即要小孩拿起一根荆竹棒，认为蛇很害怕竹。个别地区在砍竹前要先行祭祀，有的人家新春后砍第一根竹子时要烧香烧纸。土家族对竹的崇拜，实质上是对竹的神奇力量的崇拜，也是对竹的生命和生殖力的崇拜，这种尚竹意识至今在部分地区仍然存在。

　　"五谷神"或称"五谷娘娘""田神""秧苗神"等，他掌管着五谷的生长和丰歉，凡危害五谷生长的各种灾害都由五谷神管。旧时对谷神的祭祀在土家族聚居地区十分盛行，他们塑五谷神像并修五谷庙，常年香火不断。现在基本上没有五谷庙了，但祭祀活动依然存在，敬奉日期因地而异。如贵州德江县等地土家族主要在春播、秋收时请土老司祭谷神，而思南等地在端午节时祭拜谷神。鄂西土家人认为农历八月二十四日是五谷神的生日，这天都要将五谷杂粮与香灯茶酒摆于五谷神像前，还要念一段话："五谷神，五谷神，天下没有你，世上没有人。八月二十四，本是你降生，锅里我不煮，甑子我不蒸……将你请到平地里，五谷平地长；将你请到荒坡上，五谷荒坡生。有人把你脚下踩，要遭五雷劈周身；有人把你火里丢，瞎得双眼失光明；有人把你水里甩，定成孤寡无儿孙。五谷神，五谷神，年年显威灵，岁岁保丰登。"② 他们平时一般携带酒肉、香纸等直接到田间去祭祀。酉阳、秀山及湘西土家族地区在刚开始秋收的时候对谷神进行隆重祭祀，他们以新收获的玉米、谷穗、黄豆等进行祭拜。

---

①　宋蜀华：《民族学与现代化》，中央民族大学出版社 1994 年版，第 227—230 页。

②　邓红蕾：《道教与土家族文化》，民族出版社 2000 年版，第 85—90 页。

（五）动物崇拜

土家人对许多动物都存有敬畏、崇拜之心，如白虎、鹰、鱼、耕牛、蛇蛙、毛娘等，他们对动物的崇拜源于原始人类时期对动物的依赖感和恐惧，以及人与动物的"同祖观"。

"廪君死，魂魄世为白虎。"在土家族先民巴人的观念体系中，白虎有着极为特殊的含义，白虎是巴人的图腾祖先、英雄始祖廪君、山神猎神崇奉的战神。土家族区域广泛存在祭白虎的习俗，部分地区过去还流传有"还人头愿"，后来才慢慢衍化为用人血、猪羊血或草人代祭。他们奉白虎为尊神，遇事常求白虎神保佑，如鄂西扬琴唱词唱道："身后悬挂白虎旗，案头端放土王印。打马来到宫廷上，双膝跪拜白虎神。"如今由于受到多重因素的影响，土家族几大区域对白虎的态度是不同的，大体而言，鄂西地区敬白虎，而湘西地区是赶白虎，广大乌江流域则是既敬且畏。土家族居住区到处留下了白虎崇拜的遗迹：许多传统建筑物上也绘有白虎图案，各地都有白虎庙，恩施州宣恩县有"白虎山""白虎堡"，建始县有"白虎垭村""白虎坡村"，重庆石柱县有白虎岭、黑虎寨、虎头寨等地名。西水流域土家族冬天习惯给小孩戴虎帽、穿虎鞋，让小孩扮成老虎的样子，认为这样可以让白虎把小孩当成自己的同类，辟邪壮威。

鹰崇拜本是一种氏族图腾，后来才演变成为一种家族图腾。鹰崇拜从前主要流行于清江流域的巴东、建始、长阳、恩施一带，后来随着人口流动而散布于原川东地域，谭姓土家族一直以鹰为图腾，把鹰当作本家族的保护神，并始终坚信本家族为神鹰的后裔。鄂西南山区广泛流传的《鹰公公与佘婆婆》的神话故事：

> 相传古代有一个叫佘香香的姑娘，因战乱逃跑了七天七夜，中途与恋人失散，她来到一座大山（如今叫纱帽山），她躲进一个又黑又深的大岩洞（如今叫"响洞"），追兵找不到香香，就塞住洞口，设下"饿马摇铃"（走的时候将马拴在洞外面的石柱上，马饿了就摇头，马铃子就响）和"悬羊击鼓"（把羊吊在树上，下面放一面鼓，羊一动，鼓就响了）之计走了。香香听到有马铃和鼓响，以为追兵没走，躲了几天不敢出来，就朝着洞内走去，她来到一条阴河旁，摸到一口盆子，坐在盆里任随漂流。不知漂了多久来到另一个洞口

（如今叫"神仙洞"），上下都是悬崖，香香不由得仰天恸哭。忽然，从远方飞来一只鹰歇在洞口，眼睛像明珠，背像马一样宽，它像人一样让香香趴在它的背上，并祝福说："谭氏有后，当得不死。"轻轻展翅把香香驮下山崖，落在一块平地上（即巴东落婆坪）。香香又饿又渴，锦鸡用爪子刨出凉水（即现在的金鸡水）让香香喝。太阳落山的时候，那鹰又飞来了，它抓着一大包东西，里面有苞谷粑粑、种子，还有一把镰刀，香香在鹰的陪伴下开荒种地，过着艰苦的日子。一天晚上，香香梦见两只小鹰闯入怀中，次年生下一男一女，姐姐名芝兰，弟弟名天飞，因她住处旁有一个绿色水潭，便指潭（谭）为姓。姐弟一天天长大，香香临终时把姐弟俩叫到身边嘱咐："我在危难之际，鹰子救了我的命，以后你们要尊敬它。"说完就死了。……姐弟俩将鹰子视为"恩公"，叫它"鹰公公"。天飞和芝兰后来结为夫妻，所生八子，坐落八坪，俗称"八坪谭"。①

在这个传说故事中，除了鹰将佘香香驮下山崖和双鹰入怀生子女、兄妹成婚等具有神话因素外，其余情节均与当时的世俗生活密切相关。谭氏家族坚信本家族为神鹰的后裔，他们将《鹰公公与佘婆婆》这则神话故事改编后编入自己的族谱，直到解放前夕一直奉行"谭不打鹰"的习俗。

土家族对鱼的崇拜流传久远。早期巴人生活地域山高水深，故长期保持着渔猎生活方式，靠山则崇虎，临水则敬鱼。他们主要是对怪鱼、大鱼进行崇拜（见惯了当地的小鱼小虾），因为对自己不熟悉的事物常怀着畏惧心理。他们认为鱼越大表明其寿命越长久，获得天地日月的灵气就越多，故而奉之为神明。如1948年6月，保靖毛沟寨河水干枯，一群小鱼簇拥着一条长丈余、重约千斤的巨鱼在河中游动。目击者无不惊异，谓之"鱼神"。一时，沿河两岸遍插香烛，祭鱼者络绎不绝。②

进入农耕时期以后，牛成为农家之宝，故土家人对牛的崇拜极为普遍（见图2—6）。他们把农历四月十八日作为牛神的生辰并将这一天定为"牛王节"，过去许多地区都建有牛王庙。土家人建房时必用牛先破土犁屋场，

---

① 王小宁：《恩施自治州碑刻大观》，新华出版社2004年版，第2页。
② 胡炳章：《土家族文化精神》，民族出版社1999年版，第90页。

他们认为牛犁过的屋场,邪魔不敢前来作祟,主人家将瑞气永驻,百代兴旺。土家人一般不杀牛,家中之牛一直要喂至老死。若祭祀须用牛作牲,屠者事先须念经祭祀,以祈牛神饶恕。一些地方还让小孩寄拜牛为干爹,并取名为"哦毕"(小牛)、"旺毕"(小水牛)、"哦巴"(公牛)等。在永顺双凤村调查时,村会计彭 ZP 介绍说:"以前我们村里有个女子叫彭晓兰,现在出嫁到张家界了,她还没有出生父亲就被蛇咬死了,她家人就听算命先生的把她寄拜给牛,跟牛姓,叫牛英,村里人都叫她这个名字。"土家人认为寄拜以后,小孩便获得牛神的保护,可消灾避难,长得像牛一样健壮有力(见图 2—7)。

图 2—6　沿河牛图腾
(沿河人大李克相主任提供)

图 2—7　牛头保护神饰物
(摄于永顺王村)

除此以外,土家族在漫长的历史发展进程中还崇拜过蛇、蛙、毛娘神、狗、猪等动物。清江流域土家族一直信奉蛙、蛇为祖先神灵。一旦有蛇或蛙进屋,人们便认为是祖先神回家看望子孙,非但不敢打,连大声说话也不准,只能烧香焚纸,祈求祖先神归山。① 这种崇拜将蛙、蛇等对农业有益的动物视为祖先,有效防治了农作物的病虫害。毛娘是山里毛虫的神,毛虫是危害庄稼、果树并且能使人中毒生病的一种害虫。土家人的毛娘崇拜,是出于对毛虫危害的恐惧心理而产生的独特风俗习惯,希望毛虫不要危害庄稼。土家族逢年过节必敬奉猪神,也称冢官神,祈求猪神赐给财喜,敬祭时念歌诀:"冢官大神,把门将军,诚心敬奉,保

---

① 艾训儒:《湖北清江流域土家族生态学研究》,中国农业科学技术出版社 2006 年版,第98 页。

佑我们，行东利东，行西利西，四方招财，五谷丰收，六畜兴旺，水草常青……"①

土家族的自然崇拜是早期先民对自然的粗浅认识，是生产力和科学文化不发达的产物，但这种信仰文化形成了土家人与山地生态环境的良性互动关系，约束了人们的行为，客观上维护了当地生态系统的平衡。

第二节　传统历法气象认知

历法，是指依照一定法则来推算年月日的时间系统。它的产生与农业生产直接有关，它以天象、物候变化来指导农事活动，是人们长期观察天文气象的经验总结。② 世居武陵山区的土家人在漫长的历史长河中过着日出而作、日落而息的自然生活。为了适应生存环境，应对气候变化，把握自然现象，他们根据地域差异逐步掌握了一些规律，自觉地遵循这些自然法则，按照季节更替和节气变化来安排农业生产。

土家族民间历法是土家族先民在古代巴人物候历法、汉民族夏历和当地人经验积累的基础上所创造出来的一套"自然历法"，是一套独特的计时制度与气候预测体系。

一　传统计时制度

土家族在长期的生产生活实践中逐渐掌握了太阳升落、月亮圆缺、寒暑交替及物候变化的规律。"一天"，土家语称"lāniē"，早期土家族先民从自然现象中得出了一白一黑即为一天的认识，太阳出来了便是白天，太阳落坡了便进入黑夜，他们"日出而作，日没而息"，靠日影来判断时辰。而昨天和今天的分界线，则是由一个物种——鸡来区分的。人们通过经验积累发现鸡对光的敏感性很强，它的鸣叫也很有规律性。鸡把一天划分成三阶段，头鸡叫相当于北京时间凌晨1—2点钟，土家语称为 rǎróng 时节，认为这是他们新一天的开始。日到中天的时候，鸡进窝生蛋，公鸡也不乱窜，而是守候在窝边或在树荫下干净处休息，土家人把这时候叫作"羊时前刻"，告诉人们一个上

①　冉春桃、蓝寿荣：《土家族习惯法》，民族出版社2003年版，第173—174页。
②　史继忠：《贵州文化解读》，贵州教育出版社2000年版，第69—70页。

午结束了。夜幕降临鸡上笼时,鸡回家上笼,再也不叫了,土家语把这时叫作"rǎyìzú",一般已到戌时,即北京时间的晚上 7 点钟到 9 点钟。鸡对一天时间的反应很有规律,确实是一种很灵验的生物钟。

"一月"土家语称 lāsī。在土家人的历法中,一个月是以月亮为中心的,人们根据月亮的盈亏现象来对照一个月的天数,并总结出一些时日歌谣,如:"初三初四蛾眉月,夜饭嘎嘞 sǔsuxie"(汉译为"吃了晚饭有月亮")。"十五月亮十六圆,十七、十八出更花,二十一、二、三鸡啼月亮光,二十四五六,鸡啼月亮出"①。他们看到月复一月,周而复始,循环往复。蛾眉月为初一,半月是初七,再过一周满月是十四、十五。圆后为亏,到二十一、二十二、二十三的时候,月亮又成了半圆,再过一周,成了上弦月,直到月亮没有了,即一个月亮从有到亏完了,就表示一个月结束了。

土家族的"一年"叫"lālōng",它是以第一场雪为界限的,土家语有:"súsuzí liāo,lālōng tǐ liǎo",意思是"下雪了,得一年了",下了第一场雪,预示一年的农活干完了,大部分男人开始渔猎,获得一些鱼虾、兽皮、野味等物,换取钱物,准备过年。通过长期的生活经验,他们总结出草木的枯荣、花的开放、候鸟的出现、动物的叫声等都可预示季节的变化和月份的更替,他们根据这些物象特征安排农事活动,如"二月桃花干,烧灰砍火畲""三月逢春好盘花,满山阳雀叫喳喳,一来报知阳春节,二来摧动种庄稼",告诫人们桐树开花、阳雀欢叫的时节也是该播种的时候,等等。土家人民间有许多反映这种物候特征的歌谣,如《十二月花》《十二月鸟名》《十二月逢春》等。土家族一年 12 月和与此对应的物候特征主要如表 2—1 所示。

表 2—1　　　　　　　　土家族 12 月不同征兆

	植物	动物	节气	农事	农谚
正月	樱桃花		立春、雨水	狩猎	烧了门钱纸,各自找钱米
二月	桃花	燕子、青蛙	惊蛰、春分	砍火畲、烧灰	二月桃花干,懒死牛和羊

---

① 彭英子:《土家人的历法》,来源于土家族文化网,http://www.tujiazu.org.cn/cont-ant.asp? channelid = 2 & classid = 7 & id = 4306。

	植物	动物	节气	农事	农谚
三月	桐子花	蛇、阳雀	清明、谷雨	播种	三月桐子花，冷死老人家，布谷鸟叫了，苞谷要种了
四月	海棠花	布谷	立夏、小满	插秧	四月八干竹笋，搬起犁头下田忙
五月	石榴花	黄莺	芒种、夏至	田间管理	端午太阳好，莳秧和锄草
六月	荷花	蝉鸣	小暑、大暑	防旱	六月六日晒龙袍
七月	稻花	杜鹃失啼	立秋、处暑	防旱	七月蛇进屋，不打烧纸钱
八月	桂花		白露、秋分	收粮	八月露水下，蚊子要死啦
九月	菊花	燕南飞	寒露、霜降	摘茶、种油菜、荞子	燕子回去了，油菜要栽了
十月	茶花开		立冬、小雪	捡桐子种麦子	十月小阳春，麦子下地坪
冬月	雪花飘		大雪、冬至	翻耕	冬天见了雪，犁田耕土地
腊月	梅花开		小寒、大寒	狩猎	

资料来源：土家族文化网及部分田野资料。

二 传统气候预测

土家人在长期的社会生活中通过对自然社会的观察，总结出许多预测气候变化的传统知识与经验，这些知识是以武陵山区特殊的地貌地形、物候等为依据总结出来的，具有明显的地方性特征和一定的科学依据，成为当地指导和安排农事活动、避免和应对自然灾害的重要依据。土家人将这些预测气候的传统知识进行加工后转化为民间谚语，代代相传。

1. 以自然天象变化预测

自然界的风、雨、虹、雪、霜、雷、雾、雹、日、月、星等自然现象总是不断地发生变化，土家人认为观察这些自然现象的变化可以推测天气的晴雨。其一，利用日月星辰预测天气。土家人很早就意识到太阳、月亮、星星与天气变化的紧密联系，因此把它们当作判断天气变化的依据，如"日出东南红，无雨必有风"，"日悬如弓，不雨多风；月如仰瓦，不求自下"，"月明星稀，来日好天气"，"月亮长毛，涨水淹桥"，"星星眨眼，离雨不远"，等等①。其二，利用云、霞、虹的天象变化预测天气。土家人对云的观察非常仔细，不仅从形态、方位上加以区分辨别，如"块块云，有雨淋；丝丝云，天必晴；瓦块云，热死人；楼梯云，干破盆"，"云朝东，一场空；云朝南，打破船；云朝西，穿蓑衣；云朝北，雨没得"②，还从时间上加以区分，如"黄昏起云半夜开，半夜起云雨就来"，"早看东南若有云，中午家有大雨淋"，等等。霞和虹的变化也可以推测天气，如"早晨烧霞，等水烧茶；晚上烧霞，干死蛤蟆"，"彩虹晒西，干断河堤"，"东虹风，西虹雨，南虹北虹涨大水"③。其三，利用雾、霜、雪的变化预测天气。如"春雾晴，夏雾雨，秋雾日头冬雾雪"，④"云雾起不高，雨不过三朝"，"雾山有雨雾河晴"，"霜重见晴天，雪多兆丰年"，"雪子不化雾沉沉，下泼泡雪才天晴"⑤。其四，利用风和雷的变化预测天气。如"下雨先起风，必定一场空"，"南风火门开，北风有雨来"，"一日南风三日爆，三日南风狗钻灶"，"雷在天边打，雨在团转落"，"响雷不下，闷雷不晴"，"雷打天边，大雨连天；雷打天顶，有雨不狠"，等等。⑥其五，利用天色的明暗变化来预测天气。如"三黑三亮，大雨三趟"，"有雨天亮脚，无雨顶上光"，"天黄有雨"，等等。

2. 以动物行为的异常形态预测

土家人在长期生活实践中观察到天气在发生晴雨变化之前，某些动物常常出现反常状态，因此他们认为这些动物行为可以成为天气变化的一种征兆。如"蚂蚁成群，大雨淋淋"，"蚂蚁搬家蛇过道，倾盆大雨就要到"，"螃蟹路上行，几天雨不停"，"猫儿洗脸没翻顶，三五两天不得晴"，"燕儿飞得高，明天架火烧；燕儿飞得低，明天披蓑衣"，"麻雀子

①　曹毅：《土家族民间文学》，中央民族大学出版社1999年版，第210—213页。

②　刘明春：《土家俗谚》，湖北人民出版社2003年版，第141—142页。

③　鄂西土家族苗族自治州民族事务委员会：《鄂西谚语集》，四川民族出版社1993年版，第521—541页。

④　《湘西谚语荟萃》编委会：《湘西谚语荟萃》，贵州民族出版社1993年版，第152页。

⑤　鄂西土家族苗族自治州民族事务委员会：《鄂西谚语集》，四川民族出版社1993年版，第521—541页。

⑥　黔江民间文学三套集成编委会编：《中国民间文学集成·黔江民间歌谣民间谚语资料集》，1987年，第284页。

吵架阴转晴，麻雀子散群晴变阴"，"蜻蜓高，晒得焦；蜻蜓低，一坝泥"，"蜘蛛结网忙，大雨来得慌"，"斑鸠咕咕叫，准备汗帕和草帽"，①"水中鱼儿跳，大雨马上到；鲤鱼晒柱，大雨不住"，"蚯蚓地上爬，门前雨哗哗；螃蟹爬上岸，岩头要冲烂"②。动物行为的异常还可以有效预测自然灾害，如宣恩民间歌谣唱道："自然灾害早知道，观察灾情有前兆；骡子牛羊不进圈，猪不吃食狗乱咬；鸭不下水岸上闹，鸡飞上树高声叫；冰大雪地蛇出洞，老鼠痴呆搬家逃；蜜蜂群迁乱哄哄，鸽子惊飞不回巢。"③

3. 以各种物象表征预测

利用植物或其他物体表征的变化预测天气也是土家人的普遍做法，他们善于根据树叶的颜色、生活用具的干湿、废水废气的运动来判断天气，如"柚子叶叶翻了白，大雨从早落到黑"，"水缸汗淋淋，大雨快来临"④，"烟子不出屋，农家莫晒谷；烟子转回来，出门穿雨鞋；烟囱不出烟，必是连雨天"⑤，"盐罐口出水，就要落大雨"，"烟杆不通，明天歇工"，"火石打不着，来日有雨落"⑥，"地起潮，风雨嚎"，"石头发汗必有雨，石头收汗就天晴"⑦，等等。

4. 用天干地支推测

天干地支是我国先秦就流行的计时和推算年历、时间及事件发生等的方法，如今在土家族广大农村老人中仍然盛行，他们可以用天干地支法来预测天气晴雨，如"戊寅己卯动了风，十个秧田九个空"⑧，"甲子落雨丙寅晴，二十四天放光明"，"辰巳两条龙，不雨也有风"，"四时不用甲子

---

①　鄂西土家族苗族自治州民族事务委员会：《鄂西谚语集》，四川民族出版社1993年版，第565—576页。

②　《湘西谚语荟萃》编委会：《湘西谚语荟萃》，贵州民族出版社1993年版，第155—156页。

③　刘吉清、戴美明：《宣恩民间语汇》，湖北人民出版社2008年版，第77页。

④　龙山县民间文学集成办公室编：《中国谚语集成湖南卷·龙山县资料本》，1988年，第66—68页。

⑤　周道生、孙万心：《宣恩民间谚语》，湖北人民出版社2008年版，第166页。

⑥　《湘西谚语荟萃》编委会：《湘西谚语荟萃》，贵州民族出版社1993年版，第157—158页。

⑦　曹毅：《土家族民间文化散论》，中央民族大学出版社2002年版，第237—239页。

⑧　鄂西土家族苗族自治州民族事务委员会：《鄂西谚语集》，四川民族出版社1993年版，第533页。

雨,四季不用丙寅晴","久晴逢庚雨,久雨逢庚晴"①,等等。

5. 用二十四节气预测

二十四节气是中国人观察气候变化以定农事活动的产物,它是中华民族几千年来特有的表达农业气象条件的一套完整的时令系统。② 用二十四节气来预测气候的谚语在土家族民间非常丰富,如"立夏雨,蓑衣斗笠高高举;立夏晴,蓑衣斗笠跟着行","小暑不淋,干死竹林;大暑连阴,遍地黄金","立秋滴滴雨,秋后雨滴滴","立冬下了雨,立冬晴了一冬干"③,"雨水有雨天气好,大春小春一片宝","小满不满,干断田坎","小寒九天,大寒到年边"④,等等。

6. 用月令观察和预测

一年有 12 个月,月月气候都有差异,利用月令观察和预测天气在土家族地区也非常普遍,如"正月十五打湿灯,滴滴答答到清明","五月不愁雨,六月不愁阳","雨落七月七,阴雨连绵十月一","九月重阳看十三,十三落了一冬淹","头伏下了雨,伏伏晴不起"。⑤ 还有谚语是预测一个月每天的天气概貌的,如"初三下雨十三晴,十三下雨打连阴。月逢初三雨,一个月只有九天晴"⑥,"初一落雨满天红,初二落雨到月中。七晴八不晴,九晴开天门。雨落二十七,下月无干泥"⑦,等等。

土家族这些气候预测知识既有与汉族地区一致之处,也有结合当地的生态特点加以发挥和调整的地方,是广大人民群众在长期的生产实践中观察和总结出来的,体现出一定的地域性和民族特色。土家人对周围万物的观察细致入微,据此推测出的天气准确性很高。

---

① 刘明春:《中国谚语集成·湖北卷》,长阳土家族卷,1989 年,第 130—131 页。

② 黄柏权:《民间气象谚语内涵、特征及价值考察》,载尹绍亭、[日] 窪田顺平《中国文化与环境》,云南人民出版社 2006 年版,第 152 页。

③ 鄂西土家族苗族自治州民族事务委员会:《鄂西谚语集》,四川民族出版社 1993 年版,第 542—555 页。

④ 曹毅:《土家族民间文学》,中央民族大学出版社 1999 年版,第 210—213 页。

⑤ 鄂西土家族苗族自治州民族事务委员会:《鄂西谚语集》,四川民族出版社 1993 年版,第 556—564 页。

⑥ 刘明春:《土家俗谚》,湖北人民出版社 2003 年版,第 149 页。

⑦ 龙山县民间文学集成办公室编:《中国谚语集成湖南卷·龙山资料本》,1988 年,第 66—68 页。

第三节　动植物传统认知分类系统

一　植物认知与分类

列维－斯特劳斯在《野性的思维》一书中以大量的事实说明，土著人对植物的认识并不是杂乱无章，而是有规律可循的，以此驳斥了"原始思维"如同"儿童思维"的观点，他认为土著人的"野性思维"是以"具体科学"为特征的，以区别"现代思维"的抽象特点①。土家人的植物命名与分类同样具有"具体科学"的特征，是土家人对植物生长环境、习性、功能、外观形态等综合思考与归纳的结果。

（一）植物的命名与分类

民间植物分类是指科学分类以外的存在于民间的对植物进行分门别类的一种方法和过程，它是认知人类学的主要研究对象。② 民族学通过对民间植物分类的研究来揭示其分类方法、命名原理及其分类系统，以此说明土著民族的认知图式。纳日碧力戈曾经指出，人类总是要通过命名，对自己所感知的自然和社会现象加以概括和分类。在田野调查中，笔者向许多土家乡民咨询过植物的分类问题，他们的观点主要有以下几种：

> 植物可以分为"家"的和"野"的，你看韭菜有野韭菜、茼蒿有野茼蒿、葱有野葱、蒜有野蒜，核桃呀、板栗呀这些都有野的。一般自己家里种的就是"家"的，山上自己长的就是"野"的。③

> 植物那就多啊，有些都叫不出名字，我们一般都把它们分为草啊、树啊、藤啊几种形式，那种只有叶子的就是草类，有树干的就是树类，只有茎到处爬的就是藤类。④

---

① 翟明安：《现代民族学》（下卷·第一册），云南人民出版社 2008 年版，第 166 页。

② 崔明昆、杨雪吟：《植物与思维——认知人类学视野中的民间植物分类》，《广西民族研究》2008 年第 2 期。

③ 访谈对象：唐 YQ，男，土家族，68 岁，初小文化，访谈时间、地点：2012 年 9 月于恩施来凤。

④ 访谈对象：向 HL，女，土家族，46 岁，小学文化，访谈时间、地点：2012 年 8 月于恩施利川。

植物我们可以分为食用的和药用的，食用的植物又可以分为人吃的、猪吃的、牛羊吃的，还有一些具有其他用途，如染色植物啦、编织植物啦，等等，那就很多啦。①

从调查资料来看，许多土家人心中并没有藤本、木本、草本这些术语，植物分类系统也没有现代植物分类法那么系统科学，但却很实用。

土家族的植物命名与他们的感知、心理、思维以及对外界的独特认知方式密切相关。通过调查发现，土家人对于植物的命名方法与其他民族有相似之处，主要采取以下方式：

（1）以植物的外部形态特征命名。如土家族民间所称"三叶草"即是一种只有三片叶子的草，"高脚菌"即是5—6月山上一种野生的可以食用的高菌柄蘑菇，"蜂壳菌"为反面有许多蜂窝的蘑菇，"罗汉松"为结的果实像罗汉一样的小树。

（2）以植物的气味命名。如土家人经常食用的鱼腥草即是带有鱼腥味的一种草根，香菜、香椿等都是以植物的气味命名的。

（3）以植物颜色命名。如白果、金橘、红芍、紫苏等，都是按照植物的颜色来加以命名的。

（4）以植物滋味命名。如甜槠子、苦枥、咸草醋林子、糖罐子（又名金樱子）、苦瓜、辣椒等，就是按照果实的酸甜苦辣来加以命名的。

图 2—8　三叶草

（摄于利川齐岳山）

图 2—9　蜂壳菌

（摄于宣恩彭家寨）

---

①　访谈对象：白 HY，女，土家族，76 岁，不识字，访谈时间、地点：2012 年 9 月于重庆西阳。

（5）以植物的生境命名。如土家药用植物江边一碗水、生长在悬崖上的木本植物岩老虎叶（又称九八虎）即与其生长的环境直接有关。部分植物品种出产于特定地域，因此他们在命名中会加上地名，如"宣恩牛奶茶""利川槭""巴东木莲""宜昌木姜子"等。

（6）根据植物的功能命名。不同的植物往往具有不同的用途，土家族地区许多植物的名称都直接与它们的用途有关，如用于活血的散血草、对痢疾有特效的隔山消、可以制作豆腐的"神豆腐叶"等。

（7）根据植物的生长季节命名。如利川小河土家族民间所称的"七月瓜""八月瓜"即是大山里七八月成熟的一种野果。土家人还将植物成熟的具体时间与农事日程结合起来命名，如玉米泡总是在当地农民准备种植玉米的时候成熟，如果玉米泡已经枯萎了而玉米还没有种好，那说明种植玉米的最佳时机就错过了，栽秧泡、耕田泡也是如此。

图2—10　八月瓜

（摄于宣恩彭家寨）

此外，土家人还有按照重要人物姓名、生活习性、含有的特殊化合物、方位等多种方式命名的方法。在这些植物中，许多植物名称都可以分为"类部"和"种部"两层含义，"类部"表示该植物隶属的类别，"种部"表示该植物的属性，"类部"和"种部"都可以表示多种含义，例如"四棱草"，"草"为该植物的类部，说明它属于草类；"四棱"为该植物的种部，说明其形状，茎呈四个棱角。再如"苦瓜"，"瓜"为其类部，说明属于瓜类,"苦"为其种部,说明此瓜味苦。土家族传统的植物命名规则具有直观性、形象性、实用性的特点,许多命名方式现在都还在延续。

(二) 野生植物的采集与利用

采集是土家人最早的生计方式之一,在历史上曾发挥了重要作用,如今这些野生采集植物仍是满足其蔬菜、水果、医药等需求的重要来源。在长期的采集实践过程中,土家人熟悉了野生植物的各种习性并积累了丰富的利用采集物的经验。

1. 食用植物

武陵山区的食用植物种类非常丰富,土家人依靠自己对这些植物的生命周期及习性的认知,灵活安排在不同季节、不同时段采集不同的植物。每年四五月大雨过后,许多妇女和小孩就会挎着竹篮上山,他们知道附近山林里肯定长出了众多松菌、苁菌、罐罐菌等。山上的野生水果按季节接连不断地出现,3—6月采集高粱泡、栽秧泡、羊奶子、金钩子等水果,8—10月又可以采摘野猕猴桃、核桃、板栗、野山楂等。现在土家人生活条件改善了,但他们还是经常上山采集食用植物,采集已成为他们生活中的重要组成部分。通过调查显示,土家族经常食用的野生植物主要如表2—2所示。

表 2—2　　　　　　　　　土家族经常食用的野生植物

类别	植物名	别名	食用部位	食用方法
真菌类	松菌	无	子实体	烹饪
	苁菌	无	子实体	烹饪
	罐罐菌	无	子实体	烹饪
草本类	鱼腥草	折耳根	茎叶	凉拌
	野蒜	无	全株	做调料
	野葱	无	全株	做调料
	金钩子	枳俱	果实	直接食用
	旱芹	无	叶	烹饪
	马齿苋	无	全株	烹饪
	刺儿菜	野苦荬菜	幼嫩全株	烹饪

续表

类别	植物名	别名	食用部位	食用方法
草本类	荠菜	地菜	全株	烹饪
	艾蒿	社蒿	幼嫩苗	烹饪
	高粱泡	无	果实	直接食用
	地笋	无	块根	直接食用
藤本类	巴东猕猴桃	无	果实	直接食用
	葛藤	无	根	烹饪
	山姜	无	块茎	烹饪
木本类	野山楂	无	果实	直接食用
	茶泡	油茶	真菌瘦体	直接食用
	火棘	无	果实	直接食用
	香椿	无	幼嫩芽	烹饪
	野山楂	无	果实	直接食用
	牛奶子	无	果实	直接食用
	耕田泡	无	果实	直接食用
	野核桃	无	果实	直接食用
	野板栗	无	果实	直接食用
	竹	无	幼嫩植株	烹饪
	刺梨子	无	果实	直接食用
蕨类	蕨	无	根茎	烹饪
	薇菜	无	根茎	烹饪

资料来源：艾训儒的《湖北清江流域土家族生态学研究》及部分田野资料。

土家人在长期的生活中也总结出一套加工食用野生植物的方法。如他们对蕨根的采集和利用在整个武陵山区都是非常普遍的。葛根有黄葛、青葛、菜葛三种。他们将其挖出后，经过淘洗、捣磨、沉淀，即可得出葛粉。葛粉可用开水冲服，也可用油煎做成煎饼，其味可口，营养价值高。滤出的渣子叫葛米，过去灾荒年成常用以代食充饥。在利川小河调查时，桂花村村民介绍说他们过去常常用一种"神豆腐叶"制作豆腐食用：

我们一般在劳动结束后回家途中顺手摘一口袋"神豆腐叶",回家后先把这些树叶洗干净,然后放在盆中加水用手揉成糊浆,去掉渣子,再加入澄清了的适量草木灰水搅匀,过一会儿,水就慢慢凝固,一盆墨绿色透明的"豆腐"就做好了。这种豆腐没有异味,可以加入蒜泥、辣椒和其他佐料凉拌后食用。制作容易,我们大人、小孩都爱吃。①

这种"神豆腐"做法简单,同时还是一种不可多得的保健食品原料,具有清热解毒、开胃生津、明目去火和强筋健骨的功能,可以用于医治痢疾、毒蛇咬伤、酒后头痛等症。

2. 药用植物

土家族聚居地鄂西、川东及湘西地区具有"华中天然药库"的美称,药用植物非常丰富。土家人认为每一种药物都有一定的采收时节和方法,流传于黔渝交界的酉阳、秀山、沿河一带的土家《采药歌》唱道:

神医采药进深山,白虎堂前卜一卦,保佑蛇虫兽不咬,保佑爬岩不掉崖。

神药长在深山里,百药满山任你拿,采药时令要记住,采药季节要对匀。

春采尖叶夏采枝,花药含苞待放时,秋末冬初挖根茎,果实摘采刚熟时。

块根药在夏秋挖,树皮春末夏初剥,草草药物用全株,夏至秋初快采割。

挖药采药要留种,切莫一次就挖绝,记清何药长何处,病急需要才熟路。

常用药物栽满园,鲜药干药挂堂前,备得奇药三百种,何愁药王不显灵。②

---

① 访谈对象:袁 XJ,男,60 岁,土家族,小学文化,调查时间、地点:2012 年 9 月于恩施利川。

② 朱国豪:《土家族医药》,中医古籍出版社 2006 年版,第 113 页。

这首《采药歌》十分精辟地阐述了土家人对药用植物的生态认知，他们认为根、茎、叶、花、果实采集的季节和时间不同，药效也不一样。用花入药的一般应该在花蕾即将盛开时采摘，用果实和种子入药通常在刚刚成熟时采集，此时药性是最强的；用根和根茎入药的在夏秋（农历十月左右）时采集为宜，因为这时植物的根或根茎有效成分含量较高；用树皮或根皮入药的，通常在春末夏初植物生长正旺时采集，这时植物体内浆液充沛，易剥离且疗效高；用全草入药的，大多在夏至秋初植物充分成长时采摘。土家人对药用植物采药部位和季节变化，是以药物有效成分含量最高部分为首选入药原则的。

长期的经验告诉人们：药用植物的药性与其生存环境也密切相连，一般生长在沙地的药性比生长在泥地的好，红沙地的比白沙地的好，岩上的比平地的好。湘西苏竹村土家人认为良药一般长在环境恶劣的地方，如潮湿的山沟、悬崖绝壁等，良药与毒蛇共生，"毒蛇平常排出体外的毒液被药物的根吸收，受伤后也会利用这些身边的药物进行治疗"[1]，因此采药人为了良药有时会面临生命危险。

另外，土家人采药也非常注重保护药用植物资源，他们采叶时不会一次采光，经常分多次采收。采茎则留根，采花不伤枝，采根取大留小，剥皮会分次轮剥，注意不损主根主茎。[2] 随着生产力的发展，土家人还将一些常用药物或名贵药物"变野生为家种"，如黄连、党参、厚朴等药材很早就开始了人工种植，土家人在住房前后园地里栽药养药，以备不时之需（见图2—11）。

土家族对野生植物的采集，也为人们提供了其他方面的生活资料。如人们用野生植物野麻、葛麻、芭茅的纤维等搓绳结网，纺线织布；采集芭茅包心可取皮编织麻草鞋，结实耐穿；用采来的竹木、茅草可以修房盖屋；采集野藤可以作为编织各种藤器用作生活用具；等等。

---

① 梁正海：《传统知识的传承与权力——以湘西苏竹人的医药知识为中心》，博士学位论文，中南民族大学，2010年，第57—62页。

② 彭延辉、关祥祖：《土家族医药学》，云南民族出版社1994年版，第176页。

图2—11 家养的药用植物

（摄于酉阳后溪刘中医家）

二 动物习性认知与利用

（一）野生动物

土家人常年居住在高山深谷，林木茂密，野禽兽众多，在长期与这些野生动物的和谐共处中，他们逐渐了解了许多野生动物的习性。猎谚云："狐走山腰狼走沟，野鸡常走路边头，老虎住岩山，豹子走荒草，野猪居密林，土猪进洞口。"土家人通过长期经验的积累掌握了不同动物的活动空间。人们在长期的狩猎活动中积累了丰富的经验，如"打虎要胆，打猪要转，打鹿等坳，打鲮（穿山甲）挖眼"，"脚迹新，快撵莫消停；脚迹老，肉走了"，"横打野猪直打虎"，"出现窝的野物安倒壕，乱跑的野物安顺壕"，"山上打野猪，事前看退路"，等等。在狩猎活动中，查脚迹的人可以根据猎物的脚迹辨识猎物行走的方向，还可以根据猎物留下的粪便准确地判断野猪的大小及雄雌。土家人针对不同野生动物制作了各种不同的猎用器械，如针对凶猛暴烈野兽制作的"千斤闸"，捕鸟的套子，可以捕获野猫、狐狸、刺猪、田棒头等动物的土夹子、长矛、牛角叉等，同时土枪、土炸弹、弩、陷阱也是土家人经常使用的狩猎工具。

聪明的土家人还利用野生动物习性总结了一些智取它们的方法。打"媚子"——利用异性求偶的生物本能诱杀猎物，在众多猎俗中堪称一绝。"媚子"是经过人工驯化后的可以施展"美人计"的"美丽山鸡"。捕猎时，猎人朝着雄鸡叫唤的方向抛出媚子，媚子拍打翅膀放出信号，雄鸡收到信号后立即追来，猎人迅速将食物轻轻嚼碎撒在地上，媚子听到嚼食声，闻声折返身子坠落在猎人身边觅食，此时雄鸡就追赶过来正好落入猎人事先安置好的绳套中（见图2—12）。土家人捕捉石蛙的方法也很别致。石蛙肉鲜汤美，营养丰富，是山味中的珍品，但其性极机警又善跳跃，闻声即入深潭岩板内。不过此物与蛇类为天敌，见蛇即用前两爪紧紧箍住它的七寸颈不放，最终导致同时毙命（因石蛙紧紧箍着不放，蛇窒息而死，但石蛙仍不放，久而久之，石蛙亦死）。人们掌握了石蛙这个特殊习惯，便用一根棍子剥去树皮，上面画成蛇皮形状，插入深潭的石缝中，石蛙误以为是蛇，从石板底跳跃而出，紧紧用前爪箍着这根木棍不放，人们利用这一时机，毫不费力地把石蛙捉住。[①] 土家人还有捞虾之习，他们在长期的实践中认识到虾子喜欢在有柏树叶的水草间生活（因柏树叶有一种特殊的香味，放入水中因其叶细更显清幽），土家人便经常在虾壕里放一把柏树枝和草，每次可捞到半碗虾子。

图2—12　驯养的竹鸡"媚子"及绳套

（摄制于永顺双凤村）

（二）家禽家畜

土家人有饲养家畜家禽的传统。在从事农业、林业生产的同时，凡是有条件的农户，都要饲养猪、牛、羊、鸡、鸭等家畜家禽。对于这些家养动物，土家人也有一套独特的认知体系。

土家人对这些家畜家禽的认知首先体现在他们的购买经验中。他们在

① 彭英明：《土家族文化通志新编》，民族出版社2001年版，第24—26页。

购买耕牛时把握三个原则：一是看牛的长相和身份。二是看牛的毛发的粗糙度和皮毛油性度。毛发粗糙的力气大，适于犁田；毛发细的力气不大，犁田不行；毛发粗糙、油性度也高的牛更好。三是看牛嘴的天平，根据天平上的轮线可以判断牛的寿命长短，轮线全且多的，寿命就长，轮线少的，寿命就短。[①] 买猪时他们能通过观察猪皮松紧和肤色来判断猪的长势。如果猪皮肤松且肤色又白，认为它肯定易长也长得大；如果这猪皮紧肤色又带黑色，肯定长不大。购买小鸡时他们希望雄雌各占一半，母鸡虽然长得慢但可以生蛋，公鸡长势快可以吃肉，如何辨认小鸡的雄雌，土家人也有一套经验：

> 我们一般有三个标准：一是可以抓住小鸡的双脚倒悬空中，头向上钩、身子往上使劲的是母鸡；头向前平伸，两翅张开不乱扑的是公鸡。二是看脚印。地上撒灰，让小鸡走过去。雌鸡鸡爪的箭头方向是左右交叉的，而公鸡鸡爪是直线的。三是看肛门。肛门里有米粒大一个小疙瘩的是公鸡；没有小疙瘩的是母鸡。我们习惯把这三者联合起来判断，一般很少出差错的。[②]

　　土家人对家畜家禽的认知还体现在他们独特的喂养方式上。以养猪为例，历史上土家人养猪大多采取放牧的方式，村民将猪白天野放在外，晚上回家栖息。据《湘西土家族苗族自治州龙山县草果社调查报告》记载，1958 年草果村"社内的猪牛（分散饲养），均由小孩或妇女放牧"。[③] 由于武陵山区山多田少，在过去落后的生产力条件下，土家人不可能生产充足的谷物，生活还在相当程度上依靠渔猎和采集，要以农副产品喂养牲畜更为困难。而猪在外放牧抵抗力较强，各种疫病也较少发生。土家人将猪与牛、羊一起进行放养，由于山羊主要吃树叶，牛主要吃青草，而猪主要

---

　　① 翟师节：《土家族传统知识及其传承与保护研究——以湘西龙山县苏竹村为例》，硕士学位论文，中南民族大学，2011 年。

　　② 访谈对象：杨 XJ，男，60 岁，土家族，小学文化，调查时间、地点：2012 年 9 月于恩施利川。

　　③ 中国科学院民族研究所湖南少数民族社会历史调查组：《湘西土家族苗族自治州龙山县草果社调查报告》，1964 年，第 24 页。

吃块茎植物，不同的取食方式有利于合理利用植物资源且不会对生态造成破坏。① 土家人养牛主要为农耕所需，在平坝地区水源较好的地方多养水牛，山高坡陡的地方多养黄牛，黄牛一般是"春放阳坡，夏放阴坡，秋冬敞开放牧，严冬圈养"。

土家人稻田养鱼、养鸭更富有特色，这也是南方很多少数民族普遍采用的一种养殖方式。湖南永顺县西南、东南部的镇溪、抚志等地历来有稻田养鱼习惯，主要放养鲤鱼和鲫鱼，据统计，永顺镇溪乡全乡 643 户，1988 年 580 户稻田养鱼 800 来亩，产鲜鱼 1.35 万公斤。② 土家人将鱼鸭的放养与水稻生产季节紧密配合，实现了几方共赢，永顺县农业局办公室主任李 B 介绍说：

> 我们县稻田养鱼、养鸭在颗砂乡、抚志、高坪、塔卧镇非常普遍，因为这一带水源比较缺乏，没有溪河可以放养，所以长期以来他们就一直在水稻田里养，这样也有很多好处的：一方面，鱼和鸭可以采食稻田内的杂草及昆虫，可以起到中耕除草除虫的作用；另一方面，鱼和鸭采食后排的粪便又是一种优质有机肥料，有利于水稻生长。稻田施加的畜粪或沼气池肥渣对养鱼也有利。不过打农药时注意对鱼鸭影响大的农药如虫菊酯类不能打，施放草木灰时最好一丘田分两次进行。另外，养鱼、养鸭也要注意季节，一般来说在秧苗很小的时候不能放，在后期抽穗扬花的时候也不能放。③

由此可见，土家人通过长期对鱼、鸭习性及水稻生长周期的认知，灵活安排、合理喂养，在取得水稻丰收的同时也养殖了鱼鸭，克服了当地没有溪河水源的重大难题，在一定程度上满足了自己的生活所需。

土家人通过长期的经验积累选择了一批适合山区饲养的畜禽品种。"湘西黄牛"是明朝初期就已在湘西各地为农民广泛饲养，这种牛体形高

---

① 姜爱、刘伦文：《人地关系与土家族生计变迁六十年——湘西龙山县草果村的再研究》，《西南民族大学学报》（人文社会科学版）2013 年第 3 期。

② 《永顺县志》编纂委员会：《永顺县志》，湖南出版社 1995 年版，第 284—285 页。

③ 2012 年 10 月 22 日调查于湘西永顺农业局。

大，耐热、耐寒、耐湿，抗病力强，春季复膘快，热天不用滚澡，能适应低山、二高山和高山的不同气候环境。它反应灵敏，不怕山坡岩陡，哪里都可以去，役力强，役龄长，一般役龄可达 16 年。[①] 恩施白山羊主要分布在高山，体质强健，行动灵活，善于攀登，适应性强，尤其是上秋膘能力强，肉用价值高，板皮坚韧、柔软，强性好，抗力强，厚薄均匀，是非常有发展前途的板皮羊种。[②] 黑猪也是土家族地区广泛饲养的品种，这种猪属于肉脂兼用型地方品种，适应性强，耐粗饲，繁殖快，肉质较好，中小型猪的后腿皮薄肉嫩，脚杆细，加工成的火腿质量优良。如今，随着杂交品种及外地品种的大量传入，土家人仍然没有放弃这些传统的地方品种。

第四节 朴素的传统生态系统认知

生态学理论认为在一定时间内，生物与环境、生物与生物之间相互适应并维持着一种协调状态，任何生态系统中作为生物赖以生存的各种环境资源，在质量、数量、空间、时间等方面，都有一定的限度，不能无限制地供给。武陵山区土家人在长期的生产实践中对自然生态系统也有一些模糊认知，他们在采伐森林、捕鱼、狩猎和采集等方面注意"用""养"结合，不超过各种资源可持续利用的产量，农业生产中因地因时制宜实行差异种植。

一 因时因地制宜

土家人世居高山深谷，他们深知农业生产与农时的密切关系，民间谚语云:"节气误一天，产量减一半"，"种是金，土是银，错过季节无处寻"。流传于乌江中游地区的《种田歌》独具特色，它生动阐释了土家人不违农时的辛苦生活:

---

① 《湘西土家族苗族自治州概况》编写组:《湘西土家族苗族自治州概况》，湖南人民出版社 1985 年版，第 85—87 页。

② 《鄂西土家族苗族自治州概况》编写组:《鄂西土家族苗族自治州概况》，湖北人民出版社 1990 年版，第 93—94 页。

正月种田立了春，锄头撮箕不离身。

铲草砌坎捶田埂，田不漏水保收成。

二月种田惊蛰天，扛起犁耙去耕田。

娃儿上山割牛草，农家大小不得闲。

三月种田是清明，大山草木满山青。

千般都宜早栽种，错过季节无收成。

四月种田四月八，小满急忙把秧插。

芒种时节早栽种，农家才有好庄稼。

五月种田把秧薅，勤薅勤施育壮苗。

土中庄稼要管好，勤耕苦种莫辞劳。

六月种田炎热天，汗水淋淋挂两边，

不怕大阳当头照，滴滴汗珠为丰年。

七月种田交了秋，田中作物渐成熟。

农家只望天气好，一家老小忙秋收。

八月种田稻谷黄，精收细打收进仓。

晒干扬净留种子，还要准备上公粮。

九月种田九月间，秋耕秋种不得闲，

桐籽菜籽也要捡，还要翻犁泡冬田。

十月种田小阳春，为了来年割秧青，

田中撒满秧青草，田肥才有好收成。

冬月种田立了冬，家中有粮心不空，

柴火煤炭准备点，老小家中好过冬。

腊月种田得一年，家家户户喜团圆，

全家老小平安过，钱多钱少也过年。①

由于武陵山区高坡田多，雷公田多，土家人更加注重抢时抢耕。欢乐的新春结束后，一年紧张的农事活动也就开始了。正二月挖土整田、拌和肥料，然后犁田打水、播种育秧。小满、芒种到来后，土家人"春争日"

---

① 李良品、彭福荣：《乌江流域口承文学研究与集成》，中国戏剧出版社 2011 年版，第227—228 页。

"夏争时",分秒必争地抛粮下种。插秧的季节性也是很强的,俗话说,"栽秧栽得嫩,犹如上道粪","秧过小满十日插,十日不插一场空",过了季节栽下去就没有用了。每当鸡啼三更、月在中天的半夜,土家人就起床开始插秧,晚上月落后还有打着火把插秧的人。在春播春插农事繁忙紧张之际,还要及时收割冬种的大麦、小麦、豌豆、油菜及其他作物,土家人一天当作两天用。插秧后,眼看地里杂草与庄稼丛生,锄草任务尤其紧迫。为了把杂草铲除干净,让庄稼苗壮成长,把握季节也很重要。七月、八月、九月又到了紧张的秋收季节,土家人叫作"抢宝时月",如果不及时收割,不但会减少产量,而且会影响质量,"早打谷子一包浆,迟打谷子一包糠"。从立秋、白露到秋分期间,田里的稻谷、山地里的山粮,要颗颗粒粒收回家里。粮食进仓后,九月寒露要摘茶籽,霜降要捡桐籽,都必须按时收割。在长期的生产生活中,土家人还认识到不同作物应该在适当的时刻耕种,如"立冬早,大雪迟,小雪种洋芋正当时","寒露前后,好种豌豆","要种四季豆,莫落清明后","麦黄种豆,豆黄种麦"[1],等等。

　　武陵山区地形地貌多样,土家人在长期的农事活动实践中也渐渐懂得了因气候、水源、坡度、土壤等不同而进行差异耕种的道理。民国《沿河县志》的《农宜歌》云:"山地肥者宜诸豆,水田种稻可倍蓰,高山苞谷甚适宜,新垦之田宜小米,湿地宜稗松宜荞,麦类瘠地亦宜子。"[2] 在这首歌谣中,土家人根据长期经验认识到豆类、水稻、苞谷、小米、荞、麦的种植必须选择适宜的田土,具体而言,他们主要依据四种标准:一是不同海拔地带种植不同作物。高山地带冬季长,夏季短,日照不足,主要是种植药材如黄连、党参、当归等。二高山地区温和湿润,春迟秋早,云多雾浓,雨多湿重,适宜茶、麻、烟等特产作物的生长,也是玉米、洋芋(马铃薯)、油菜的主产区。低山区温暖多雨、四季分明,日照充足、无霜期长,水利条件好,适合水稻、小麦、红苕、油菜、柑橘、苎麻的生

---

　　① 鄂西土家族苗族自治州民族事务委员会:《鄂西谚语集》,四川民族出版社1993年版,第577—628页。

　　② 沿河土家族自治县民族宗教事务局:《沿河土家族自治县民族志》,贵州民族出版社2007年版,第112页。

长。二是不同土质种植不同作物。土家人选择沙质土种芝麻、花生，良田沃土种甘蔗、甜菜、西瓜，贫瘠山坡地种小米、苞谷等。三是因水源、离住房远近不同种植不同作物。住房附近的田土多以蔬菜为主，方便食用和管理，可以经常除草灭虫；离住房较远的水田多以水稻为主，旱土则多有间作的习惯，一般是在种苞谷、高粱等高秆作物时，同时种绿豆等，部分土地还实行粮林间作。四是以田土是否为新开而种植不同作物。新开荒土，尤宜种植草烟与辣椒，后来改成梯土可以种植玉米、黄豆等，几年后即栽种油桐树、油茶树，在桐茶林里，实行粮林间作。

除了因地选择不同农作物品种以外，土家人种植不同土地选择的种植技术也不尽相同。土家谚语云："坡田种齐坡，平田种上角"，"低山湿种田，高山旱丰收"，"旱田脚不停，水田手要勤"，"甘蔗田要平，洋芋田要松"，"肥田栽稀，瘦田栽密"[①]，等等。林业生产一般也实行分区域发展，"山上松柏戴帽，山腰桐、漆、茶、果，房前屋后栽桑养竹"[②]，这种传统种植方式既考虑了树木对于不同地带气候的适应性，又考虑了植树造林的经济性及人们的需求，有利于人与自然的和谐。

二 "用"与"养"相结合的平衡生态认知

武陵山区的土家人常年生活在大山之中，靠山地提供食物，靠山地而生存发展，他们根据千百年来的经验认识到：要"靠山""吃山"必须"养山""保山"。在长期的生产生活中，他们注重"保护山的地力，使水土与养分不致流失；保护山的植被，使之不被破坏；保护山上的物种，使之不致消亡"[③]，非常注重用养结合。如关于油桐，湘西土家人就有"一年不垦桐山荒，二年不垦叶子黄，三年不垦减产量，四年不垦树死亡"和"冬春深垦，夏秋浅锄"的"吃山养山"等经营管理经验。[④] 某些政

---

① 鄂西土家族苗族自治州民族事务委员会：《鄂西谚语集》，四川民族出版社1993年版，第246页。

② 黔江民间文学三套集成编委会编：《中国民间文学集成·黔江民间歌谣民间谚语资料集》，1987年，第280页。

③ 彭林绪：《武陵人应对气候变化的传统方式》，载尹绍亭、[日]窪田顺平《中国文化与环境》，云南人民出版社2006年版，第176—182页。

④ 中国人民政治协商会议湘西土家族苗族自治州委员会文史资料研究委员会：《湘西文史资料》第18辑，1990年，第143页。

府官员也认为种树可以致富，如清乾隆二十五年（1760 年）张天如专门颁发的告示号召群众种树，告示称："永属地方山多荒土，尽可种树，种杉树、蜡树、桐树、茶树、花椒树、桑树等，数年之后可以致富。并谕告乡民挖壕防牛羊践踏，切勿坐失地利。"①

土家人采伐植物非常讲究。在与森林打交道的过程中，他们根据树木的不同用途将森林分为用材林、经济林、防护林、薪炭林和风景林五大类型，平时采伐以用材林和薪炭林为主，以生长快、蓄积量大的松、杉、柏树为主，十分讲究采伐的计划性。在不得不进行树木砍伐的时候，土家人还有一套具体的砍伐要求："砍弯留直、砍粗留细、砍密留稀、砍干留生。"这所谓的"四留"，指的是在砍伐树木时优先砍伐主干长得比较弯曲的树木，蓄留下树干相对笔直的树木；优先砍伐生长比较茂密、树干比较粗壮的树木，蓄留下树干相对细小的、生长稀疏的植株；优先砍伐已经枯死的树木，蓄留一些还有生命的树木。留下这些树木都是为了让其能继续生长成材。此外，如果仅仅是以薪炭为目的伐木的话，人们讲究"砍柴不挖蔸，割草不刨根"，他们会尽可能地留下整棵大树，只取主干上的部分枝丫，留待其继续成长。2012 年在来凤大河调查时，一位 68 岁不知名的老农给笔者讲述了他们采伐楠竹的原则：

> 在采伐竹子时，我们严格执行"五砍五不砍"，即"砍密不砍稀。砍劣不砍优，砍老竹不砍嫩竹，砍冬竹不砍春竹，砍林内竹不砍林缘竹。"同时，还要注意在冬季采伐，春夏季节严禁砍竹。因为春夏季节属于竹子生长季节，因生理代谢旺盛，伐竹会损伤竹林"元气"，而且严重影响出笋量和成竹质量。此外，采伐也不能一次过量，应保留合理株数，一般情况下，采伐量应视当年新竹量确定，采伐量不超过生长量。

2011 年在鹤峰走马调查时曾遇到一个街头卖薇菜的妇女，她讲述的

---

① 田仁利：《湘西土家族苗族自治州土家族古籍总目提要》，中央民族大学出版社 2009 年版，第 108 页。

"采薇人有四不采"也引起了笔者的注意，即四寸半以下的幼苗不采，"猫耳"散开的老苗不采，细的不采，头呈圆球形的母苗不采，这一规定在保证薇菜质量的同时也维护了当地自然资源的永续利用。这些采伐规则在土家族漫长的历史长河中代代相传，人人遵守，客观上维护了山地的生态平衡，也保证了人们的生产生活所需。

在生产生活中，有时生态破坏是不可避免的，但正是因为做到了"用养"结合，因此这种破坏程度就降到了最低。如重庆石柱黄水镇土家族乡民中间流传着"栽连必栽树，起连还山，永续轮作"的顺口溜，这就是当地土家族乡民总结种植黄连和维护生态经验的结果。由于黄连属于喜阴、喜冷、喜肥作物，生长周期长，对土壤肥质破坏力度比较大。为了谋求长远发展，人们就实行"连树联种"，即在黄连刚栽入大田时，在连棚的每个木桩旁栽种一棵树苗。等到挖走黄连后，树苗也基本上成林了，这种方法在一定程度上实现了对黄连种植地土壤品质的修复与改良，有效维持了当地的生态平衡。①

对于辛苦劳作的动物，土家人也倡导"用""养"相结合。人们生产生活中对牛的使用最多，不仅要用牛耕田、耕土，有时还用牛拉磨、拉旱碾、拖料拉岩，因此土家人在用牛的同时，养牛、护牛工作也做得非常细致。他们平时在使用耕牛时不催打，俗称"不怕千日用，单怕一时催"，担心因天气炎热，耕田耕土辛苦，一经催打，容易使牛出毛病。家家户户都专门修有牛栏，冬天注意严实防寒，夏天注意通风防暑，经常打扫牛栏，保持干净，有时夏夜还在牛栏烧粪灰以驱赶蚊虫。土家人平时也非常注意对耕牛的饲养，春夏秋三季每天早晚家里都会安排专人（多为老人或儿童）在青草地放牛，此外还要喂中午草或夜草。为了保证耕牛过冬的草料，秋收时人们将稻草背运回家，垒成高高的草堆，其他豆壳之类也都为耕牛收藏好。寒冬腊月土家人认为牛吃枯草还不够，有时还得从庄稼田里采一些绿色植物或用炸油后的油饼来喂养。

---

① 彭福荣：《重庆石柱土家族黄连文化的内涵与保护》，《内江师范学院学报》2009年第1期。

本章小结

世居武陵山区的土家人在漫长的历史长河中过着日出而作、日落而息的自然生活，他们与大自然相依相容，与大自然结下了不解之缘，促使他们形成了热爱自然、感恩自然、敬畏自然的朴素生态观。为了适应生存环境，土家人应对本地气候和地域差异时掌握了一套自身独特的生态认知体系。他们创造出一套"自然历法"，利用动植物物候特征安排农时，以自然现象的变化预测天气。他们按照自己特有的方式对植物进行命名和分类，这些规则形象、直观、实用，同样具有"具体科学"的特征。在长期的生活实践中，土家人也掌握了各种动物的生长习性，他们利用这些习性智取野生动物，合理喂养家畜、家禽，有效利用了当地的自然资源。此外，土家人对自身所处的自然生态系统也有一些模糊认知，他们在采伐森林、捕鱼、狩猎和采集等方面都注意"用""养"结合，保证各种资源的永续利用，农业生产中因地因时制宜实行差异种植。这些传统观念型生态知识都深深印刻在土家人内心深处，虽然无影又无形，但能透过他们的生产生活得以感知。

第 三 章

管理与约束：土家族传统规约型生态知识

土家人在长期的生产生活实践中积累了丰富的管理与保护生态的经验，他们通过乡规民约、信仰禁忌、风俗习惯等来规范个体和群体的行为。这些规约型生态知识的表达方式多种多样，或约定俗成，或立据为证，或竖碑警示，对维护人与自然的和谐发挥了重要作用。

第一节 强制性公约制度规束

一 山林树木保护制度

武陵山区山高林密，森林资源丰富，这是人们历来重视植树造林、保护森林的结果。土家谚语云："山区林是宝，无林富不了"，"山上多栽树，水土不下流"，他们深知森林对人类生活的重要性。为了保护森林，他们制定了不少公约来规范人们的行为。

改土归流以后，土家族区域绝大部分山林归地主、富农、自耕农所有，由业主自行管理。业主大都实行严格封山，不许他人随意上山割草、放牧和砍树。佃户烧柴、烧炭、建筑用材和家具用材等，均按契约规定执行，所需树料由业主指定砍伐。

土家族民间也十分重视养育、保护森林的工作，自古以来就制定并执行封山育林的条款，严禁破坏森林的行为。封山育林的条款是经过全村共同讨论制定的，制定得十分具体，执行也非常严格。土家族封山育林的方式一般分为"活封"和"死封"两种。活封，即按生长季节封死，不准人畜进入，但生产季节，采种采枝，采伐林木时不封。死封，即所封山林，长期不准人畜进出，只准看护人员巡逻。若有违禁，即按公约处置。① 一旦封山，便鸣锣示众，凡封山地区，一般都会插上禁牌，标明界线，公推专人看管，任何人不得违禁。如有违反者，必受处罚。处罚最轻的是鸣锣认错，手提铜锣边敲边喊："为人莫学我，快刀砍禁山。"处罚重的有罚款、罚粮、罚栽树、罚修路等，惩罚均按条款执行，村内村外，一视同仁。土家人封山禁林的规约中，除了大片的森林外，风景林、防护林、古庙林、祖墓林及井边、路边、屋边、凉亭边的大树小树，都有保护的条款，任何人不能动其一枝一叶，违者都按条款给予处理（见图3—1）。

除了封山育林外，土家人还制定了许多禁止乱伐树木与森林的条款，许多地方还立碑警示。如湖南省保靖县普戎村于清同治八年（1869）所立《悠久无疆碑》将禁止乱砍滥伐、偷盗桐茶作为乡规民约，碑文云："物产丰富而任其盗窃，则源会枯竭，培养它则续用无限，放任偷盗则贼心益肆，严禁则盗风自灭，游手好闲者往往晨行夜游实施偷盗。为蓄禁山林，村人共议，偷砍桐茶，无论亲疏罚一千五百文，奖首告四百；徇私放纵，反受其罚……"② 这一碑文有利于经济林的永续利用与保护。清道光二十八年（1848）湖南永顺大明乡民合议所立《大明示禁碑》，碑云："示禁止：青龙山庙前右两岸杂木不许砍伐；见面不报者，同罚钱八百文，以作香灯之资。"咸丰四年（1854）贵州省思南县干家山村的《干家山禁砍古树碑》云："此二树爱我先祖留种至今，子子孙孙勿替，前追咸丰三年七月内，有人焉，将此树窃售吴姓，载价一千二百文。……余与众族约，务须父戒其子，兄勉其弟，协为同心，互相保守。如看获窃使禁者，罚钱十千；如有贪谋财利者，罚银百两……"③ 这些乡规大多是由全村寨人共同制定和遵守的准则，全村寨不分男女老少必须户户遵守、人人执行，这对于乡民的破坏行为有着巨大的约束力。

---

① 《湖北省来凤县志》编纂委员会：《来凤县志》，湖北人民出版社1990年版，第94—96页。

② 该碑现存于湖南省保靖县普戎乡普戎村，转引自彭林绪《武陵人应对气候变化的传统方式》，《中国文化与环境》，云南人民出版社2006年版，第176—182页。

③ 彭福荣、李良品、傅小彪：《乌江流域历代碑刻选辑》，重庆出版社2007年版，第194—195页。

图3—1 土家族封山育林

（分别摄于利川福宝山、酉阳后溪）

土家族地区一些地方宗族、家族、寨老也非常重视林木保护工作，专门制定了一些族规民约。道光二十一年（1841）贵州省思南县《长乡坡顶护林碑》载："众族老幼等公议，立碑禁戒偷砍柴林、桐楂、料木等项。……约其族众等公议：自今后，不俱族内诸人，外姓四邻等。不许提刀入林伐高茨。如捕获偷砍者，将刀物执出，有捕刀钱一百二十文。如犯者，加倍赔还。又恐捕人受贿分肥，亦伏者，一并送入公庭，勿谓言之不卑矣。"① 道光年间思南长坝丁家山冯氏家族所立《冯氏族碑》云："为护蓄山林，严禁乱砍滥伐，议定：乱伐者罚，告发者奖，受贿者惩。"② 永顺双凤村在寨老的主持下专门设立了一块禁山碑，如果有家族成员破坏"公山"的行为，寨老定会对违反者严格制裁。民国时期村民彭世早在禁山里砍伐杉树一株，寨老彭耀先召集家族成员要彭世早当众认错，并要他杀猪一头请家族成员吃。有人砍伐村边岩坎上的树枝做柴火，砍柴人被彭耀先处罚修补村里的土地堂。③ 这些族规民约都具有重要的教育警示，对当地林木保护发挥过重要作用。

随着时代的发展，许多土家族村寨开始正式制定书面意义上的村规民

---

① 此碑现存于贵州省思南县杨家坳干家山村，转引自汪育江《乌江流域考察记》，贵州科技出版社2000年版，第167页。

② 国家民委古籍办编：《中国古籍总目提要·土家族卷》，中国大百科全书出版社2008年版，第74页。

③ 马翎炜：《土家族——湖南永顺县双凤村调查》，云南大学出版社2004年版，第22页。

约,同纯粹的传统民约相比具备了较高的系统性和规范性,体现了一种形式理性化的倾向,如湖南永顺双凤村为了更好地保护森林,于 2001 年特制定了《封山育林公约》,详见下文。

双凤村封山护林公约①

为了保护林业和创造良好的自然环境,经村党支部和村委会研究,交村民大会通过,报乡人民政府批准,特制定封山护林公约如下:

村境内山林全部实行禁封,严禁任何人乱砍滥伐。

本村境内禁止烧炭、挖树蔸、砍山竹和扯竹笋,不准捕捉野生动物。

严禁外村村民进入本村境内砍柴,本村村民只能到自己的责任山内捡柴,未经他人允许,不得任意超出范围。

本村风景林区内,严禁砍伐一草一木,不准捡干柴,不准放牧。

实行专人看管,群众监督举报,对违者坚决严厉处罚,视其情节,轻者处以罚款,重者依照法律进行制裁。

保护森林,人人有责,望大家自觉遵守护林条款,创造美好的环境,造福子孙后代。

双凤村党支部　双凤村村委会

二〇〇一年五月

从以上这则封山护林公约可以看出,土家族以保护森林和自然环境为宗旨,制定的封山育林条款十分具体,执行也十分严格。这些条约是村委会和党支部成员经过认真研究,并在村民大会上集体讨论通过的,具有普遍约束力。2012 年在双凤村调研中,笔者也亲眼见到了村寨屋前屋后的"禁山",村寨还专门为这些禁山挂了一圈的"全封山"保护牌(见图 3—2)。据当地村民介绍,这些山和树都是村寨公有的,任何人都不允许砍伐,甚至干材都不允许捡,村民如果要用材,可以到村寨两公里以外的自家林地里去找杂木。

---

① 参见马翀炜《土家族——湖南永顺县双凤村调查》,云南大学出版社 2004 年版,第 22—32 页。调查中笔者也确认过此事。

图 3—2　风景林禁山

（摄于永顺双凤村）

二　河流水源管理制度

水不仅是社会生产的重要自然资源，而且是重要的生活资料。由于武陵山区恶劣自然环境的限制，一些地区水资源非常匮乏，土家人对水的利用也非常重视，十分珍惜和节约用水。他们的河流水源管理制度主要表现在以下两个方面：

一是注重对饮用水源的保护。武陵山土家族地区井水干净清纯且富有各种营养元素，人们直接饮用水井之水，对水井看得很重。其水井多在村前屋后或交通要道处砌成，一般在水井上盖上石板，水井周围用石头砌坎，做成一个小柴屋的样子。为保护水井的卫生，他们在低处另辟洗菜水池和洗衣水池，不能互相混淆且定期为水井掏泥。不准在水井里洗菜、洗衣服及尿片，不能将手伸进水中洗手，不准在水井附近修建厕所、牛栏和猪圈等，逢年过节要敬水神，在水井四周烧香祭祀。如湘西州永顺县瞿家寨一般在屋前屋后或交通要道挖有水井，为保护饮水卫生，瞿氏宗族的族规家训规定，"不能下井舀水，不能在井里洗手，离井三米之内不能洗菜，更不能洗衣洗尿片，离井100米之内不能修厕所、牛栏、猪圈等，违规者，以后不能在井里挑水吃"[1]。为此，瞿家寨的水井定期进行掏洗，

---

① 瞿州莲：《浅论土家族宗族村社制在生态维护中的价值》，《中南民族大学学报》（人文社会科学版）2005年第5期。

由挑水的宗族成员自觉完成。

二是建立合理的用水制度。为了保证水资源的有效利用，土家人在长期的社会生产生活中形成了一套以水源大小为依据的分水制度。如鄂西恩施市沙地乡落都社区就一直实行这种独特的分水制度，遇到干旱或枯水季节，当地土家族就按照传统方式分配水资源：大水源灌溉面积相对较大的水田，而小水源就灌溉面积较小的水田，即特定的水源灌溉固定的水田。然后再根据田亩数量的多少来决定供水量，水源引进水田以后，按每亩每天供水 15 分钟进行轮流转换。① 这种分水制度最大限度地利用了水资源，故而成为当地一种惯例一直沿用至今。

三　野生动物适度索取制度

由于武陵山区野生动物资源异常丰富，渔猎经济一直是土家人重要的生计方式之一。为了保护和持续利用这些天然资源，土家人也一直非常注重对这些野生动物的保护，保护的野生动物包括飞禽走兽、水生动物和昆虫等，品种甚多。一方面，土家人狩猎体现了"用""养"结合的原则。他们遵循动物生长规律，一般忌打怀崽、产崽、孵卵动物，忌打正在交配的动物，对于正在哺乳的动物要"手下留情"。如土家族习惯法规定春天通常少渔猎，因为许多动物在春天下崽。秋季打猎时兽类基本上吃得肥肥胖胖，另外主要也是为了农事的需要，"驱兽毋害五谷"，可以保护庄稼；土家族习惯法还规定不准在溪河里随便用药闹鱼，要实行抓大放小、放母留公，四寸以上才可捕，强调的是适时保护、用养结合。

土家人狩猎也讲究限制性捕杀，俗话说"七月不赶麂，腊月不赶獐"，"七死、八活、九断根"②（意谓月逢七日易打死猎物，逢八日则打不着，逢九日能把猎物打断根），等等，适度控制了人们的捕杀行为。土家人在狩猎过程中对猎物、狩猎地点和范围都有明确的限制。他们通过脚趾数目对动物进行分类，凡五爪动物都不能猎取，如野猫、老虎、干狗（或称野狗）这类五爪动物就自然被排除于猎取的范围，围猎的对象主要

---

① 邓锐：《土家族文化的生态适应与出路——落都社区个案调查》，《土家族研究》2008 年特刊。

② 潘守永：《土家族"梅山菩萨"信仰的几个问题》，《民族艺术》1998 年第 1 期。

是专吃豆苗的野山羊、吃苞谷棒棒的刺猪，以及对庄稼危害最大的野猪之类的非五爪动物。① 狩猎地点也有明确限制，坟山和风景林都被严格地排除在狩猎的场域之外，不能越界赶肉，如果野兽越界只能收兵罢围。此外，无论是谁都不会下毒，也不能下毒。这是当地约定成俗的一条规矩。土家族狩猎时间的选择性和围猎场所的规定性，为野生动物的生息提供了必要的时间和场域。

四　土地资源保护与利用制度

土家族地区山多田少，土地资源相对匮乏，为了保护和有效利用这些土地，他们也采取了一系列措施：

一方面，土家人非常重视保护土地，许多地带不允许随便动土。如清乾隆四十五年（1780年）利川市《团堡武圣宫禁告碑》云：“禁告，合场以及乡村众位施主：窃闻团凸寺实通场乡村之祖山。先年取石运土，佛主不安，以致鸡不鸣辰，犬不守舍。迨至今岁，众性兴心，苦修山门，谒王所一条。合场以及乡村公议：四围不许搬石取土，后日若有私窃，佛主鉴查，男盗女娼。特告。”②

另一方面，由于土家族地区土地瘠薄，农耕生产的发展空间极为有限，因此土家人非常珍视土地，希望每一块土地都能得到合理有效利用。明代卯峒土司向那吾颁布的《广垦殖告示》规定：“本司卯峒，地处边夷，荒山虽多，而有水之地亦不少。……凡有业之家，务相其有水处，概行开垦成田；既属旱地，亦须遍勤耕种……倘有游手好闲、不思竭力垦殖以开财源者，不惟难免农官惩责，即本司亦决不宽宥。”③ 清乾隆二十五年（1760年）永顺知府张天如颁发的告示《掘壕种树示》规定：“近溪河者种杉木，背阴者种蜡树，平坦者种桐油树，多沙石者种花椒树，园角墙边或种桑养蚕，或种麻纺绩”，并谕告乡民“掘壕防牛羊践踏，切勿坐

---

① 梁正海、柏贵喜：《村落传统生态知识的多样性表达及其特点与利用——湘西土家族村落“苏竹”个案研究》，《吉首大学学报》（社会科学版）2009年第5期。

② 该碑现存于利川市团堡镇政府屋内，转引自王晓宁《恩施自治州碑刻大观》，新华出版社2004年版，第119页。

③ 向子钧、周益顺、张兴文：《来凤县民族志》，民族出版社2006年版，第257页。

失地利"①。这两则官府发布的告示一则鼓励垦殖，另一则鼓励种树（在不同地方种植不同的树），虽然内容不同，但都希望"地尽其力"，重视每一寸土地的利用。土家族民间也非常珍视土地，如湘西州永顺县瞿氏宗族的族规家训中规定："第一，在公共场地，不能乱丢死老鼠、死蛇等死动物尸体。第二，不能到人家院坝（坪场）放猪、拉屎拉尿。第三，不能往路上乱扔石头等等。"一旦发现，将处5—10元罚款或责令家长或族长教育。② 这些措施在促进土地资源的有效利用上都曾经发挥了重要作用。

土家人珍视土地，因此也珍视土地产出的成果。为了保护秋收，土家族习惯法要求在稻谷成熟期间，鸭子不能下田，牛羊不准随便放牧，猪必须归栏，鸡鸭鹅不准散放，等等。在捡摘桐茶果期间，为了采摘不发生纠纷，细摘细收，颗粒还家，土家人还特地定款议约。如永顺县在公约的条款中首先规定捡摘的统一日期：寒露三天后开始摘茶果，霜降三天后开始捡桐果。另外还根据桐茶山的多寡确定封款③、放款时间，封款期间，任何人不许在别人的桐茶山寻觅桐、茶果，待桐茶果收捡完毕后，才准许捡野桐茶。他们还推举出专门看管桐、茶籽和维护桐、茶秩序的"包头"，日夜出入于桐林、茶林之间。④

第二节　约定俗成的习俗约制

少数民族习俗是指在少数民族社会里，乡民在长期的生活与劳作过程中逐渐形成的，被用来分配乡民之间权利、义务，调整和解决他们之间的利益冲突，并且主要在一套关系网络中予以实施的地方性知识传统。⑤ 少数民族许多习俗都是代代相传、约定俗成的，对人们具有一定的约束效

---

① 国家民委古籍办编：《中国古籍总目提要·土家族卷》，中国大百科全书出版社2008年版，第74页。

② 瞿州莲：《浅论土家族宗族村社制在生态维护中的价值》，《中南民族大学学报》（人文社会科学版）2005年第5期。

③ "封款"为开始捡摘桐茶日。

④ 彭勃：《永顺土家族》，内部资料，1992年，第184页。

⑤ 梁治平：《清代习惯法：社会与国家》，中国政法大学出版社1996年版，导言部分。

力。如"草标"就代表了土家人的一种没有文字的语言。森林周围留有草标，说明这里是封山地界，山上的一草一木都要保护；粮食地界留有草标，说明此地粮食还未收净，不能进去放牧；一口池塘边插上草标，说明塘内有鱼禁止放毒……总之，草标在土家族地区是一个特殊的记号，大家都自觉遵守。

此外，土家族人生礼仪、衣食住行、传统节日等也是人们约定俗成的，大家不需要经过商议，自觉遵守，这些习俗中蕴藏着许多保护自然、与自然和谐发展的内容。

一 人生礼仪与"栽树栽竹"

土家族有一种新生儿诞生时栽喜树的习俗，人们借所栽喜树的生长来寄寓新生儿像喜树一样茁壮成长。鄂西来凤县土家人在小娃生下来不久，大人就会想着在合适的时间与地点栽树，不然小娃长不好。土家人所栽喜树中男孩多为椿树，女儿多为泡桐树，土家人对它们倍加呵护，除草、施肥、打虫等工作样样都做得非常细致，就像呵护儿女一样。这两种树适应性强，容易成活且生长较快，十五六年即可成材，此时儿女也到了嫁娶年龄，正好用这些树木做材料打造家具而不至于破坏生态。鄂西咸丰黄金洞一带农户家中添男孩栽漆树 30 株，添女孩种茶籽 30 兜，所得收入也是积攒起来做婚嫁费用。土家族部分地区还流行"种 18 杉"，他们认为杉树是吉祥树，大树砍后还能生若干小树，象征生命生生不息，故自古以来就有种杉的习俗，一般要为孩子种 100 株杉，等到孩子 18 岁后再使用。土家族部分地区还盛行"生个姑娘栽棵牡丹"的习俗，这种习俗是有来历的：

> 相传在土家山寨里有一对夫妻四十多岁了还没有生育，两口子很着急，到处求神拜佛也不管用。有一天猎人出去打猎，看见一只鹞子抓了一只黄莺飞了过去。他手起枪响，打死了鹞子，黄莺落地就不见了。猎人在那只死鹞子身旁看到一兜盛开的牡丹花，很惊奇，就挖回家栽到门前。不久，猎人的妻子怀孕了，十个月后生下了一个漂亮的女儿，夫妻俩就给她取名叫牡丹。两口子心痛女儿，也爱牡丹花，把牡丹花服侍得花香叶茂。每年把卖牡丹的钱积聚起来，直到女儿出嫁，给她置了陪嫁。后来，土家人家每逢生了女儿，就赶紧在院坝边

上栽一棵牡丹，把每年卖牡丹的钱积聚起来用来以后给女儿做陪嫁。①

土家族婚姻仪礼中也有栽竹、栽杉的习俗。有些地区认为竹是青年男女忠贞不渝的爱情的象征，正如一首情歌所唱："翠竹同林根连根，我是山寨芭蕉树，年年换叶不换心。笋子变竹不变心，翠竹同林根连根。"土家族部分地区女子出嫁时，娘家人必须给男方家送一对连根带叶的完整小竹子。接亲的人接过竹了，回到新郎家亲手交给新郎，新郎要把这对小竹子栽在自家房屋周围的空地上。他们认为栽这对竹子是男女双方结为夫妻的证明，竹子的兴盛、繁茂寄寓着姻缘的美好。② 不少地方还流行栽"夫妻杉"，咸丰唐崖土司皇城遗址的玄武山上并排生长着两株大古杉，相传系土司王覃鼎之夫人田氏于明天启年间亲手栽植，距今 360 余年。这两棵树，一棵高 44 米，另一棵高 40 米，相距不足 7 米，被当地人称"夫妻杉"。③ "夫妻杉"已成为土家族爱情的象征，因此至今许多土家青年结婚仍沿袭栽植"夫妻杉"的风俗。

土家族地区多用土葬，历来就有在老人坟四周种树的习俗，这些树被称为"千年树"，部分地区流行种竹子。随着时光的流逝，这些树越长越繁盛，竹子越长越多，象征着后代子孙香火永存。土家人认为坟山上要树木茂密才能庇护后人，因此对于坟山的禁忌非常多，他们禁止在坟山打猎、砍树，甚至连枯死的树都不允许砍掉；禁止随便进入，以免惊扰了祖先；禁止在坟山开荒种地；等等。湘西州永顺县瞿家寨的一个人在上坟时，无意中在路边看到一棵小松树，于是就将其移植到自家祖坟旁栽种，忽略了其不远处他人的一座祖坟，结果引发了两家人的冲突，最后协商将树移回原处。④ 此外，不少地区还专门竖碑来警示他人，如清乾隆三十七年（1772 年）巴东县龚家山的《关于茔限之内墓木保护的禁示碑》，此

---

① 资料来源：新浪博客，http://blog.sina.com.cn/s/blog_696668760100mizo.html。

② 姚丹：《土家族传统文化与生态保护研究——以鄂西来凤县兴安村为例》，硕士学位论文，中南民族大学，2011 年。

③ 《恩施州志》编纂委员会编：《恩施州志》，湖北人民出版社 1998 年版，第 186 页。

④ 瞿州莲：《浅论土家族宗族村社制在生态维护中的价值》，《中南民族大学学报》（人文社会科学版）2005 年第 5 期。

碑云："来龙禁地，东抵岭顶漕边，直上南抵坎，西抵坟岭漕边，北抵山顶。口有罗围，内外树木百十余株，永不许砍伐。倘有无知砍伐者，罚百斤猪羊祭扫。"[1] 来凤县知县向正彬颁发的《祖茔禁约碑记》云："……坟山之有禁制，所以培风水、妥先灵、昌厥后也……惟此佳城，松楸籍荫。自教匪蹂躏，概等牛山。彬目击心惨者久之，意切培植。……兹特概行禁止。用勒于石，明告乡闾。嗣后倘有违者，内族则加倍处罚，外族次之，异族又次之……"这些习俗规约虽然源于"祖先崇拜"的思想，但却有效保护了坟山上的生态环境，维护了生态平衡（见图3—3）。

图3—3　永顺双凤村的坟山

（摄于永顺双凤村）

二　衣食住行与生态适应

（一）服饰

"每一个民族的服饰，既是一种符号，又是一个自成一体的符号系统。……一种民族服饰的生成，都是这个民族精神、文化发展的一部史诗。"[2] 土家族服饰与武陵山区独特的气候环境紧密相连，与土家族社会经济和文化发展历史紧密相连，它本身就是一种情感符号，汇集了土家族

---

[1]　此碑现立于巴东县茶店子镇竹园坪村龚家山的田坎中。

[2]　戴平：《中国民族服饰文化研究》，上海人民出版社2000年版，第277页。

的传统文化，蕴含着土家族的生存智慧和对美的追求。土家族服饰图案纹样大多取材于现实生活与自然界，大自然中起伏的山峰、灿烂的云霞、苍翠的树木、鲜艳的花朵、潺潺的流水及日月星辰、鸟兽虫鱼等都是土家女儿绣花的重要内容，生动体现了他们崇尚自然、热爱自然的审美情致。

土家人崇尚俭朴、经济实用，传统服饰充分体现了生态特征。一方面，土家人就地取材，自纺自织自染。土家服饰大多由自纺、自织、自染的土布缝制，当地妇女勤耕桑麻喜种棉，为土家族服饰提供了布料。土布经穿、耐用、保温性好，染料多取自本地山林生长的植物，常用的有红花、检菜、姜黄、桑叶果、栀子、蓝靛、五倍子、土红等。另一方面，土家服饰以简洁耐用为主，崇尚俭朴。《鹤峰州志》云："土家族服饰俗尚俭朴，无一切奢靡之风。"土家男女服饰无太大差异，皆大袖口、大裤脚，头上喜包青、白、黑色长帕，以朴素大方、简洁庄重为特点，以实用不浪费为原则，尽显土家族勤劳节俭的本色。土家男子喜欢将裤脚扎起，行走利落，劳作方便，生产时穿草鞋，天冷时着布筒山袜。若为狩猎和自卫，绑腿外另系"裹肚子"，不仅活动方便，还对小腿有保护作用，尤其适合山林穿梭跋涉。

鄂西土家男人过去喜穿三幅围裙，这种围裙以家机布三幅重叠做成，下端三幅平齐，上端三幅半重而上腰，腰下平行两个荷包，穿起来下半身全部遮住，而走起路来又十分方便。俗话说，"男儿三幅裙，酒席场中不丢人"，很多土家男子四季都不离三幅裙，冬天挡风保暖，夏天干活挡灰，抬捞垫肩，休息垫坐，由于它具有多功能性，土家人一直长期沿用。[①]

重庆、湘西土家族地区过去都有用白帕子包头的习俗。《保靖县志·杂识》记载：保靖"向来陋俗颇多，如白布包头，男女皆然"[②]。土家族以白布饰头之俗一是具体生活环境的影响所致，冬天可以御寒，夏天躲避强光照射，有利于应对气候潮湿及温差变化，保障人们的身体健康；二是与白虎崇拜相关，在土家人的精神世界中，白帕子代表老虎。[③] 不过随着

① 王子君、陈洪、郑子华：《巴土研究》，内部刊印，1999 年，第 195 页。
② 《保靖县志》卷十二，同治本。
③ 彭福荣、谭清宣、莫代山：《重庆世居少数民族研究》，重庆出版社 2011 年版，第456—457 页。

现代文明的冲击，土家人裹头的现象逐渐淡出了人们的视野。

土家族的鞋子种类很多，根据用途和气候的不同，主要有草鞋、布鞋、钉鞋几种，春夏秋劳作时一般穿草鞋，穿草鞋成为部分地区土家人的一种生活习俗。炎热的夏天，草鞋凉爽、轻便、不烧脚；雨天穿草鞋防滑，不容易摔倒。部分人家平时在家里也喜欢穿草鞋，他们加麻布打成布草鞋更加耐穿，冬天加棕丝打成棕草鞋保暖御寒（见图3—4）。宣恩土家族有一谜语形象地说明了草鞋的用途："少时青来老时黄（稻草），捶捶打打结成双（打草鞋），日行千里夜放干帐，可怜你狠心的儿郎，把我丢在路途上，永不回家乡（烂草鞋）。"[①] 此外，土家男子还穿"钉鞋"，亦称"钉子鞋"，一般都为皮制成，也有布制的，鞋底钉上一个个小圆形的铁钉，便于行走时防滑。这种鞋做好后要用桐油刷后晒干，反复三次，这样可以防止雨水渗透进鞋内。"钉鞋"也是土家人生产生活的需要，因为武陵山区雨水偏多，日常劳作、放牛、放羊都在山上，山区险滑，没有防滑防水的鞋子是非常不便的。

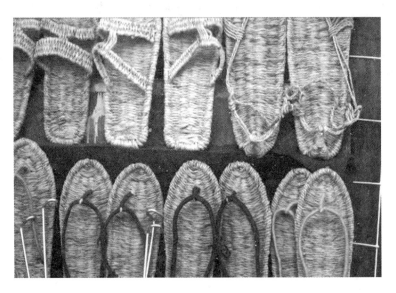

图3—4 草鞋

（摄于永顺县王村）

---

① 郭大新等：《宣恩土家族习俗》，湖北人民出版社2008年版，第34页。

（二）饮食

土家族饮食文化是长期适应武陵山区特殊的生态环境与经济条件的结果，其独特的饮食习惯与风格有利于人与自然的和谐发展，主要体现在以下几个方面：

第一，土家人多样化的取食方式有利于保护生态环境。由于武陵山区地形地貌多样，高山、二高山、低山、平坝地区所出产的粮食作物种类繁多，因此土家人除了食用稻米、麦类外，还将主产的苞谷、洋芋、红薯、荞麦、豆类等制作成食品。尹绍亭教授认为山地耕作种植的农产品要比农田耕作种植的产品丰富，因为："第一，山地交通不便，必须自给自足，所以要尽量栽种必要的农作物；第二，山地的土壤、坡度、气候等自然条件复杂多变，所有要因地制宜，根据土地条件选择栽种不同的农作物；第三，多栽几种农作物，遇上自然灾害，不至于全无收成。"[①] 这其实是土家族在品种种植选择上的一种生态智慧。聪慧能干的土家妇女将杂粮变成细粮，粗食细办，做出许多花色品种。如山地出产最多的苞谷，嫩苞谷可煮吃、可烧吃，老苞谷可以用石灰水浸泡后推磨成浆做成苞谷粑粑，也可以磨成细粉或苞米，细粉可以煮菜糊糊吃，苞米可以拌大米、洋芋一起煮吃。黄豆加工制成各类豆腐，如菜豆腐、霉豆腐、酿豆腐、血豆腐等，还可以将黄豆泡胀后磨成细浆与菜合煮，称为"合渣"，是土家族一道特色菜肴，营养丰富，老少皆宜。

此外，土家族地区住的山可以说是"万宝山"，野生动植物资源非常丰富，各种野生植物如椿芽、蕨笋、粉葛、枞菌、马齿苋、猕猴桃等随季节而生，漫山遍野，随手可采；各种野兽如野猪、麂子、锦鸡、鹌鹑、竹鸡、刺猪等应有尽有，土家人坚持适度原则，以循环可持续利用为宗旨，有限制地索取。"住山吃山"，由于可以取食的种类很多，土家人在采集和取食的过程中不会专注于某一种食物，这就减轻了对弱势动植物群体的压力，避免了因人口增长所带来的过度垦荒、过分采集等生态破坏行为，有利于生物多样性的保护和生态环境的维护。

---

① 尹绍亭：《人与森林——生态人类学视野中的刀耕火种》，云南教育出版社 2000 年版，第 288—334 页。

第二，土家人喜酸好辣的饮食风格是对武陵山区特殊气候环境的生态适应。俗谚云："三日不吃酸和辣，心里就像猫儿抓，走路脚软眼也花"，"筷子碗一端，少不得咸辣酸"。土家人在家中一般都备有几个大坛子以泡制各种酸菜，如酸白菜、酸萝卜、酸豇豆等，凡不能及时处置的荤菜如鱼、猪肉等也被土家人拌上玉米粉装入坛中进行腌制，半月后便可制成美味的酸鲊系列食品。对于辣椒食品的制作，土家族地区的方法也非常多，最常见的就是把辣椒剁碎后，加上食盐、花椒、大蒜等佐料装入陶坛中密闭保存，这样做成的酸辣子既可以作为炒菜用的辅料，也可以直接佐餐。此外，土家人还把生姜、山花椒、山胡椒、山苍子、葱、姜、蒜等作为终年常用之佐料。由于武陵山区全年空气湿度较大，泉水冷冽，岚瘴郁蒸，食用酸辣具有除湿杀菌的作用，可以温胃健脾，防止感冒、肠胃等疾病的发生。另外，土家人经常食用苞谷杂粮等粗食，配以酸辣也益于开胃。

第三，土家族一些特色饮食习惯有利于养生保健。土家人常吃鱼腥草，有利尿消炎之功；平日喜饮苞谷酒，可以解渴爽心，生津养神，驱寒健体；冬春之际，土家人无论荤素都爱做成火锅，这样可以温中元，驱寒气，起到防病延年的功效；土家人常喝的油茶汤可以提神解渴，驱热御寒；春天椿芽从树上摘下放在开水里焯熟，拌点醋凉吃，可以助消化；土家社饭也是传统药膳中的一个常用品种，由于香蒿其性苦寒，能治疗和预防伤、肿痛、痨、疟、痢、痣等多种疾病。这些饮食保健知识在无意识中增强了土家人的体质。

（三）住居

少数民族的民居建筑是适应当地特定环境的产物，如哈尼族的蘑菇房、蒙古族的蒙古包、鄂伦春族的仙人柱、彝族的土撑房等都与这些民族的生存环境相关。土家人对民居的选择也是遵循"适应"这一原则，不过历代存有一定差异。土司时，住房基址多利用山形，选择高险地方，聚族而居。土官、土司署舍多为砖瓦木石结构，而土民则只准用竹子、树枝、苞谷秆等编织房墙，覆茅草为顶，民间流传有"只许买马，不许盖瓦"的说法，如康熙年间巴东县"屋宇在县者，聚庐而处，户不过一间，皆结茅编竹为之"。① 改土归流以后，土家房舍渐变，瓦房不断增加，木

---

① （清）《巴东县志》卷二《民俗》，康熙二十二年刻本。

结构的吊脚楼也开始增多。

吊脚楼是土家族最具代表性的传统民居形式,被誉为巴楚文化的"活化石",其形式多种多样,有单调式、双吊式、四合水式等。吊脚楼最基本的特点是"正屋建在实地上,厢房除一边靠在实地上和正房相连,其余三边皆悬空,靠柱子支撑,正房和厢房上面住人,厢房下面有柱无壁,用来喂养牲畜或堆放杂物"①。吊脚楼是土家人适应当地地形与气候条件、符合生态要求的合理选择,主要原因如下:

首先,吊脚楼"占天不占地"的构架方式可以为土家人节省出大量宝贵的耕地。土家族素有"八山一水一分田"之称,在这样的地理条件下,人们为了营建自己的住宅,又不能过多地占用自己赖以生存用来种粮食的良田好土,只有将自己居住的房屋建造在斜坡山地之上,"依山而建,分台而筑"。同时,由于土家族地区平地、河谷地势低洼,湿气重,更不利于身体健康。这种房屋构架以吊脚之高低适应地形变化,可以最大限度地减少土方开掘,不须破坏地貌,保证了地表的原生态性。这种型制的房屋在结构、通风、采光、日照、占地诸多方面也都优于其他建筑型制。

其次,吊脚楼就地、就近取材,充分利用当地的自然资源。土家族的吊脚楼建筑用材主要是木、土、石和竹,铁制品极少使用。这些材料都是大山中最不缺少的东西,相对易得,且没有对运输的依赖。木料主要采用松、杉、柏、椿等树,松、杉树用得最多,椿树多作脊梁用,白蚂蚁不会蛀蚀它。由于武陵山区盛产林木,土家人又经常植树造林,树木一般在20年左右就可成材使用,因此只要合理适度使用不会对生态造成重大影响。渝东南土家族在建房时,老房子中的木料和配件要尽量移至新房,并且新建筑往往先完成主体骨架,其他维护板材陆续添置。② 这种小规模的建造方式避免了一次性对木材的大量需求,有利于维护生态平衡。

再次,吊脚楼具有满足本地生活要求的实用性。土家族吊脚楼一般采用三段式功能分布:下层主要用作畜圈或堆放杂物,虽然从现代人的卫生条件来说不够理想,但在那个虎狼成群毒蛇蜈蚣遍地爬的年代却可以让人

---

① 廖德根、冉红芳:《恩施民俗》,湖北人民出版社2013年版,第91页。

② 刘晓晖、覃琳:《土家吊脚楼的特色及其可持续发展思考——渝东南土家族地区传统民居考察》,《武汉理工大学学报》(社会科学版)2005年第4期。

与牲畜免受猛兽袭击，食物免受毒虫"污染"；中间正房部分则用于人的居住和活动，主要有堂屋、卧室和火塘间，火塘主要用于年长者取暖防寒，顺带烘烤土家腊肉或温热水；最上面阁楼部分作为粮食储藏室，一般保持通风状态，这样既可以避免粮食受到潮湿，又可随时取用。这种"下养畜、中居人、上贮粮"的安排方式提高了土家先民的生存适应能力和生活质量，并使人、财、物的安全得到保障。由于大山里雾大水气重，土家人建房一般都会刷一层桐油或生漆，既可以防虫，又可以防腐烂（见图3—5）。

图 3—5　彭家寨吊脚楼群

（摄于宣恩彭家寨）

　　由于武陵山区崇山峻岭，沟壑纵横，土家人时常会面临悬崖山洪、滑坡泥石流、岩石坍塌等危险，所以吊脚楼的选址非常重要，一般要先请风水先生架罗盘测山势，选"风水宝地"。土家先民不拘泥于汉民族坐北面南的建筑传统，他们依据自身位处大山、深沟、大江小河、小溪、山区坪坝、斜坡山麓的自然特征，再根据气流走向、山脉坪坝的阴阳、出行的方便与否、吃用水的难易程度等来确定建筑基址。① 因此，土家族吊脚楼建

---

① 张清平：《三峡乡土建筑——土家吊脚楼》，《三峡大学学报》（人文社会科学版）2010年第 3 期。

筑的朝向无一定之规，东西南北，四面八方都有，他们追寻一种和大山、大自然统一协调的意境。

（四）交通

改土归流以前，土家族地区曾有"蛮不出境，汉不入峒"的禁令。改土归流以后，束缚解除，人们有了进出自由，但由于山峦连绵，河溪纵横，道路险阻，运输艰难。为了进行对外交流、互通有无，千百年来，人们因山因水制宜，以不同的形式修路架桥，如由几根圆木搭成的"棒棒桥"和"板板桥"，石材为原料架设的石拱桥，竹木架设的"吊桥"（见图3—6）"藤索桥"，石木共建的"凉亭桥"（俗称"风雨桥"）（见图3—7），等等，形成了一道道独特的山区交通风景。据不完全统计，新中国成立初期恩施就保存着几十座凉亭桥，既方便过河，又利于行人遮风避雨和休息。

图3—6　吊桥

（摄于宣恩彭家寨）

图3—7　凉亭桥

（摄于宣恩彭家寨）

由于出行不便，土家人出门多靠步行，运输全凭肩挑背驮。据《湖北省第七区年鉴》载："因地属山区，交通素称不便，近虽修筑公路，但平民利用也极少。盖水不能行舟，陆不能行车也。人力负荷，少用萝担，乘人时多用滑竿，少用轿，皆因道路崎岖，担与较，不及背篓、滑竿之便也。"他们在生产生活中背负的主要工具是竹质的背篓、笤篓，木质的背桶、背架、千角叉，等等，具有取材方便、制作简单、扛搬轻便等优点，在山区崇山峻岭的羊肠山道上负重行走时可以灵活自如。土家人平时背笼（见图3—8）使用最多，粗糙的用以上山背柴，收苞谷、小米、红苕，打谷子、捡茶籽等，精致的织花编图背笼上街赶场时用以背小孩，背布匹、油盐杂货，乃至走亲戚都不离身。长阳土家族诗人习久兰在他的《背篓歌》里写道："山套山，雾压雾，猴子岩，老虎路，山是人走险峰岭，丁字打杵篾背篓，早晨背出晚背进，空肚背回空背篓，爹把儿子背成人，儿子把爹背下土。"① 这首诗形象说明了背篓在武陵山区的特殊用途。

　　土家族地区河流密布，水运也是当地重要的交通工具，土家人根据不同区域的水道特征设计出一些独具特色的船具。由于地处山区，河道迂回狭窄，险滩重重，深浅不一，土家人据此发明了适应于水上漂行的"豌豆角"小木船，平底无舵，两头尖，前后各安一块桡片，急流处引船放漂，浅水滩篙撑人托，到了平静的深潭，则以桡划水前进。重庆土家人在酉水河上使用"北河船"，这种船主要针对酉水行船时风浪较小，为便于首尾平衡而设计出船尾略高于船头，形制独特。② 乌江下游沿河县还有一种特色的歪屁股船（见图3—9），它是土家人根据当地地形并依据一定力学原理创造出来的。"歪屁股船"多以枫香木料做船底，红椿、柏木料做船身，中舱宽，船尾左高右低、歪斜上翘，每条船一般可载重二三十吨，这种船虽然笨重但易转弯，且非常适应乌江中下游河道大多向左拐的特点。至1958年，沿河县境内河段仍有各种歪屁股船120余艘。③

　　除船运外，在土家山林茂密地区，新中国成立前还有为运输木材出口而放木排、竹排的。土家人在白露后立春前（据说这段时间砍的树木不生虫）将山上的杉、松、竹等木料放倒，除掉树皮枝叶，晒干后选好长短比较一致的20根左右的条目放成一排，中部和尾部均用木条缆绳拴牢。到了春天河水上涨时，再将这木排或竹排推入水中，顺水流下，人站在排上掌握方向，土家人也据此掌握了许多独特的放排技术。

---

① 邓红蕾：《道教与土家族文化》，民族出版社2000年版，第163页。

② 彭福荣、谭清宣、莫代山：《重庆世居少数民族研究》，重庆出版社2011年版，第227—228页。

③ 田永红：《走进土家山寨：贵州土家族风情录》，贵州人民出版社2001年版，第27—29页。

图3—8　沿河大背篓

（沿河人大李克相主任提供）

图3—9　沿河"歪屁股船"

（沿河人大李克相主任提供）

三　节日习俗与环境保护

土家族传统节日数量众多，主要有农事生产型、宗教祭祀型、纪念型和商贸型等。这些节日活动都是千百年来流传下来的，内容丰富、形式多样，其中有许多活动都直接与生态相关，如农事生产型节日与季节气候直接相关，人们按照农事节令从事不同的农业生产，不违农时，谷雨节播种、清明节种树、小雪犁田；许多祭祀性节日都表达了对动植物、土地等的感激之意，如牛王节祭拜牛、惊蛰节给果树喂饭、二月初二过社日等，这些行为生动体现了人与自然和谐相处的生态观。此外，还有一些节日活动直接有利于环境保护和健康养生，这些内容主要体现在以下节日中：

1. 春节

土家族讲究过赶年，即从腊月二十四这天起，土家族家家户户都要对自己房前屋后的脏物进行彻底地清扫和铲除，清理箱、柜上面的尘土，除去房间内的蛛网等，即使平时很少光顾的犄角旮旯，这天也要特别认真地打扫干净。此外，还要铲除房屋周围杂草、疏通阴沟、打扫庭院和猪牛圈等地。最后将清扫出来的杂草、脏物、阳尘堆成一堆进行焚烧，并在房前屋后和猪牛圈周围撒上生石灰。腊月二十八这一天，家家都要把屋内的一切器皿、碗筷、家具桌椅洗干净。故土家民间有"过年扫院打阳尘，一年四季无鬼神；过年全家扫干净，一年四季不生病"的说法。

2. 惊蛰节

惊蛰节是农历二十四节气的第三个节气，意思是从这天开始，天气转暖，春雷震响，蛰伏在泥土中的冬眠动物将苏醒出土四处活动。由于各种各样的有毒或无毒的蚊蝇、昆虫、禽兽纷纷出世，所以土家族在头一天就要过射虫日，"画灰于地，像弓矢之形，谓之射虫"。为了使农事有个好开头，他们防虫害以保农事。① 为了防止病毒侵人和蚊虫禽兽伤人，他们还要将房前屋后、室内室外、角角落落打扫干净，撒上石灰。

3. 清明节

清明节是土家族的一个重要节日。这个时候，土家族大部分地区气候温和，草木开始萌芽生叶，农民多忙于春耕春播，农谚曰："清明谷雨雨相连，浸种耕田莫迟疑。"清明扫墓也是土家人的重要习俗，既有一家一户的单独行动，也有同姓同族集体活动。《宣恩县志》载："是日，臣民插柳叶于门，簪柳于首，回癖霉疫。"许多家庭在门前插柳以避霉疫。此外，土家人还要做"茅馅儿粑粑"，是把一种叫茅针的蒿菜嫩芽切碎，去苦水，捣烂后与腊肉丁掺和做成馅儿，然后放在糯米磨成的吊浆中包好蒸熟的粑粑。这种粑粑既是清明祭祖的供品，亲友间相互馈赠的礼品，还是一种避毒蛇的"药物"食品。②

4. 端午节

土家人农历五月初五端午节活动内容非常多，主要有：其一，采艾蒿。艾蒿味辛辣，是一种芳香化浊药物。这天土家族家家户户都要乘着露水上山扯回艾蒿洗澡浴身，以健身除病。有的家庭还把采回来的艾蒿晒干后存放起来，用于小婴儿出生后"洗三"，以防小儿皮肤病。其二，悬菖蒲。菖蒲又叫剑水草，根茎可做香料，具有提神、通窍、杀菌之功效。每逢端午，人们采集菖蒲悬于门户，以药香驱毒，以剑形祛邪。有的人户用菖蒲泡酒而饮，据说可以驱毒祛邪，延年益寿③。其三，带香包。香包多用棉织品或丝线绣制而成。土家族的香包绣制得精巧玲珑，有桃形的，有锁形的，也有葫芦形的。每逢端午大人们便给香包里装上雄黄、苍术等芬香药物，戴在小孩或年轻妇女胸前，以驱毒、散邪。其四，饮雄黄酒。雄黄为中药，有解毒杀菌的效力。酒和以雄黄，散发的气味可驱虫散污，内

---

① 宋仕平：《土家族传统制度与文化研究》，民族出版社 2005 年版，第 153—154 页。

② 萧洪恩：《土家族仪典文化哲学研究》，中央民族大学出版社 2002 年版，第 106—107 页。

③ 邓红蕾：《道教与土家族文化》，民族出版社 2000 年版，第 188—189 页。

服微量对治疮毒等症有效。农村多在屋内外洒些雄黄酒，以驱赶蜈蚣、蛇蝎等，也有涂在小孩耳、鼻、额部的，作解毒、杀虫之用，以免生疮害病。故土家医生常说："端午雄黄驱蛇虫，一年全家得安隆，百草煎汤浴了身，一年四季病不生。喝了雄黄蛇胆酒，土王保你四方走，泼上雄黄灵香水，赶邪赶毒驱魔鬼。"[①]

5. 六月六

传说农历六月初六是茅冈土司覃垕遇难的日子，他英勇抗击暴元，威武不屈，血染战袍（因覃垕战袍上绣有龙，故称龙袍）。为了纪念他，土家人家家户户"翻箱倒柜"，要将自家存放的各种衣物和书籍翻出来放在烈日下曝晒一天，这样可以驱除毒气、蛀虫及种种毒物和细菌，史载："土人晒书籍，妇女晒衣裳，谓此日晒之，终生不生虫。"有的地方还用酒肉瓜果祭祀五谷神，同时把新成熟的苞谷、蔬菜等做好，以此来祭祀祖先，请他们尝新。[②]

第三节　神秘的信仰禁忌控制

信仰禁忌是少数民族最古老、最特殊的规范形式，是早期先民对神灵崇拜的结果。在原始社会时期，由于生产力水平和人们的认识能力均极为低下，人们对变幻莫测的自然与人生现象百思不解，认为山川、河流、植物、动物等一切事物都有其神奇的能力，这些神力决定着人们的灾祸吉福，因而惶恐、敬畏，不敢触犯神灵，担心神灵报复，故而产生各种禁忌规则。这些禁忌规则通过约束与限制自己的本能行为，达到制止和预防潜在危险，维持自我生存的目的，虽然许多内容在今天看来并不科学，但在过去漫长的时间里曾经发挥过重要的生态保护作用。土家族信仰禁忌内容繁多，主要包括生产禁忌与生活禁忌两大类。

一　生产禁忌与索取节制

武陵山区土家人在长期的生产实践中形成了许多世代遵守的禁忌，这

---

① 朱国豪：《土家族医药》，中医古籍出版社 2006 年版，第 61—64 页。

② 丁世忠：《庆土家族民俗文化概论》，重庆出版集团 2006 年版，第 231 页。

些禁忌中有不少内容规定特定时间不准动土、动牲畜等，有利于限制人们的开发行为，调整人与自然的关系。土家人认为戌日不动土，凡逢戌日，不能直接从事农业生产劳动，如犁田、挖土、播种、收获等，如果不禁戌日，庄稼生长不好。逢鼠日忌播种，认为鼠日这天播种，庄稼必然遭鼠等兽虫危害。逢丑日忌用牛，立夏时和四月初八为牛王菩萨生日，也要让其休息，忌耕地。逢七忌砍竹子，认为这天砍竹子将不发竹笋子，因为"七"是不生长日。湘西龙山县人认为每年一月、四月、七月、十月的蛇日，二月、五月、八月、冬月的鸡日，三月、六月、九月、腊月的牛日，均为红煞日；满日为土瘟日，一律禁止播种。土家禁语云："下种遇红煞，种粮不归家"，种了也会没有收成。① 立春日忌挑井水，相传此日挑水会使水井枯竭或水源不旺，有的地方则认为会发生火灾。春分日忌进林，进林惊动虫子，会造成森林虫灾。立秋日不能到菜园摘菜，否则会使蔬菜生长不利，等等。这些习俗禁忌是土家人世代流传下来的经验总结，虽然有失科学，但在过去对于限制人们无节制地开发与破坏生态方面曾经发挥了重要作用。

二 生活禁忌与生态保护意识

土家族生活禁忌中有许多内容都与环境、生态密切相关，体现了人们朴素的环境保护意识，主要表现在以下几个方面。

（一）林木保护意识

土家人非常重视林木保护，村寨的风水树、神树，谁也不准砍伐，更不准任何人在祖坟附近动土伐木。谁若违禁，败了风水，触犯了神灵，就得杀猪宰羊，请巫师祝祭祷告悔罪。湘鄂西土家人严禁砍伐古树，认为古树是神树，被雷劈的古树被认为是妖精树，即使枯死也不能拿回家做柴烧、不能拿回家做建材。此外，土家人还严禁小孩玩火，禁止用利器捅火或用脚踩火，这一行为有利于森林防火。鄂西宣恩土家人要求做到"十九不"："……十五不在林区玩火，十六不砍地皮积肥、爱惜生态植被，

---

① 湖南省少数民族古籍办公室：《湖南土家族社会历史调查资料精选》，岳麓书社 2002 年版，第 270—271 页。

十七不砍果树、杉松和贵重树种……"①

(二) 动物保护意识

土家族地区的很多禁忌都有利于动物保护。七月间，青蚂蚱进屋不能打，称此是已故亲人回家，要烧纸焚香相送。年三十不准宰杀牲畜家禽，说"麻雀也有个三十夜"。月逢"甲丙两个寅，壬辰并戊申，庚申并乙卯"六日，不买卖和宰杀禽畜，谓之"忌破禽"。土家人忌食蛇，认为蛇是土家人祖先，如果有人偷食蛇肉，亦须在野外进行，否则会中毒身亡。同时还忌食猫、乌鸦、鹰等动物，认为食之不祥，必遭灾祸。② 利川土家人在住房附近发现蛇、蛙之类的动物只能赶跑，不能打死，他们认为那是祖先的化身，是回来探望子孙的。③ 他们不准在村寨周围打鸟，特别是打阳雀、布谷鸟、啄木鸟、猫头鹰、燕子等。小孩忌玩麻雀，不然玩后写字手会发抖。土家人禁用狗等五爪类动物的肉来祭神，否则便是侮辱神灵。湖北长阳土家族每年农历逢四逢六不买猪、不卖猪、不杀猪、不捉猪，俗称"四、六不出猪，四、六不入猪"，有的地方还加上亥日，因为亥日是猪的本命年。母猪生下小猪后他们在门上挂上镜子、鞋子，提醒人们不能随便进去，母猪此时比较忌生。④ 这些禁忌客观上都有利于动物保护。

土家族信仰禁忌直接源于原始"万物有灵"的宗教信仰，是土家先民借助神灵观念对人生、自然、社会诸现象的一种解释方式，是土家先民总结以往的经验对自身自觉进行的一种限制和约束。这种神秘的约制客观上有利于调整与改善人与自然的关系。

本章小结

武陵山区良好的自然生态环境与土家族长期积累的规约型生态知识是分不开的。这些规约型生态知识主要体现在三个方面:一是强制性公约制度的约束。土家族民间社会里除了有全村共同讨论订立的村规民约以外，

---

① 郭大新等:《宣恩土家族习俗》，湖北人民出版社 2008 年版，第 51 页。

② 游俊:《土家族禁忌文化研究》，《吉首大学学报》(社会科学版) 2001 年第 1 期。

③ 利川县民族志编写领导小组办公室:《利川土家族简史》，1986 年，第 145 页。

④ 王子君、陈洪、郑子华:《巴土研究》，内部刊印，1999 年，第 215 页。

地方宗族、家族、寨老也专门制定过一些族规、家规，这些强制性习惯法中涉及许多山林树木保护、水源保护、野生动物保护及土地资源保护的内容，或立据为证，或竖碑警示，对当地人具有普遍约束力。二是约定俗成的习俗约制。土家族人生礼仪、衣食住行、节日等习俗中也涉及许多生态保护和健康养生的内容，土家人在长期的生活中已形成了一种自觉。三是神秘的信仰禁忌控制。信仰禁忌是少数民族古老而又特殊的一种规范形式，是早期先民对神灵崇拜的结果。这些禁忌中有许多内容都与环境、生态密切相关，体现了人们朴素的索取节制和环境保护意识。这些规约型生态知识展现了土家人长期积累的丰富的管理与保护生态的经验，对维护人与自然的和谐发挥了重要作用。

第四章

利用与治理：土家族传统技术型生态知识

土家族在漫长的历史进程中创造了丰富的传统生态技术知识，这些知识内容丰富，涉及土家人生产、生活的方方面面。杨庭硕教授认为，要系统完整地获取一个民族的本土生态知识必须从文化适应的三个方面去透视，因此，笔者将这些传统技术型知识分为常态适应型生态技能、抗风险适应型生态技能和改造补救型生态技能三大类。

第一节　常态适应型生态技能

"常态适应"是一个民族适应所处自然与生态环境的重要方面，人们为了自身的生存和发展会合理利用和控制当地生态环境和自然资源，尽力绕开当地生态系统的脆弱环节，这些生态知识是人与自然长期磨合的结果。土家族许多传统技术是适应武陵山区特殊生态环境的结果，如刀耕火种的生产技术、间种套种与密植技术、荒山造林与林木维护技术、食物储存与选种育种技术、新修水利与引水蓄水技术等，这些技术是土家人长期生产生活经验的总结。

一　刀耕火种，轮歇恢复

刀耕火种又称烧火畬或游耕，是南方少数民族历史上普遍存在过的生产方式，土家族也不例外。《黔中记》载隋唐时施州等地的农业是"山冈砂石，不通牛犁，惟伐木烧畬以种五谷"①。清乾隆《永顺府志》云：

---

① 傅一中：《建始县志》校注，建始县档案馆，2000 年。

"山农耕种杂粮，于二三月间剃草伐木，纵火焚之，冒雨锄土撒种。熟时摘穗而归，弃其总藁。"① 刀耕火种这种原始农业经常被视为低效而又破坏生态的生产方式，但直到 20 世纪 80 年代，武陵山土家族地区仍有一些残余现象存在，究其原因主要是"这种方式是土家先民对可资利用的生态资源的一种适应性选择"②，既可以维护生态，又可以满足不断增长的人口需要。

土家族火畬田因土质的不同，耕种方式也不一样。土质肥沃、坡度不大、石头又不多的火畬地，成材树木要全部砍伐，第一年收播后，第二年再深挖，尽量刨出树蔸草根，将土翻过面来再点种其他作物，一般会连种三年，待地力耗尽后才会抛荒。如果土质稍好就会长期耕种，尽力改造成良田；如果火畬地土质瘦、坡度陡且石头多，一般只利用地表的枯枝腐叶，砍树时则要大树留桩，小树留根，以便来年继续生长，土里未烧尽的草茨根系也仍然可以发挥固定水土的功效。这种火畬地生产管理简单，村民自由自在地将作物种子撒在余灰里后，无须施肥、除草除虫，因为大火可以把草籽和虫卵烧熟，而燃烧后的草木灰本身就是肥料，足够作物生长所需；无须耕地培土，因为深耕会把草木灰埋到下面，并把土壤深处的虫卵和草籽翻上来。据湖北民族学院雷翔教授介绍：

> 土家人过去有专门从事这种畬田的工具叫砂锄，人们可以用它在地面直接戳洞而不会破坏地表，有利于减少水土流失。他们撒种也是很有讲究的，一般要趁火灰余热把种子撒进去，认为这样会"苗压草"，庄稼会比草长得好；反之如果等灰冷了或下雨后再来点时则会"草压苗"，草就会限制作物的生长。

由此可见，土家人积累了一整套从事畬田农业的技术。虽然这种耕种方式得到的作物产量不高，但以这种地理条件和极少的劳动付出而论，所得收入也并不会让土家人失望。同时，由于土地没有经过翻耕，水土流失

---

① 《永顺府志·风俗》，乾隆本。

② 梁正海、柏贵喜：《村落传统生态知识的多样性表达及其特点与利用——湘西土家族村落"苏竹"个案研究》，《吉首大学学报》（社会科学版）2009 年第 5 期。

情况也会大大减少，有利于维护当地的生态环境。

畲田所种农作物，最初主要是黍、稷、麦、菽等旱地作物，黍指黄米、稷为小米，菽则包括各种豆类，后来苞谷、洋芋种植也较多。土家人砍火畲并不是在原始森林里漫无目的地放火烧荒，而是经过了长时段的精心规划。首先，他们对火畲地的选择非常严格。风景林、用柴林、坟林是绝对不允许的，村寨附近也不允许砍火畲，以免失火；河边不能砍火畲，因为涨水会淹没庄稼。另外，火畲地杂草和茨茨要多，只有这样才能保证焚烧后的灰烬为作物生长提供足够的营养。其次，土家人烧畲时注意森林防火，烧火前要清理防火道，派专人把守，从上往下烧，火不熄灭，人不离开，以免山火越界。土家族火畲地实行轮歇休耕制度，有一年轮歇的，有两年轮歇的，轮歇时限一般五六年，有的长达七八年，主要根据土质具体状况而定。由于耕种时间不长，树根很容易复生，植被很容易恢复。这样就可以保证地力常新，山民总是有地可以种，有山林可供采集狩猎，与自然形成良性循环。

二　间作套种，密植高收

武陵山区山高坡陡、山多田少，生产条件差，土地资源异常珍贵。改土归流以后，为了满足不断增长的人口需求，提高土地利用率，土家人民逐步学会了密植、套种和间种等技术。

土家族地区传统作物种植为一年一熟，水田普遍实行冬泡（或冬闲）—春插—夏耘—秋收，一年一熟；旱土种苞谷、红苕、豆类、棉花，一年一熟，也有少量田、土实行林粮间作，单种制比较普遍。民国时期，复种扩大，稻—麦、稻—油及旱土的两熟制作物增多，苞谷间作豆类亦普遍推广。新中国成立后，土家族地区逐渐由冬泡、冬闲耕作制向轮作、复种耕作制过渡，虽然在"大跃进"时期为了高产违背当地气候条件走过一些弯路，但最后毕竟摸索出了一套适应当地的生产经验。如长阳土家族地区在农业科技部门的指导下，根据当地地形及气候特点，因地制宜，适当推迟夏粮播种期，提早秋粮播种期，玉米改夏播为春播，前后茬套种同种作物，在不同地区，分别由原来的一熟单作制改成了"小麦—玉米""小麦—红薯""马铃薯—玉米—红薯"和"小麦—水稻""油菜—水稻"

的两熟、三熟复种制。各地普遍实行精耕细作。① 恩施州建始县群众总结了一套轮作换茬经验：平田、槽田的轮作，第一年洋芋套种苞谷、黄豆，第二年大豌豆、苞谷、黄豆，第三年油菜、苞谷、黄豆，第四年洋芋、苞谷、黄豆，四年一轮换；坡田的轮作，多采用洋芋—苞谷—黄豆、麦子—红薯、大豌豆—苞谷—芒豆的方式，当地土家人认为"要得田不瘦，年年要种豆"，因此轮作中种植豆类成为他们的一种习俗。② 这种轮作方式既提高了各种作物产量，又能培肥地力。

土家族地区的林粮间作独具特色，主要有两种形式，一是在庄稼地里种农作物的同时育树苗。这种方法一方面可以为幼苗的成长提供疏松和肥沃的土壤，提高幼苗成活率并缩短成材期；另一方面也不会影响农作物的收成。二是指在林地里实行林粮套种。如可以在茶园、果园、药园里套种玉米、小麦、豆类等农作物，实现了对土地资源的充分利用（见图4—1）。湘西州龙山县草果村合作化时期采取"粮、桐、茶、杉交错"的办法，他们把荒山烧垦出来以后，第一年种上粮食，间种桐籽，第二年又在其中种上茶籽，第三年栽杉树。前三年的粮食收成不错，"桐籽三年拭花，五年成林"，三五年后，粮食产量不是很好了，而桐油却到了全盛期；再过七八年油桐树老时，油茶树又长起来了。他们用这种方法种了1787亩，桐粮结合300多亩，植柏杉林450亩，后来和合作化以前比较，桐油产量增加了一倍以上，茶油增加了两三倍。③ 这种合理利用土地的行为是与当地生态环境相适应的一种生产方式。

土家族地区的套种虽然普遍，但并不是随意的，必须根据不同作物的不同生长期、植株形态等多种因素来决定，如玉米和烟叶就不能套种，因为玉米枝上掉下的汁液会对烟叶直接造成影响。套种是一种绝妙的生产技术，它具有不少好处，一是可以有效利用土地，增加作物产量。如生活在湖北省五峰县的红烈和龙桥村的土家人在长期的农业生产实践中，利用作物生长周期的差异性采用了"烟叶套种红薯"的生产技术，利用"烟叶

---

① 李德胜：《长阳土家族自治县概况》，民族出版社1989年版，第64—65页。

② 戴凤庭：《建始县农业志》（初稿），内部资料，1988年，第145—146页。

③ 中国科学院民族研究所湖南少数民族社会历史调查组：《湘西土家族苗族自治州龙山县草果社调查报告》，1964年。

图 4—1　间作套种

（摄于利川小河桂花村）

与红薯"互换行种植，打破了当地烟草技术人员"烟叶一般不能套种其
他作物""烟叶一般不能连续多年在同一块地上重复种植"这些所谓的
"科学知识"，大大提高了土地的重复利用率。① 二是不同作物的混植有利
于防治病害。土家谚语云"轮作轮种，防病防虫"，轮作套种对于防治病
虫害具有一定疗效。宣恩农业技术人员在调查中谈道：

> 种植花生和玉米采用轮作的方式最好，因为种植花生土壤中会产
> 生根瘤菌，而根瘤菌可以起到固氮的作用，含氮量高又可以提高土壤
> 肥力，适合种植玉米。这样轮作还可以有效控制和杀灭蚜虫。②

密植也是土家族人民为了增产增收而广泛采取的一种生产技术。由于
过去还没有杂交作物等优良品种，种子密植在一定条件下可以更充分地利
用阳光，增加植株的光合作用并提高农作物产量。不过土家人的密植并不
随意，也是有一定讲究的。一方面，不是任何作物都可以密植；另一方
面，密植的"密"也有一定限度，株数多至一定程度单株收获量就会减
少。因此，农作物必须合理密植：既要保持合理的群体密度，又要给每棵
植株较充分的生长空间和条件，保证单位面积产量最高。土家人在长期的

---

① 李技文、柏贵喜：《土家族传统农业生产知识的实践内容及其现代价值——基于红烈和
龙桥两个村寨的田野调查》，《吉首大学学报》（社会科学版）2010 年第 1 期。

② 访谈对象：腾 HR，男，42 岁，大专文化，宣恩沙道农业技术人员，访谈时间：2012 年
9 月。

耕作经验积累中认识到了此种关系，希望能够在个体和群体之间取优，如来凤知县同治年间就倡导实施了《区田法》：

区田法

每田一亩，广十五岁，每步五尺，计七十五尺，每行占地一尺五寸，计分五十行。其长一十六步，每步五尺，计八十尺。每行占地一尺五寸，计分五十三行。长广相乘，得二千六百五十区，空一行，种一行，隔一区，种一区。除隔空，可种六百六十二区。区深一尺，用熟粪二升，与区土相和，布种匀复，以手按实，令土种相着。苗出时，每一寸留一根，每行十株，每区十行，留百。别制广一寸长柄小锄，锄多则糠薄，若锄之八遍，每谷一斗，得米八升。如雨泽时降，则可坐享其成。旱则浇灌，不过五六次，即可收成。结实时，锄四旁土，深壅其根。其为区，当于闲时。旋旋据下，春种大麦、豌豆，夏种粟米、高粱、穈、黍，秋种小麦……

这种"区田法"要求在保持群体密度的情况下，进行等距点播，使个体和群体在单位面积上取得统一，有效解决了个体生长和群体之间的矛盾。土家人在长期的经验中认识到密植还要因田而异，肥沃之地不可种得过稀，瘠薄之地不能过密，要合理利用土地资源。

由于武陵山区山多田少，土家人民珍惜每一寸土地，连地边地角、土坎田坎的零星散地都加以利用，如清嘉庆时期《龙山县志》云："土民善种，零星散地、田边地角、篱边沟侧、悬崖隙土，亦必广种荞、麦、苞谷、草烟、粟、菽、蔬菜、瓜果之类，寸土不使闲，惜土如金也。"[1] 如今，土家人种庄稼仍然可以"见缝插针"，他们可以在田坎上插种黄豆，在田坎上用斧头砍开一个口，然后点播种子，蒙上灰粪，如此黄豆苗生长良好，结荚累累。

三　植树造林，适地适树

土家族地区森林覆盖面广，树种资源丰富，这与人们长期重视造林、

---

① 《龙山县志》卷七《风俗志》，嘉庆版。

育林、管林工作是分不开的。俗语云"前人栽树,后人歇凉","山上多栽树,水土不下流","小时栽树,自做棺木;老来栽树,子孙盖屋",土家人一直非常重视植树造林工作。由于武陵山区大多为荒山,地形复杂、土质较差,土家人在长期的生产实践中总结了一套适宜当地的植树造林技术。在利川,笔者咨询了林业局相关部门领导、星斗山自然保护区的工作人员及一些村民,通过他们的介绍,笔者了解到一些内容:

第一,选准造林季节。土家族地区造林是分季节的,阔叶树及经济林树种集中在春、秋、冬三季栽植,针叶树集中在雨季造林。早春,天气开始回暖,土壤湿润,土温较高,此时栽植阔叶树、经济树有利于苗木生根。特别是春旱尚未来临时,蒸腾量小,易成活,因此,"春季造林宁早勿晚","先阳坡,后阴坡,先山下后山上",土壤一开冻就动手。雨季是栽植针叶树的主要季节,一般放在大雨后的连阴雨天进行,造林时间短,季节性强,抓住时机是关键。

第二,因地制宜,精选树种。土家族通过长期实践掌握了许多树种的特点,他们针对不同地形因地制宜选择不同树种。如乌桕适应性强,耐旱涝,不占耕地,不争肥料,不争季节,不争劳力,可种植于田坎、地边或岩壳地,亦可成片种植于偏坡地。桐林选择在土层较厚的缓坡地段,使其在生长发展中有充分的水、肥、热的供应。坡度过陡,土层太薄,易受干旱威胁,造成油桐生长不良、容易早衰,等等。河堤上选择种植水杉,这种树苗生长快,根须发达,固水能力强,不怕水淹,插枝条、撒种都容易成活。土家人在不同海拔地带选择不同树种(详见表4—1)。

表4—1　　　　　　　　不同海拔地带优势树种分布

海拔高度	主要树种
800 米以下	马尾松、水杉、柏类、泡桐、香椿、茶叶、榆树、重相木、枫杨、毛竹、柳树、喜树、油茶、油桐、油橄榄、桑树、柑、橘、柚、桃、李
800—1400 米	杉树、柳杉、黄山松、桦木、柏木、栎类、檫木、木荷、枫香、棕榈、板栗、山杨、银杏、樟、楠、乌桕、核桃、柿、梨、枣、杜仲、川泡桐、棕树

海拔高度	主要树种
1400—1600 米	叶松、黄山松、厚朴、山杨、马桂木、臭椿、栎、胡桃、漆树、青栲、水青㭎、桦木、水冬瓜、黄柏
1600 米以上	华山松、巴山松、大叶杨、山漆树、云杉、油松、红桦、山毛榉、栲类、高山栎

资料来源：恩施县农业区划委员会：《恩施县林业区划报告》。

此外，他们还提倡多树种混交，一是可防止病虫害的发生和蔓延；二是可充分利用生态资源，利用树木生长增加生物量。他们优先选用深根系树种与浅根系树种混交、乔木与灌木混交、阴性树种与阳性树种混交、针叶树种与阔叶树种混交等混交类型。在树种配置上，以乡土阔叶树种为主，实行多树种造林。树种搭配坚持乔灌结合，高矮结合，尽量不用或少用针叶树种。混交方式可选择带状、块状、株间混交模式。

第三，提前整地、育苗。土家族地区在 1954 年以前，一般不进行整地，造林时，挖一锄坑，丢一株苗，成活率极低。1955 年前后始行小穴垦整地法。1955 年春，又改用铁锄为用木质植树撬在整好的小穴上植苗。1960 年以后，改小穴垦整地为大穴垦整地，进一步提高了造林质量。苗木是荒山造林的物质基础，其质量好坏直接影响着荒山造林的成活率，因此土家人非常重视育苗工作，一般都把苗木放在自己的庄稼地里精心照顾。种植前 3 个月，苗木不能施肥，苗干要通直粗壮，根系发达、顶芽无损。苗木起运除在起苗过程中要做到不伤根少伤根之外，还必须做到尽量不使苗木根系风吹日晒，尽量做到随时取苗、随时栽植，把苗木体内的含水量保持在最高水平。

第四，多样化栽植方式。在造林方式上，对油桐、油茶采用直播造林，泡桐、漆树等运用埋根造林，对用材林松、杉等采用植苗造林。缓坡为梯土造林，陡坡为穴垦造林。稍大的、萌芽力强的阔叶树可以截干种植，有些树可剪去部分枝叶，减少其蒸腾面积。栽植时先在植穴中央挖一个比苗木泥头稍大稍深的栽植孔，把苗木带土轻放于栽植孔中，扶正苗木适当深栽，在苗木的四周回填细土，然后稍向上提一提苗木，使根系舒展，回满时用手把回填土压实，使苗木与原土紧密接触。继续回土至穴面，压实后再回松土呈馒头状,以减少水分蒸发。干旱时要淋水,保证成活。

俗话说"三分栽植,七分管护",树木的生长离不开抚育,抚育是促进苗木生长,提高荒山造林成活率的重要措施。土家族地区人工幼苗的抚育方法非常多,如割抚透光、穴垦松土压青、条垦松土压青、全垦松土压青和以耕代抚间作等。一般要连续抚育3年,通过浇水、除草、松土、培土、追肥、补植、病虫害防治等日常工作来保护荒山造林成果。1955年,湖北来凤县胡家坪林场运用农林间作抚育法,大面积抚育杉木幼林,既促进了苗木生长,又获得了较好的农产品收益。经4年连续抚育间作,苗木平均高4.11米,是未进行抚育间作苗木高的5倍。① 苗木成活几年后实行抚育间伐,去劣留优、去密留稀,除去多头丛株和被压林木,这样有效促进了保留林木的迅速生长。

四　精于储存,保质保鲜

土家人不仅辛勤劳作,而且对所获得的劳动果实也善于收藏,不同的粮食或食物采用不同的储存方法。这是他们对当地生态及气候环境长期认知的结果。

土家人对粮食、经济作物有一套独特的保储办法。清同治《来凤县志》云:"土人收藏甘薯,必穿土窖,欲其不露风也。收藏苞谷及杂粮,或连穗高悬崖角,于门外编竹为捆,上复以草,欲其露风也。"② 土家人住吊脚楼,储存苞谷或其他杂粮一般都是连穗高悬屋角,也有把苞谷壳剥去,倒在火坑的簸楼上用烟烘干的,这样籽粒便不会被虫蛀或化成粉。马铃薯一般在通风的竹、木楼上存放。红苕的保存非常讲究,首先红苕必须在下霜之前挖,下霜以后红苕的皮就被冻坏了,不适宜存放。由于红苕的水分大,很容易被冻,所以必须挖地洞存放。每户选择一干燥之地挖土洞,洞口不能太大(仅容人身出入),只有小洞口才能保温。要求下面大而深、上面小,就像葫芦形状。一般而言,小洞可以放千把斤,大的可放两三千斤。好一点的苕洞子不会有水分,万一有水分,村民会在洞里铺上

① 湖北省《来凤县志》编纂委员会:《来凤县志》,湖北人民出版社1990年版,第94—96页。

② 《来凤县志》卷二十八《风俗志》,同治本。

干草，干草有利于防潮。这样，洞口封好后红苕可放半年以上且能保持新鲜（见图4—2）

图4—2 红苕洞

（摄于宣恩彭家寨）

土家族地区药材种类繁多，人们在长期的生产实践中也掌握了许多行之有效的药材储存技术。药材的储藏是保证药材质量的关键，因此对于水分及虫害控制要求更高。他们把药材经过严格的过筛及干燥处理以后，主要采取以下三种养护防虫方法：一是草木灰、木炭贮藏法。土家人一般赶在梅雨季节前把经过加工处理后的药材放入缸内，在距缸口约10厘米处用透气而不漏灰的编织袋遮住药材，上铺尚有余温的草木灰或木炭，至缸口再用塑料薄膜封口，或将药材与草木灰一层层间隔存放。由于草木灰或木炭具有较强的吸湿性，可以起到防虫害和吸潮的双重保护作用。二是石灰缸贮藏法。土家人在贮药缸的底部放置适量生石灰块，把一些药材放入石灰缸中密闭贮藏。由于生石灰具有极强的吸水能力，可以使蛀虫及虫卵无法生长、孵化，石灰一般可使用一年。三是多层口袋贮藏法。它是将干燥后的药材装入白布袋（内层），扎紧袋口后套入用普通无毒塑料制成的袋子（中层），扎紧袋口后在外层再套上麻袋，紧扎袋口。利用多层口袋存放药材，药材与外界隔绝，扎紧的袋内氧气极少，可有效防止药材的霉变虫蛀。①

① 吴德成：《利川黄连志》，中国文史出版社2004年版，第201—202页。

　　土家人还非常善于储存食物,其中数猪肉的储存技术别具一格。每年冬天,土家人家家都要杀两三头猪,他们把新鲜猪肉砍成大块、洗净、抹上食盐,撒上花椒、大料等调料,放入木盆内腌制10—15天,待调料的味道渗入肉中,将肉取出吹干,然后放在火炕上用树枝熏,炕腊肉时多以青枫、土荆条、香叶树、柏枝为薪,可以增加肉的芳香。这样用慢火熏炕一两个月之后,瘦肉炕得乌红,肥肉炕得透亮。经过冷却后可以埋于稻谷中收藏,通过谷子吸收水分后,腊肉更耐贮存。这样处理的腊肉经久不腐,炎炎夏日都不会变质,剖开后肉质鲜嫩,是招待客人的上等菜。土家人在春节前还有做大糍粑的习俗,许多人家为了日后食用方便通常一次会做许多。为了防止干裂,他们就用清水浸泡着,并时时换水。为了保存更长时间,有的就用菜籽油浸泡,到来年二三月捞出食用仍然香味十足,一点也不变质(见图4—3)。[①]

图4—3　土家腊肉

(摄于来凤舍米湖)

五　排水灌水,节水巧用

　　土家人在从事农业的初期阶段,不施肥,不灌溉,收成很低。随着农

_____

① 　杨适之:《土家族大糍粑》,载《土家学刊》1997年。

业生产的发展，土家人逐步认识到排水、灌水对农业生产的重要性，开始重视兴修水利，也创造性地发明了一些灌溉工具，如水筒、桔槔、水车、鄱车等。据《来凤县志》载："来凤土田，均在山坡，长川之水下，就谿壑近水平衍之处，间用水车、筒车汲引，以资灌溉。稍高则不能引之使上也。惟岩谷之间，随地生泉，筑坝挑渠，上承下接，亦可灌田数亩及数十亩不等。"①同治《恩施县志》云："于溪流近岸处，竖木为架，缚竹为大轮，以竹筒周缚轮外，口皆向上，置流水中，水激轮行，筒载其水，转旋而上，注入木枧，由以递引入田。大约一具可灌田数十亩，较桔槔之制，尤为不劳人力。"②土家人在改土造田时就十分重视水利工程的配套，他们筑拦河坝、伴山开沟、横断处飞架木枧，把源源河水引进稻田；对一些靠天水的雷公田，也开有山水沟"牛睏塘"用以引水、蓄水。他们认为"种田不开沟，如同强盗偷""水满塘，谷满仓，塘内无水仓无粮"。

　　土家人在长期的实践中也总结出一套水田灌溉技术。1957年前，土家族地区多为自流串灌漫灌，从秧田到大田，从插秧到收获长期灌满水。1958年后，随着水利设施的改善，浅水发蔸、够苗晒田、干湿壮籽的灌溉技术逐渐为各地采用。他们育秧推行湿润秧田，秧田管水采取芽期晴天满沟水、阴天半沟水、雨天沟无水，苗期浅水勤灌，分蘖末期适时晒田。这种方法既有利于节约用水，又提高了作物产量。由于日照、土壤、气候等各方面的因素差异，同一地区的田土也存在很大区别，土家人针对这些差异实行不同的管理方式，如在利川小河乡桂花村调查时，种苗种植大户杨ZA介绍说：

　　　　我们这里的水田育苗时要求厢面一般为四尺宽，沟一尺宽，这样比较合适，厢面太窄不划算，太宽又容易柞水（莞水）死苗。不过田土有干湿之分，田间管理时干田要注意保持湿度，湿田要注意保持干度。干田可以通过往沟沟里灌水保湿，湿度田可以多开沟沟排水。适度的原则是：晴天时早晚看是润的，中午看是白的。下雨只要不柞

---

① 《来凤县志》卷二十八《风俗志》，同治本。
② 《恩施县志》卷七《风俗志》，同治本。

水（菀水）就不要紧。①

　　土家人非常重视节约用水,因此也创造性地发明了一些节水灌溉工具。恩施市沙地乡使用一种造型别致的竹筧,它是用整根竹子做成的,只是在竹子的竹节部位巧妙地挖出一个小孔,以便在灌溉过程中充当疏通水流的管道。利川市小河乡则把竹子劈成两半,用半边竹子来充当管道。这样的灌溉工具有效减少了水在输送利用过程中的流失与损耗,大大地提高了有限水源的利用率（见图4—4）。

图4—4　节水输送（摄于利川小河桂花村）

六　擅用竹木,巧于编织

　　武陵山区竹木资源丰富,勤劳的土家人就近取材,很早就练就了高超的技艺,制造出许多生产生活用具,小至桌椅瓢盆,大至吊脚楼、风雨桥、水车、磨房等,都充分体现了土家人的聪明智慧（见图4—5）。

　　首先,土家人擅长选木、用木。土家人生产生活用具中木质用具所占比例最大,如千担、羊角叉、水桶、吹火筒、甑子、柜子、桌椅等。他们根据不同的用具要求选择不同材质、不同形状的木料进行制作。《咸丰县志》载:"木属具有,惟楠木、梓木为上。楠木有两种,曰花楠,曰香楠,俱可作桌及屏风、文柜、拜匣,甚可玩。梧桐木可作琴。"② 千担、羊角叉都是土家族古老而又简单的运输工具,羊角叉需要到山林里选择呈

---

① 访谈对象:杨ZA,62岁,土家族,小学文化,访谈时间、地点:2012年8月于恩施利川。

② 《咸丰县志》卷四《食货志》,同治本。

丫形、三尺多长、刀把大的硬性的杂木树杈两根，剥去皮壳，阴干后，在丫口相交处用篾片、藤条拴牢，两个叉口中间横放一块类似扁担的杂木板，两头锯成衔口，衔住叉口木，再捆扎即可成羊角叉。千担的制作分为两种，讲究一点的，砍来碗口粗的桑木、苦楝子木之类质地坚硬的杂木，披成两块，用推刨推成扁担形，两头包上铁尖；另一种是砍一条手腕粗、六尺长的杉木，剥去皮壳，两头削尖，便于穿刺捆扎物，距尖头约两尺处留有约两寸长的叉把，在插入草捆时，可防止举起的这头往下滑。[①]

图 4—5　木制用具

（摄于宣恩彭家寨）

其次，土家人擅长竹编（见图4—6）。竹编工艺的制作大致可以分为编篾类、综篾类、并合类三种。编篾类织品主要有筐、箩、篓、箱和装饰品，综篾类织品主要有花篮、斗篷、背篓和小儿摇篮等，并合类主要有竹

① 田永红：《走进土家山寨：贵州土家族风情录》，贵州人民出版社2001年版，第27—29页。

桌、竹椅、躺椅、书架、竹床等。这些竹制工具大多采用本地楠竹制成，外形十分精致，是土家人民的生产生活必需品，不仅经久耐用，而且轻巧便于携带，充分适应山区的地理交通条件。

图4—6　竹制用具

(摄于宣恩彭家寨)

此外，土家族吊脚楼更是体现了土家人的高超技术与智慧。吊脚楼多采用穿斗式立体结构，不用一钉一铆，梁、柱、枋、板、椽、檩、榫，均用木材加工而成，"无斧凿之痕，无接榫之印"，造型简练流畅，一座吊脚楼就是一个木工艺术集锦。

第二节　抗风险适应型生态技能

降水的增减、升温降温的波动、病虫害的爆发、有害植物的蔓延都不是人类所欢迎的事情，但又是肯定会发生的自然事实，因而这也是民族文化必须应对的事实，为此而做出的文化适应可以称为"抗风险适应"。[①]每个民族都拥有一些防范和应对自然风险的传统知识，土家族也不例外。

一　自然灾害的防范技术

土家族世居的武陵山区地理环境恶劣，自然灾害频繁，除了有洪涝、干旱、冰雹、低温连阴雨等一般灾害性天气外，还有山体滑坡和水土流失这样的地质灾害发生，土家人在长期的生产生活中也积累了许多防范自然灾害的技术。

（一）农业气象灾害的防御与补救

处于大自然中的各种农作物受气候变化的影响很大，特别是那些与农业生产关系极为密切的灾害性天气，一直是人们研究和防御的重要课题。土家人在武陵山区长期的生产生活实践中了解各种灾害性天气发生和发展规律，对不同的灾害采取相应的防御及补救措施，在一定程度上减少了灾害给农业生产带来的损失。

一方面，土家人通过对周围万物的观察及长期经验预测天气，及时做好相应防御工作。如湘西春播花生在播种出苗至幼苗期经常处于梅雨季节，雨日多，田间湿度大，容易引起种子霉烂，此时就要提前做好开沟排水工作，亦可起垄栽培，垄宽、垄沟深一般在 40 厘米左右，沟沟相通，使雨水能够尽快流出。2012 年在来凤县马家园村调查时，笔者向一位正在给蔬菜浇水的老农详细了解了蔬菜的防冻知识：

> 访谈内容：蔬菜气候灾害防御知识
>
> 访谈对象：李 ZF，土家族，63 岁，来凤县马家园村村民

---

① 杨庭硕、田红：《本土生态知识引论》，民族出版社 2010 年版，第 74 页。

笔者：大叔您好，您在给蔬菜浇水呀？

李：是呀，你是哪里的？怎么有空走到我们这里来了哦？

笔者：我是从武汉过来的，到这里了解一点情况。您的蔬菜长得很不错哦！

李：呵呵，还过得去吧，就是要花工夫去搞啊！

笔者：您种蔬菜平时担心气候变化么？

李：那最怕霜冻啊，我们这里冬天天气冷得早，春天还有很长时间的倒春寒，对蔬菜影响很大。

笔者：那你们有没有什么办法可以防御呢？

李：我们一般在霜冻来临前会泼浇一些稀薄的粪水，这样土壤不易结冻。还可以培土，用碎土培土壅根，7—10厘米那么深比较好，这样可使土壤疏松，提高土温，又能直接保护根部。

笔者：哦，那还挺好。还有其他的吗？

李：覆盖稻草也可以的，不过不能将蔬菜全部盖住，要稀稀散放的才行。

笔者：那这些草可以一直放在上面不动么？

李：那不，天气热了以后要把这些草收掉的，不然容易把蔬菜烧坏。有些人觉得麻烦，所以只撒草木灰或一薄层谷壳灰，这样保温效果也挺好的。

笔者：那施肥对蔬菜保温有效果吗？

李：那肯定是有的，我们一般在晴天的时候将猪牛粪或土杂肥圈培在菜根处，这样可提高根部土温。现在有化肥了，追施一次磷钾肥也可以增强抗寒力，不过不能施用速效氮肥。

笔者：哦，那您办法还挺多的哦。除了这些还需要注意一些什么吗？

李：另外，做好排水工作也是很重要的。天热土地解冻后会有一些冻水，不及时排除容易导致蔬菜根部腐烂。因此在冻害来临前，我们都要开好"三沟"，保证沟沟畅通。

从以上访谈资料来看，土家人蔬菜防冻的办法主要有：浇粪法、培土法、覆盖法、撒灰法、施肥法和沥水法，这些方法简单实用，可以在一定程度上减少霜冻所带来的农业生产损失。

另一方面，土家人在灾害性天气后能及时采取补救措施。如洪涝不仅容易造成水土流失，土壤板结，还易造成杂草滋生，影响农作物的正常生长发育。因此，灾后雨止田干后，土家人就立即排涝降渍，中耕松土，做好清沟工作，降低田间水位，改善土壤通透性，增强根系活力，搞好中耕除阜松土，增温调气促根。雪灾来临后，土家人会及时给牲畜的栏圈添加稻草或秸秆并补充饲料，注意加强田间管理，等等。

（二）地质灾害的防范

除了灾害性天气外，山体滑坡和水土流失这两种地质灾害也是武陵山区经常发生的，为了防范这些灾害，土家人也有一套特有的技术：

第一，栽种防护林防风固土。土家族的水土保护意识很强。在他们看来，土地是他们赖以生存的根本，因此十分注意防护林的栽种与保护。土家族地区的防护林有防洪护堤林、防崩护坎林、防热护荫林、防寒护温林、防风护居林等，其植林品种，因地制宜，择优而植。[①] 防洪护堤林主要位于溪河两岸，树种以水柳、大槐树为主。这两种树都是落叶乔木，根须发达，盘根错节，具有很强的箍石固沙作用且向水性强，根、茎、枝、桠都喜欢向溪河一边延伸，有利于保护河堤。防崩护坎林主要植于梯田梯土高坎上，树种以"插篱笆"为主，此树株插即可以成活，根茎发达，茎须是块状，护土力量强，栽插成排可防坎土的崩垮且其枝叶茂密，树叶又可肥田。防热护荫、防寒护温、防风护居等林，主要植于房屋四周、道路两旁，凉亭、村寨口等处，冬天挡风御寒，夏天遮荫避暑。住房周围，一般不植乔木大树，多植桂花树、各种果树、竹子及其他常绿树木，使土家族的房舍掩映于翠竹绿树之中，可以美化环境、净化空气。

第二，预留水平浅草带防止水土流失。武陵山区属于水土流失的多发地带，土家人和南方许多少数民族一样，传统治理办法是预留一米到三米的水平浅草带。这样的浅草带有利于降低山坡径流的速度，截留顺坡下泄的水土，从而实现重力侵蚀严重山区水土流失的综合治理。除了防止水土流失外，这种办法还有四重好处：其一，是可以形成小片天然牧场，放养家畜家禽；其二，可以构成防火带，保护森林、农田、村庄免受火灾威

---

① 彭英明：《土家族文化通志新编》，民族出版社 2001 年版，第 14—16 页。

胁；其三，由于这样的浅草带会自然生长，因此无须额外投资维护，一经形成就可以持续生效；其四，这样的浅草带还丰富了生态构成的内容，形成多样化的生态景观，可以支持更多种类的生物生长繁殖，有利于生物多样性的维护。[1]

第三，多途径联合防止山体大滑坡。土家族地区有很多新生代流水搬运形成的松散泥石层。这种松散泥石堆积一怕上方重压，加大重力侵蚀强度，从而诱发大面积的山体滑坡；二怕下方地下水水位升高，导致基岩与泥石层之间形成滑动带，使泥石层山体更容易成片滑落。杨庭硕教授通过研究发现了土家人的独特智慧：其一，将这样的泥石层用作刀耕火种烧畬地或牧场，以便降低地表植被的自重，防止重力侵蚀强度加大，同时避免植被的根系将整个泥石层连成一体，导致成片的山体大滑坡。其二，对山谷底部的河流绝不壅塞，而是就地取材用鹅卵石构筑低半坝，引导流水绕过泥石层下缘，既避免流水切割泥石层，又巧妙地利用了流水的回流作用，将洪水季节携带的泥沙淤积在泥石层的下缘，以此提高泥石层的稳度。其三，在泥石层的上方禁止建立村庄或其他比较重的建筑物，以免加大泥石层的自重，诱发山体滑坡。其四，对那些已经松散的泥石区段，则不加维护任其自然滑落，甚至用人力促成其滑落，这样既能减轻山体自重，又可以避免泥石的突然滑落而造成灾害性后果。[2] 这些办法是土家族地方性知识独特价值的集中体现。

二　"驱鸟兽"技术

土家族地区山高林密，成群的野兽、虫鸟常常出来糟蹋庄稼，威胁人类及牲畜的生存。为了驱赶这些动物，聪明的土家人也具有自己的一套独特智慧。

其一，音乐驱赶。用音乐驱赶野兽是土家人普遍使用的一种方法。每当作物快要成熟时，野猪、猴子等动物常常会趁着夜色来偷吃，野猪一来就是十多头，一进苞谷林，拱的拱，吃的吃，个把小时就会毁掉一大片苞

---

① 罗康隆等：《发展与代价——中国少数民族发展问题研究》，民族出版社 2006 年版，第 119 页。

② 杨庭硕：《论地方性知识的生态价值》，《吉首大学学报》（社会科学版）2004 年第 7 期。

谷。为了保护庄稼，土家人常常要去地边或到树上搭一个简易草棚守夜，据《容美土司志》载：清乾隆年间，景阳、大里等地为防御鸟兽害，在"苞谷成熟时，农人多于田边高处设立一棚，若箭楼状，夜眼中看望"①。人们守夜的目的不在于把野兽置于死地，而是要把它们轰走。每到天黑时，守夜人就要烧一堆篝火，不间断地吆喝或敲打梆子，"哦——嗨啰——哦——嗨啰——"有时，他们还要带上大锣、竹筒去敲打，唱山歌。夜幕降临，梆子声、吼声和歌声常常交织在一起，非常热闹。正如一首竹枝词唱的："溪州之地黄狼多，三十六冈尽岩窟。春种秋熟都窃食，只怕土人鸣大锣。"② 为了驱赶野兽，神农架土家人还发明了一种特殊的乐器，叫作"Tong"。这种乐器做法十分简单，发声原理类似于唢呐。据当地农户介绍，这个东西在吓唬野生动物时能够发挥重要的作用，并且不管使用多长时间，这些动物都不会"免疫"。

其二，扎茅草人驱赶。土家族地区庄稼地里经常可以见到用稻草、破布、旧草帽做成的"稻草人"，这也是土家人驱赶鸟兽技术之一。关于"稻草人"，土家族还有一个美丽的传说：

> 古代土家族迁到酉水河畔三曙山下开荒种地，兴家立业。这里土地肥沃，加上人们勤劳耕作，因而庄稼长得很好，果实累累。但三曙山一带，树茂林密，野兽成群。庄稼多被野兽践踏、偷吃，人们非常焦虑。有一个名叫尊山的青年挺身而出，愿为大伙看守庄稼，于是他白天劳动，晚上就下地防守野兽，凭着他的沉着、机智和勇敢，打死了来袭的大熊、老虎、野猪、猴子等等。他身强力大，吼声如雷，手脚轻快，枪法准确，各种野兽都避而远之，再不敢出来损害庄稼了。他一生全力以赴，同野兽斗争，牺牲了爱情，没有结婚。他死后，人们为了怀念他。就仿照他的身形用稻草扎成人，立在田边地角，也能起到驱赶野兽、保护庄稼的作用。这样年复一年，世代相传，就成了

---

① 戴凤庭等：《建始县农业志（初稿）》，内部资料，1988年，第197页。

② 田永红：《走进土家山寨：贵州土家族风情录》，贵州人民出版社2001年版，第2—12页。

土家族在生产劳动中的一种习俗,也表明为群众做过好事的人。①

　　土家人做"稻草人"其实也是在对鸟兽习性认知的基础上采取的策略,他们希望让鸟兽误以为是真人站在那里,害怕而自动离开。这种策略在稻草人竖立起来的初期确实能够起到一定的驱赶效果(见图4—7)。

图4—7　驱鸟兽的"稻草人"

(摄于来凤马家园村)

　　其三,"药物"驱赶。土家人通过长期的生产实践掌握了大量"药物"驱赶技术,这些"药物"并没有毒,不会对生态造成危害。人们在大山中行走或劳作时,毒蛇是经常遇到的。为了防止毒蛇的伤害,人们往往会采取预防性措施,随身带上雄黄,毒蛇闻其味即躲得远远的。农历二月惊蛰节,大地回春,万物苏醒,各种各样有毒或无毒的蚊蝇、昆虫、禽兽纷纷出世。土家人为了防止病毒侵人和蚊虫禽兽伤人,便将房前屋后、室内室外、角角落落打扫干净,撒上石灰或草木灰。在宣恩彭家寨,过去

①　国家民委《民族问题五种丛书》编辑委员会:《中国民族问题资料·档案集成》第4辑,2005年,第590页。

人们为了驱赶蚊蝇，每年四月份就去山上采集蚊蒿，晒干后用绳子捆成一把把存放起来，夏天有蚊子的时候再把它拿出来点燃。秋收时节，人们选择顺风的坡脚或槽田的槽口，用一层干树叶、一层硫黄粉、一层青草皮，当风点火烧烟散布全田，野猪、狗獾子等野兽5天内都不敢进田危害。

此外，聪明的土家人还善于利用鸟兽的某些特殊习性采取灵活的驱赶方式。如巴东沿渡河土家人对付猴子就有一套独特的办法：

> 我们那里猴子太多，经常出来危害庄稼，很伤神。后来我们就活捉一只猴子回来，给它穿上红色衣服，把它的手绑上木棍，再把它放走。由于猴子害怕红色，其他猴子看到这个穿红色衣服的猴子后就会跑开。这只猴子由于手上绑了木棍后无法脱掉这件衣服，但又总想回到猴群，因此就会把其他猴子越赶越远。[①]

这些土家人根据自己对猴子习性的长期认知，采用给猴子"穿红衣"的办法，不仅有效驱赶了这些野兽、保护了庄稼，而且没有伤害到这些野生动物，有效实现了人与自然的和谐。

三 作物病虫害传统防治技术

武陵山区自然气候较为复杂，有利于病虫滋生，农林业生产历来受害严重，病虫害的防治是关键。现在很多种植户将病虫害的防治简单化，发现病虫害后就大剂量使用农药，结果既污染了环境又浪费了资源，农药残留还直接危害人体健康。其实病虫害防治远远不是这么简单，农田生态系统是一个有机整体，任何单一的防治措施都不能从根本上解决病虫害问题。土家人坚持以防为主、以治为辅的防治方针，通过长期的生产实践不断积累了许多应对病虫害的知识，这些知识主要包括药物防治、生物防治和人工防治三种形式。

（一）药物防治

利用农药消灭病虫害见效快、功效高，但是农药的危害性也是人所共

---

① 访谈对象：唐HY，女，56岁，土家族，巴东沿渡河人，小学文化，访谈时间、地点：2013年3月于恩施市。

见，因而如何限制农药是当前种植业的大问题。土家人根据对害虫习性的初步了解，采用撒石灰、草木灰、食盐水、药用植物等传统无毒、无残留物质可以有效提高农作物的抗性，减弱病虫害的侵害。他们用黄泥水、食盐水选种，温水浸种，桐油草木灰拌种等方法处理麦种和稻种，可以有效防治小麦黑穗病和水稻稻瘟病。很多群众还广泛采集苦楝、蓼辣、马桑、巴豆、鱼藤、除虫菊、烟梗等药用植物，这些植物也可以达到一定的除虫效果。

（二）生物防治

在自然生态系统中，许多病虫都有天敌，灵活地发现并利用强大的天敌群落，既能有效地防治病虫害又有利于保护生态环境。土家人一方面非常注重保护自然界客观存在的天敌，特别是蜘蛛、瓢虫、草蛉和蛙等；另一方面也利用人工大量繁殖或从外地引进天敌，补充自然界天敌的数量，改变本地田间群落的组成。如湖南花垣县三角岩地区 1958 年前玉米螟为害严重，群众反映"十秆九蛀，十穗九霉"。1956 年、1957 年连续两年放播广赤眼蜂，到 1960 年后广赤眼蜂在三角岩地区形成了强大的自然群落，从而使玉米螟的危害减轻到无须用药的程度。[1] 土家族地区部分植物对害虫亦有一定抑制作用，如千年桐具有对油桐橙斑白条天牛的抵制作用，用千年桐做砧木，三年桐做接穗的嫁接苗造林，可防止或降低虫卵的孵化和增大幼虫的死亡率。[2] 土家族的稻田养鸭也能起到生物防治作用。稻田为鸭群提供了广阔的饲养场地，稻田中的稻虱、蚜虫、眉肩缘盲蝽、蜘蛛、扁卷螺等害虫也成为鸭子采食的对象。

（三）人工防治

历史上，土家人遇到病虫为害则祭神许愿，祈求天护，或玩草把龙祈求龙王保佑，如同治《来凤县志》载："五六月间，雨阳不时，虫或伤稼。农人共延僧道，设坛诵经，编草为龙，从以金鼓，遍舞田间，以禳之。"[3] 随着人们认识能力的不断增强，这些手段后来逐渐被淘汰。不过，通过长期经验的积累，土家族也探索出一些行之有效的预防手段。首先，

---

① 湖南师范学院地理系编：《湖南农业地理》，湖南科学技术出版社 1981 年版，第 229 页。

② 保靖县征史修志领导小组：《保靖县志》，中国文史出版社 1990 年版，第 283 页。

③ 《来凤县志》卷二十八《风俗志》，同治本。

如俗语所云："想要来年害虫少，冬天烧去地边草""年年挖稻桩，害虫无处藏"，挖稻根、烧地边草可以有效防治水稻螟、苞叶虫的危害。其次，采取铲草皮沤粪或烧火灰做底肥，冬季深翻冻土对于杀灭越冬卵、幼虫和蛹也能起到一定防治效果，清代《鹤峰州志》载："土蚕（地老虎）蛀苞谷及烟草根，用灰粪点种则无"。再次，实行轮作栽培制，加强田间管理，注意清沟排渍，这样可以降低各种病源在土壤中的累积量。最后，实行水泡田。在利川小河乡桂花村调查时，村民杨 XJ 介绍说：

> 我们这里冬天天气冷，十月份把树苗收获后，天气已经很冷了，种其他庄稼都不行，所以我们就用水泡田。用水泡田后，第二年虫就少多了，这就好比我们喝水一样，糖本来很甜，但我们多加点水后，糖就不是很甜了；苦药加水后也就变得不苦了。这田耕种后积累了一些病虫源，用水泡过后就好多了，一般而言我们至少要泡一个月才会有效。

村民的比喻具体而形象，虽然他们不懂得泡田防虫的真正原理，但长期的实践经验证明这种传统知识是有效的。当然，针对不同作物病害防治措施也是不同的，在宣恩沙道沟调查时，该地农业技术员腾 HR 详细介绍了当地人们积累的洋芋晚疫病的防治经验：

> 一是要选用抗病品种；二是要开沟排水，水田要多开几道沟；三是要掌握施肥技术，种洋芋，先把牛粪用火土或石灰拌干，牛粪打底，火土盖皮，苗子出土后再淋浠粪；四是选地播种，坡田、当阳的会烂得少些；五是轮作，今年种这块，明年种那块比较好；六是隔年种，先年冬月上窖第二年种；七是割芜子后培蔸不烂，不割芜子的容易烂。

只有"防"也是不够的，很多病虫防不胜防，土家人最常用的人工治理措施如下：一是人工捉虫。"除虫没有巧，只要动手早"，捉虫讲究捉早、捉小、捉净，最好是清除卵块，把害虫消除在萌芽状态。二是点灯诱杀。夜晚在田边点一盏灯，灯下放一盆水，水中滴些桐油或煤油，这样一些趋光的害虫如蟥子虫、飞蛾就会掉进水中淹死。三是堆青草诱杀。利用壮龄幼虫昼伏夜出的习性，每隔3—4米，放一堆青草，每天早上揭开检查，捕杀被诱幼虫。四是在秧田或稻田插枫树叶防治稻瘟病。针对不同病虫，土家人的防治方法也不尽相同。如保靖县油桐林场彭图远总结出了一套油桐橙斑白条天牛的防治办法，即"一捉（捉成虫）、二刮（刮掉或捶死虫卵）、三堵洞（用药棉球堵塞虫孔，进行熏杀）"的防治措施。[①]

现在土家族地区大力推行使用防虫网、粘虫板、性诱剂、杀虫灯等无公害物理防治技术，从源头上进一步控制了病虫害的发生，不过传统防治技术依然具有重要价值。

四　动物疫病防治技术

土家人在长期的生产生活中积累了丰富的动物疫病防治技术，虽然过去由于文化水平低并不懂得科学防治，但传统经验也能起到良好效果。

第一，注意动物圈内的清洁与干燥。动物圈舍要求地势干燥、采光通风良好，做好夏季防暑降温、冬季防寒保温工作。圈内粪便要常清理、保持清洁，适当的时候用10%石灰水消毒，或用草木灰掺水后浇洒，同时还要经常开展灭鼠、灭蚊蝇等防疫工作。

第二，合理饲养。土家人根据家禽畜的品种、年龄、体重、体质强弱等进行分群饲养，根据各阶段的营养要求确定饲养标准，以保证家禽畜的正常发育和健康。土家人饲养小鸡以米饭为主，大鸡除了喂养苞谷、粮食以外，还让其采食青草、草籽、枯叶、虫蝇等，这样既有利于防病，又有利于节约饲料和提高肉质。他们养猪针对猪的年龄的差异喂养不同的饲料，放养和圈养方式也不同。沿河土家人养猪习惯"小月靠母，大月增粥，以粗（青粗饲料）吊架，百斤加料（精饲料）催肥"。[②]放养的多为小猪和肥猪，而母猪一般很少放养，民间俗称"要得小猪长得好，多放山上吃嫩草""小猪要在外头跑，肥猪多睡才长膘"。

第三，采集草药防治。武陵山区药用植物资源丰富，这些植物除了可

---

① 保靖县征史修志领导小组：《保靖县志》，中国文史出版社1990年版，第155页。

② 沿河土家族自治县民族宗教事务局：《沿河土家族自治县民族志》，贵州民族出版社2007年版，第118页。

以用于村民的疾病防治以外，还可以用于家畜家禽。在利川小河乡桂花村，柴胡、荆芥、紫树、黄柏、葛根、黄芪等是村民过去经常采集的药草，主要用于治疗动物的伤风感冒，他们将这些药草晒干、磨成面后冲水给动物灌服，或者直接煎水灌服。

第四，其他特殊方法防治特殊疾病。除了采用草药治疗外，土家人还有一套传统的治疗技术。如保靖县在猪发生感冒时，他们用皂夹碾成粉末吹鼻，或扎耳朵。牛羊发生"盲肚疯"（鼓胀病）则用杉木刷身。鸭发瘟采取艾叶拌少量麝香烟熏群鸭。为防止生猪饱溮症，在煮青饲料时，多揭盖，多翻，熟烂后加草木灰少许。酉阳县后溪人过去在山羊发生口疮时，他们常常先用浓茶水清洗疮部，再用"锅底灰＋桐油＋食盐"擦拭，疗效显著。土家人对鱼类疫病防治主要采取"防重于治"的方针。塘库养鱼主要改善塘库环境，在冬季捕捞后铲除周围杂草，清塘消毒，杀死有害生物。鱼出现不正常浮头（叫泛塘），表示缺氧，可用灌水排水法或用鲜菖蒲汁洒于水面。[①] 有的地方实行稻田养鱼，为了防止鱼类农药中毒，他们多用低毒农药，在施农药前滴一些桐油在稻田水面隔毒解毒，施用农药时做到下雨天不施药，大田分次施药，使鱼类有躲避农药的水域，尽量做到鱼、粮兼顾。

第三节　改造补救型生态技能

武陵山区的生态系统并不是十全十美的，其中不乏许多生态脆弱环节，土家人对这些脆弱环节有一套成熟的补救办法，有效弥补了当地自然生态的不足，其中尤以开土造田和改良土壤最为典型。

一　开土造田，治山治水

土家族地区惯称"八山一水一分田"，山多田少，坡地多、平地少，耕地资源非常有限。为了改变土地现状，使土地发挥更大的经济效益，土家人长期以来一直致力于山、水、土的治理。早在18世纪，土家族地区就出现了因地制宜的造田法，在坡地造梯田，在沼泽地还出现"木块浮

---

① 保靖县征史修志领导小组：《保靖县志》，中国文史出版社1990年版，第155页。

土造田法"。据1993年版《利川市志》载,1976年在利川城西南干担坝等处发现当地水田2米以下埋存着大量的树木,上下数层,交错平放,最长者达20余米,直径0.3—1米不等,褐色、灰色都有,有圆木,还有劈成两开、三开的木头,人工削凿痕迹明显。通过测定其时代不晚于清中叶,这一带原本为沼泽,人们用此法将其改造成稻田。①

1956年,土家族地区推行"五改",把坡改梯、旱改水放在重要位置。凡是有水源的梯土坪土,均逐步建造成梯田;在没有水源的地方,也依靠人力开发出"雷公田"。以旱地为主的鄂西巴东县,过去"农民依山为田,刀耕火种,备历艰辛,地不能任旱涝,虽丰多不能自给,小裰则粉葛根为食"。他们坚持治土,十多年时间改坡土为梯田27.8万亩。以水田为主的利川县,为了改造烂泥田,他们采取了排灌分水、消灭串灌、改造冬泡田、筑沟排除冷浸水和锈水等一系列综合治理措施,解决了冷烂田一多(水多)、二少(气少、热少)的弊端,有效地克服了水稻坐苑、迟发及稻瘟病等危害。②

梯田的开造绝非一日之功,除平整土地外,还要做好田坎,土家人利用冬闲捡来小石头,用石头将土坎砌起来(见图4—8)。土家人最注重河畔溪旁的砌坎保田工程,也积累了一些经验和技术,他们以"蓑衣岩"打基础,"插片岩"砌身,碎石填心。田坎一般二三米高,少数在五米以上,不用石灰、水泥,也能使堤坎结构紧密坚牢。③ 土家人在一层层梯田间修筑道道水沟,将森林涵养的水分引入梯田,这样既保证了农作物所需用水,又减轻了水流对坡地沙土的冲刷力。此外,山上腐烂的树叶和动物的粪便也可以顺着沟渠流入梯田,增加土地的肥力。经过常年努力,土家族地区凡是有水源的梯土、坪土、坪坝、河畔都逐步改建成为一坝坝的稻田,改变了土家人"山多田少,食以山粮为主"的状态,是土家族农业生产的一个飞跃。

---

① 吴旭:《土仓:华中山区食用植物的民族植物学研究》,复旦大学出版社2010年版,第87页。

② 《鄂西土家族苗族自治州概况》编写组:《鄂西土家族苗族自治州概况》,1990年,第85—86页。

③ 彭英明:《土家族文化通志新编》,民族出版社2001年版,第1—22页。

图 4—8　梯田作业

（摄于来凤大河天山坪）

处在高山峻岭之中，土家人深知"土里一片坡，不如一个田角角"，凡是地里能开成田的土地，他们都充分利用，"巴掌田""蓑衣田""斗笠田"在土家族地区处处可见。一些高山上的雷公田完全靠天水，春耕时节为了抢水犁田，即使午夜三更，他们也要冒雨出门。为了增强稻田蓄水抗旱能力，土家人甚至不惜"八犁八耙"。有一首流传在土家族地区的山歌唱道："半夜落雨半夜耙，牛角上头绑火把，隔得三天不下雨，水田干变八月瓜。"这正是这些雷公田犁田抢水的真实写照。

二　积肥施肥，改良土壤

土家族地区土壤土质差，农作物产量低下，化肥一直到 20 世纪 70 年代才成为当地的主要肥源。为了利用和改良土壤，土家人从多年的农事生产活动中掌握了一套农家肥的积肥、施肥技术。

（一）多途径积蓄肥源

土家族地区肥源丰富：山有山青、茅草、残枝败叶等；田有禾秆、残茬、油料作物等；村民家有人畜粪尿、草木灰、阳尘垃圾等，这些可以转化成栏粪、泔粪、灰粪、火土、饼肥、绿肥等肥源。此外，土家族地区还有大量青石、煤炭、硝土、磷灰土、腐植质等矿物质，为石灰、硝水、磷质粪或腐质酸类肥源。土家人就地取材，就地积造，多途径广蓄肥源。

1. 常年性农家肥料的积蓄

土家族历史上种庄稼实行"不粪而收"，产量极低，后来在地方官吏"劝民蓄粪"等措施的指导下，他们开始修建粪池、重视积肥的重要作用。土家人常年积蓄的肥源主要有人畜禽粪肥、草木灰和枯饼肥。

人畜禽粪肥主要由人粪尿、家禽粪便及厩肥组成。"人粪尿"主要指的是人排泄出的粪便，这是一种优质的天然肥料，由于数量有限，一般只用于浇灌菜园子里所种植的各种蔬菜。家禽粪肥以鸡、鸭粪为主，为了保持圈内干爽，人们常常会在鸡圈、鸭圈内倒入木材燃烧后所剩的炭灰，这样粪就容易清扫出来。禽类粪肥力强、数量有限，通常也用于种植姜、葱、大蒜等蔬菜类作物。厩肥是由家畜的粪尿和垫圈料的混合物堆沤腐熟后形成的，主要有猪粪、牛粪、羊粪等。土家人以养猪积肥为中心增积蓄肥，家家户户都至少喂有两三头猪，这种肥料量多、质优，俗称"当家肥""精肥"。过去土家族多住吊脚楼，畜圈一般都修在吊脚楼之下，为了改善圈内环境让牲畜休息舒适，人们常常要往圈坑中投放一些材料，如稻草、玉米秆、油菜秆、青草和各类嫩树叶等，这些材料通过长时间牲畜粪尿的浸染和践踏就会沤制成有用的农家肥。[①] 另外比较讲究的是，投放材料的量既不能太多也不能太少，丢放太多则不容易腐烂，粪肥肥力将受其影响；如果太少，猪圈会很快变稀而不利于猪的成长。厩肥主要用作各种农作物的底肥。

草木肥也是一种重要的农家肥。土家人家家生火、户户冒烟，眼勤手勤，肥料自然生。他们冬天结合取暖积肥，夏天结合驱蚊虫积肥，平日里炒菜、做饭、烧水、煮猪食等留下的草木灰也要积攒起来。古往今来，各地如此。这些草木灰是优质的复合肥，含有大量的磷、钙、镁、硫及各种微量元素，这些元素都是作物生长所必需的。土家人素有秸秆还田的习惯，他们将夏天的豌豆与洋芋、秋天的豆子与苞谷等作物的禾秆收集起来晒干后焚烧成灰（也可以加工腐烂成粪）。每年的春冬闲暇时间，人们便把田间地头的杂草树木割掉，或铲一些草皮堆成一堆并盖上一些泥土，然

---

① 柏贵喜、李技文：《认知人类学视野下的土家族农家肥知识探析——鄂西五峰土家族自治县红烈村的个案研究》，《吉首大学学报》（社会科学版）2009年第9期。

后点火烧，这样既可以防治作物虫害，又可以积肥。不过烧制中要求注意泥土要盖得合适，火不能太旺，盖得太多则不易燃烧，肥力不足；太少则烧制的数量有限。只有用小火慢慢地烧，使其所盖的泥土烧呈灰黑色，这样的草木灰土肥才最有肥效。

土家族地区的枯饼肥主要有油菜枯饼、茶油枯饼和桐油枯饼，分别是油菜籽、油茶、油桐榨油后所剩下的枯饼，肥力很强。人们在榨坊榨完油以后，都会将这些剩下的油饼小心地收集起来。枯饼肥不但肥力强，而且还不会因时间而影响肥力，就是放上几年的陈枯饼拿出来做肥料，与刚榨油出来的新菜饼相比，其肥力仍然不分上下。枯饼肥多做追肥、种肥和壮籽肥，适合种植任何作物。

2. 临时或突击型肥料的积造

土家人积肥多以家庭或分散积肥为主。如果在作物播种和培育中肥料不足，就临时积临时用，如上山捡野粪，挖磷灰土，用青草和树叶及幼嫩树枝泡浠粪，用石灰或牛粪压草皮搞堆肥，用细土和骨及硝土熬制土化肥，起塘泥，挖墙土、灶土，等等。其中塘泥肥是一种独特的造肥方法，如今土家族部分地区仍在使用。这种方法是：人们将河里涨大水冲积来的肥泥或清塘的肥泥背到地里，然后再将一些杂草沤入肥泥之中，一层肥泥一层杂草，这样堆放到2米左右使其发酵。等到种植庄稼前几天，人们就将这些肥泥抛撒在地里，然后用铧犁翻耕后即可点播各种庄稼，用这种方法种植出来的庄稼长势良好，而且不用担心肥力过重。

河泥肥

草木灰

人畜禽粪肥 用作绿肥的稻桩

图4—9 农家肥

(摄于来凤马家园村)

突击积肥主要是指在常年或临时积肥的基础上，根据山青季节和肥源，集中劳力，变闲月为忙月，大造自然绿肥。俗语云："绿肥施得饱，收成一定好。"土家人很早就认识到绿肥的重要性，绿肥与草木肥不同的是，它不需要经过焚烧，而是一种直接用作肥料的绿色植物体。绿肥按来源可分为两类：一是人工栽培绿色作物制作绿肥，主要品种有紫云英、豌豆、绿豆、绿萍等，可采取间作、混作、套作等方式，也可单独种植一季短期绿肥。如民国二十九年（1940年）《湖北省建设厅档案（农林卷）》载："鄂西唯来凤栽培羊翘花（紫芸英）极为普遍。"龙山县曾大面积试种红花草籽、兰花草籽，1972年达92931亩，为改良土壤创造了有利条件。① 二是收割绿色植物制作绿肥。《来凤县志》卷二十八载："农人于冬月，满田浸树叶，谓之压青。至春来，叶烂泥融，可以代粪。"土家人将一些绿色植物如马桑叶、枫树嫩叶、烂篱笆叶以及各种野草、嫩枝等收割来，铺在稻田里，然后翻耕过去，沤在泥里，经过一冬，杂草发酵腐化，对改变土质、增加肥力，好处很大。此外，收割后的庄稼也会重新发芽生长，这些绿色植物也成为人们天然的绿肥（见图4—9）。

土家人在积肥的同时也逐步改善蓄肥保肥的设施，实现了"家家有火炕、户户有厕所、牛有栏、猪有圈、灰粪有棚子"，蓄积起来的肥料保存得更为完好。

---

① 龙山县修志办公室：《龙山县志》，1985年，第157页。

（二）重视施肥技术

土家人非常重视施肥技术，民间素有看天、看地、看苗"三看"施肥的传统经验，他们根据不同作物选择最佳追肥期，施用不同肥料，灵活采用撒施、穴施、条施和拌种施等多种施肥方法。在田野调查中，笔者详细咨询了村民当地农作物的施肥技术，发现其中的学问还真的不少：

一是讲究因地施肥。首先，土家人施肥讲究"好粪下孬田，孬粪下好田"，在肥源有限的情况下确保每亩土地都能达到满意的收成。烂泥田以牛粪、火土、陈墙土及发热的粪为主，可以多施用石灰，而黄泥巴土则不能施用石灰。其次，针对田土海拔高度不同而施肥。如种洋芋低山施底肥每亩要施火土约 50 挑或牛粪 20 挑，高山每亩需要火土约 100 筐，牛粪用得少，只用作盖种。最后，因田土水源的不同而施肥。水田在整田前撒施厩肥，或以压青代肥；旱地则是先挑撒积粪和拌土，然后下种。自1982 年以来，土家族许多地区开展了土壤普查，针对土壤所含的养分情况实施配方施肥。

二是讲究因肥施用。一方面，由于肥效的差异，部分农家肥在施用时需要经过特殊处理。土家人通过长期经验积累认为禽畜粪肥效过强，直接施用会烧坏作物，因此他们一般要提前将粪掏运出圈，并露天堆放使其发酵降肥降温。另一方面，各种农家肥施用方式也不同。绿肥、河泥肥、牛粪等主要适合做底肥，而淅粪、草木灰可以在追肥时施用，枯饼肥可用作追肥、种肥和壮籽肥，在施用时，必须先将饼碾成细末，然后在靠近作物的地上用工具戳一小洞，将饼肥细末小心灌入洞里，浇水让其溶化，最后盖土。土家人在使用绿肥时主要讲究两点：首先，绿肥要注意适时收割或翻压。绿肥翻压过早，植株因过分幼嫩分解过快，肥效短；翻压过迟，绿肥植株老化，养分多转移到种子中去了，茎叶养分含量较低，会降低肥效。其次，绿肥的施用量应视绿肥种类、气候特点、土壤肥力的情况和作物对养分的需要而定。一般亩施 1000—1500 公斤鲜苗基本能满足作物的需要，施用量过大可能造成作物后期贪青迟熟。

三是针对具体作物采用不同施肥技术。玉米施肥以"牛粪垫底、火土盖皮"，追肥时则推行"三攻追肥法"，即开鸦雀口施肥攻苗，苗齐膝高追肥攻秆，拉喇叭口时追肥攻穗；洋芋施肥，底肥以火土、牛粪为主，追肥以淅粪为宜，追肥时间以苗高 1 寸时为标准；小麦根据"三追不如一底、年外不如年里"的技术经验，提倡早施苗肥、重施腊肥、壮苗越冬，追肥一般在立春前后，做到"出九不追肥"，主要追浠粪。土家人种植水稻习惯插灰秧，即将草木灰与桐枯、菜枯、鸡粪、人畜粪拌和发酵，用脚踩成泥状，每个插秧者取盆分装此肥，每插一株苗，就将根须往盆里沾带一些肥料插入田间，当地人称"安苑肥"。因有肥料做安苑，秧插下后无返黄现象，可以保证禾肥粗壮。

这些传统积肥施肥技术充分利用自然资源，不仅成本低廉，而且具有很好的土壤改良效果，十分适合山区农业发展。如今，化肥在土家族地区大量使用，但土家族人民仍然没有放弃农家肥，常常将农家肥和化肥配合使用，用农家肥做底肥，在庄稼长出土后施少量化肥催苗、催长。在土家人看来，使用农家肥对土地没有坏的影响，它是一种天然的绿色肥料，地越施越肥，土越种越抛松；而化肥，虽然具有很好的快速催长作用，但长期使用就会使土地越种越硬，容易板结，破坏土壤性质。

本章小结

在武陵山区漫长的历史进程中，土家人为了自身的生存和发展积累了一套适应生态、抵抗风险及改造自然环境的生态技术知识，其内容包括刀耕火种的生产技术、间种套种与密植技术、荒山造林与林木维护技术、食物储存技术、自然灾害防范技术、作物病虫害防治技术、土壤改良技术、兴修水利与引水蓄水技术等。这些传统技术都是适应武陵山区特殊生态环境的结果，也是土家人与自然长期磨合的结果，它尽力绕开了当地生态系统的脆弱环节，有利于合理利用当地自然资源并防范自然风险。这些技术类生态知识适应山地自然气候特征，在推动土家族的历史发展中曾经发挥过极其重要的作用，如今在现代化发展的今天仍然具有十分重要的现实意义和利用价值。

第 五 章

土家族传统生态知识的历史传承机理

"传承"是人类学、民族学、文化学等学科研究中的一个重要概念，是民俗文化的基本特征。我国学者赵世林曾经指出："文化传承是指文化在民族共同体内的社会成员中作接力棒似的纵向交接的过程。这个过程因受生存环境和文化背景的制约而具有强制性和模式化要求，最终形成文化的传承机制，使民族文化在历史发展中具有稳定性、完整性、延续性等特征"①。因此，传承是文化的内在属性，是人类社会不断发展的内在要求，但由于受到生存环境和历史文化背景的影响，文化传承也具有民族性的特征。

传统生态知识是一种零散、不系统、不成理论的智慧，内容广泛，是一个涵盖观念、规约、技术的综合体，为什么它们能够在民间一代代地延续和传承下来呢？通过调查，笔者认为土家族传统生态知识的传承是一种承载着生态知识和土家文化的高度综合的文化传承，在历史发展进程中，这些生态知识的传承大致可以归纳为教育内化、仪式强化、人际网络引导和外部环境制衡这四种形式。

第一节　教育内化机理

一　个体实践教育："人家怎么做，咱就怎么做"

保罗·康纳顿"体化（incorporating）实践"这一概念指出个体化实践是个体成员学习技术的主要模式与实践历程。通常，传达人通过自己的

---

① 赵世林：《云南少数民族文化传承论纲》，云南民族出版社 2002 年版，第 17 页。

一举一动、一招一式来传递信息，而接受者也必须亲身在场参与才能真正体会并掌握。因此，体化实践的传承更多地发生在未成年子女初学各种农耕技术和生活习俗之时，对于土家族传统生态知识来说，个体成员初学也以仔细观察与亲自模仿为主。

俗话说："穷人的孩子早当家"，在土家族地区，"农民家里六七岁以上的小孩就要参加烧饭、带小孩、打猪草、拾柴火、喂猪、背柴、挑水、放牛、收豆子、锄草等劳动。所以，孩子们从小就养成了劳动习惯，成了爹妈的小帮手，十四五岁就跟爹妈上坡种阳春（庄稼）"①。他们的许多技术知识都是在观察大人的一举一动中逐步学习与积累起来的。2013 年暑假，笔者在鹤峰平山村调查时曾经遇到一个姓向的 12 岁小女孩，她当时正在山上割猪草，她像个"小大人"似的讲述着她们那里哪些野菜是猪可以吃的。当问她是怎么学会这些知识的时候，她不以为然地说道：

> 这还需要学呀，我从小就和我妈妈一起割猪草，我看她怎么做我就怎么做呗。不同的地方有不同的野菜，不同的季节有不同的野菜。我早就可以自己一个人直接割猪草了，都有经验了，知道哪些野菜猪最喜欢吃。

长辈的一言一行对子女的影响非常大，子女从小在家庭成员或其他村民的耳濡目染过程中不断成长，在大人的指点下一点点学习各项生产技术、生活常识，学习各种习俗和规则，一些传统生态知识在他们无数次的观察与模仿中得以接受、运用从而转化为一种"惯习"。

二　集体记忆与民间叙事教化

民间叙事自其产生之日起就一直发挥着知识传承、民众娱乐、历史延续等多种文化功能，它既是民众生活的真实反映，也是各种文化知识的汇集。② 土家族大量的民间叙事中记载着各种与生态相关的岁时知识、农事

---

① 中国科学院民族研究所湖南少数民族社会历史调查组：《湘西土家族苗族自治州龙山县草果社调查报告》，1964 年，第 3 页。

② 詹娜：《农耕技术民俗的传承与变迁研究》，中国社会科学出版社 2009 年版，第 175 页。

生产技术、生活常识、饲养技巧、禁忌观念等，通过祖辈们讲故事、唱歌谣、叙典故等方式使这些生态知识得以在土家族地区长期延续与传承。

（一）民间故事传说

民间故事传说是一项长期流传的发挥寓教于乐功能的集体记忆形式。土家族民间故事传说内容广泛，数量众多，它们以其生动广泛的内容和神幻夸张的表现手法，对民族成员具有持久的吸引力。随着这些故事传说的一代代流传，也将保护动植物、爱惜生态资源等生态观念深深地烙印在民族记忆中，并且在他们的行动中得到自觉体现。

过去在重庆酉阳车田乡小寨村、埃山和乌龟堡的沟河交汇处有一棵很大的古树，它被人们命名为"乌杨树"，树大胸径八人牵手围之，树高 30 米左右，当地老年人传说它生长千年，成精显灵，能为民治病：

> 这里原来是深山老林，人们在若干年前开发这里的时候，砍光了所有树木，仅仅留下这棵树作纪念，这棵古树"成精化人"，它扮成白须白发老人，浑身披挂着树皮和草根藤叶，远走高飞，四处给人们看病送药，医一个好一个，留其名，不留其人。有一次白发老人走到秀山××土家山寨，给一家人看病送了药，二话没有说就要走，那主人忙问他："医师你家住何处？姓甚名谁？"老人漫不经心地回答："我是酉州境地人，姓乌名杨树。"那主人想再问详情时，老人却不见了，不知他走向何方，落脚何地。不久，家人的病全好了，全家人都高兴，他们总想找到那药师，向他致谢，传名远扬，可是不知道药师的下落。只好包着盘缠走遍川黔湘鄂边境各地总是找不着，盘缠也用光了，只好回到家里。后来他到水缸边去舀水，突然发现水缸里的水中有一棵大树影，枝叶茂盛，满树杆草芥，与那药师给的草药一模一样。于是他看在眼里，记在脑里，此时此刻又激起了他给老人的回报之心。他立即重新准备了盘缠再次外出寻找，走遍了酉州各地，一天他到小寨的坝子上起眼一看：宽敞坝子中有一棵古树，树上生长着其他各种树木、草芥、藤叶，仔细看来与水缸里的树影和给家人的草药一模一样。他又问了当地人，这叫什么树，人们回答他，这叫乌杨树，是根千年的古树。他听了之后高兴至极，这就是乌医生！他就地请了石匠，开山取石，并用块石砌了一座土地庙，烧钱化纸，燃放鞭

炮，聚众播名，从此乌杨树的灵验名噪遐迩。①

潕水流域鹤峰走马镇白果坪有棵古老的银杏树，这棵树也有一个优美的传说：

> 古时候，这棵银杏树的影子远远地映到了临澧县蒋家的四合院内。这家人勤劳善良，经商不欺客，读书不求官，待人和气，接济穷人，受到邻里称赞。有一天主人家发现院内有一棵大树的影子，枝繁叶茂，仿佛在风中摇晃，心中忐忑。有位风水先生也来观看，凑趣地说："恭喜老爷，这是一棵根深叶茂的神树，影子映到谁家，谁家就发财！"主人家四出寻找，找了好久好久，终于找到白果坪，见到了日夜梦想的白果树，跟四合院内的影子一模一样，欣喜若狂，不知磕了多少头，又是打碑，又是挂红，又放鞭炮，蒋家从此更富了，以后每年都来祭扫一次，惊动了白果坪的人。②

在这两则传说故事中，一则认为古树可以成精治病，另一则认为古树为自己带来财运，虽然都带有神性色彩，但从中可以明显地感受到土家人爱树、护树的思想情感，这些故事在民间流传，"无论是对讲述者抑或是对听众而言，每一次讲述都是给予强化的过程，并时时在民众的心里发挥隐喻性民俗控制的功能"③。土家人通过这些故事的一遍遍的讲述，将传统生态观不断传承。

（二）民间谚语

土家族地区的谚语十分丰富，它产生于土家人民的生产、生活及社会实践，离不开当地所赖以生存的具体自然环境，反映出鲜明的地域特色。土家族民间谚语种类繁多，生动、形象，朗朗上口，不但容易记，而且容易理解，有利于人们对社会及自然的认知，例如，"绿了荒山，富了人

① 中国人民政治协商会四川省酉阳土家族苗族自治县委员会文史资料委员会：《酉阳文史资料》第22辑，2000年，第124—126页。
② 高润身：《〈容美纪游〉评注》，湖北人民出版社2006年版，第55页。
③ 乌丙安：《民俗学原理》，辽宁教育出版社2001年版，第168—173页。

间"，"人留子孙草留根，山无树木水害人"，"家有千棵松，子孙不受穷"，"枞树削枝如要命，杉树削枝如上粪"，"柳树淹死不上山，松柏干死不下水"，"榆要密，槐要稀"等，对树木习性及植树造林的认知；"獐扎岭，麂扎凹，野猪扎在恶林笆"，"蛇怕棍棒狗怕岩，蚂蝗怕的翻转来"，"斑四两，鸽半斤，画眉二两不用称"，"惊蛰不放蜂，十桶九桶空"，"养兔无巧，地干不喂露水草"等，对动物习性的认知与总结；"种田要种好，三犁三耙抄，头草二草壅三草，次次莫偷巧"，"深栽芋头浅栽秧，洋芋服的火粪盖"，"深栽茄子浅栽烟"，"挖得深，盖得薄，结的苞谷像牛角"，"冬锄麦苗好，春锄杂草少，不锄收成少"，"早打谷子一包浆，迟打谷子一包糠"等，对农耕技术知识的传达；"先打雷不下，后打雷直撒"，"猪欢晴，狗欢阴，猫子欢哒打连阴"，"泥鳅跳，大雨到"等，对气象知识的总结。这些民谚是土家人经过长期观察、比较、印证后得出的结论，形象而凝练，它们在指导农事活动的同时也起到传承传统生态知识的作用。

（三）民间歌谣

歌谣是最早产生的民间文学样式之一，早在人们以采集、渔猎为生的原始社会就已经出现了。土家族民间歌谣内容丰富，主要可以分为劳动歌（猎歌、渔歌、采摘歌、劳动号子和生产歌）、生活歌、情歌、长篇叙事歌、风俗仪式歌等。这些歌谣蕴藏着丰富的生态知识，对人们具有教化作用，最典型地体现在劳动歌、情歌与风俗仪式歌中。

首先，土家族劳动歌体现了传授劳动知识技能、教后代劳动本领的目的。《冷水田来不发蔸》唱道："冷水田来不发蔸，你咋个不理排水沟？你把冷水排出去，一年一个大丰收。"[1]《催你耕田又栽秧》唱："莫怪阳雀叫得忙，催你耕田又栽秧。一年四季靠春天，误了季节无搞场。"[2]《秧薅三道出好谷》唱："薅草薅了大半天，放下薅锄吃杆烟。秧薅三道出好谷，苞谷三道好满巅。"[3] 这些歌谣有效传承了土家族农田管理的技术知识。土家族猎歌、渔歌、采摘歌等劳动歌大多是描述渔猎、采摘过程以及

① 宋玉鹏、彭林绪、肖田：《土家族民歌》，四川民族出版社1987年版，第150—151页。
② 刘吉清：《中国歌谣集成湖北卷·宣恩县歌谣分册》，1989年，第10页。
③ 同上书，第12页。

动植物习性知识的，也具有重要的传承功能。如《十月采茶》唱："……
六月采茶热茫茫，少栽桑树多插杨，多栽桑树无人采，多栽杨树歇荫凉。
七月采茶秋风凉，风吹茶花满园香，头茶苦，二茶涩，三茶好吃无人摘。
八月采茶茶叶稀，姐在家中坐高机……"① 歌曲的传唱有利于土家族摘茶
种树知识的传播。《捉鱼捕蟹歌》唱："那是什么哟，背起簸箩下水了，
那是什么哟，搬起火钳钻岩了，那是团鱼哟，背起簸箩下水了，那是螃蟹
哟，搬起火钳钻岩了……什么出来一把刀，什么跳起三丈高，什么吓得打
倒退，什么吓得吐涎膏？鳜鱼出来一把刀，鲤鱼跳起三丈高，虾米吓得打
倒退，鲇鱼吓得吐涎膏。"这首歌采用问答形式形象地描绘了甲鱼、螃
蟹、虾米、鲤鱼等水生动物的特征，联想丰富，通过传唱向人们传授鱼类
习性认知。

其次，土家族情歌历史悠久且发达繁荣，在抒发男女纯真感情的同时
也传承了传统生态知识。以下是首古老的情歌：

> 劝郎要种田②
> 正月是新年，
> 劝郎要种田，
> 种田莫玩花儿灯，
> 十五又立春。
>
> 二月是花朝，
> 劝郎办粪草，
> 粪草多来肥料足
> 庄稼长得好。
>
> 三月是清明，
> 种子要撒匀，
> 土坌太大苗不生

---

① 潘顺福：《薅草锣鼓》，湖北人民出版社2006年版，第115—116页。
② 周立荣、李华星：《土家民歌》，湖北人民出版社2003年版，第105—106页。

生得不均匀。
四月是立夏，
草儿要薅哒，
劝郎薅草要破苗，
不薅围兜草

五月是端阳
劝郎起早床
三起早床当一工
活路渐渐松
六月是三伏
三道草儿哭
劝郎薅草打锣鼓，
吃烟要紧缩

七月是月半，
劝郎拍晒场，
早拍晒场不用忙，
下雨就织箩筐

八月是中秋，
谷子到了手
劝郎早晚田边走，
招呼强盗偷

九月是重阳，
谷子上了仓，
劝郎买把锁来上，
上起多稳当

十月下了霜，

豌麦要种上

劝郎多种豌和麦，

明年好接荒。

　　这首情歌真挚感人，抒发了女子对男子的纯真爱情，但也承载着土家人一年农事活动的丰富内容。民间反复传唱可以教育人们要把握农时、合理安排生产，传承着农业管理的生态知识。

　　再次，土家族风俗仪式歌中也承载着大量生态知识，如哭嫁歌、丧鼓歌、傩歌等。土家族哭嫁歌陪十姊妹《十二月花》[①]唱道："唱在一随在一，什么开花在水里？唱在一解在一，灯草开花在水里。唱在二随在二，什么开花起苔苔？唱在二解在二，油菜开花起苔苔。唱在三随在三，什么开花红半山？唱在三解在三，桃子开花红半山。唱在四随在四，什么开花一包刺？唱在四解在四，黄瓜开花一包刺……唱在腊随在腊，什么开花光刷刷？唱在腊解在腊，枇杷开花光刷刷。"这首歌谣蕴藏着丰富的土家族传统历法认知及植物物候知识。土家族丧鼓歌又称撒尔嗬，是清江流域土家族祭祀亡者时所唱的歌曲，题材内容极为丰富，有回忆民族起源，叙述历史的；有祭奠亡者，唱颂古人的；也有反映风土民情的；等等，这些歌词中也承载着许多生态知识，如撒叶尔嗬"散花歌"[②]唱道：

　　什么花开飞过江？什么花开十里香？什么花开人不见？什么花开白如霜？

　　杨柳花开飞过江，桂花花开十里香，白果花开人不见，栀子花开白如霜。

　　什么花开一口钟？什么花开像号筒？什么花开结黑子？什么花开丝绒绒？

　　泡桐开花一口钟，桐子开花像号筒，茶树开花结黑子，棉花开花丝绒绒。

---

　　① 恩施行署文化局：《恩施地区民歌集》（下册），内部刊印，1979年，第164页。

　　② 艾训儒：《湖北清江流域土家族生态学研究》，中国农业科学技术出版社2006年版，第115页。

什么花开一大朵？什么花开六只角？什么花开红似火？什么花开午时落？

牡丹开花一大朵，菖蒲花开六只角，石榴花开红似火，谷子花开午时落。

什么花开不分丫？什么树子不开花？什么开花不结子？什么结子不开花？

棕树开花不分丫，岩杉树子不开花，桂花开花不结子，漆树结子不开花。

什么开花满山红？什么花开结双龙？什么开花朝下长？什么开花在土中？

映山红开花满山红，豇豆开花结双龙，茄子开花朝下长，花生开花在土中。

什么开花黄又黄？什么开花像太阳？什么开花倒挂起？什么开花追凤凰？

油菜开花黄又黄，葵花开花像太阳，核桃开花倒挂起，芙蓉开花追凤凰。

这首"散花歌"对土家族地区野生植物及农作物的开花习性，各种花卉的颜色、形状、大小、花朵朝向、开花时间等的认识达到了一定的深度，包含了丰富的植物生态学知识。通过"撒尔嗬"，这些生态知识在土家族地区一代代传承。

傩歌是土家人传承传统技术生态知识的活教材。湖南泸溪《傩歌书》中的"十月农事歌"将季节与农事结合起来，成为农民农事知识的基本读物："正月采茶是新年，家家户户敬祖先。……二月风吹好唱花，树上阳雀叫喳喳，阳雀催人阳春早，早装新犁配旧耙。三月里来三月三，犁田耙土忙生产，谷种下泥秧苗青，风吹秧苗绿闪闪。四月里来四月八，家家户户把田插，四月插田忙得很，大人小孩都不差。……六月里来六月六，家家户户把草锄，田间扯草谷子壮，棉花锄草多结球。"[1] 张家界土家族傩歌《生产劳动歌》更是一部土家农民从事农业生产的教科书，《做秧

---

[1] 孙文辉：《草根湖南——湖南民族民间文化解读》，岳麓书社 2009 年版，第 197—198 页。

田》提醒农民："穷人莫听富人哄，桐子开花就下种。阳雀声声催得急，快做秧田莫拖工。"到了该种玉米的时候，傩歌又催促道："布谷鸟儿催得紧，日日夜夜不住声。天暖地温草木苏，季节到了不等人……"在《泡谷种》中，傩歌唱道："仓里取出谷种来，一丝不苟细选筛。颗颗粒粒像黄金，装进木桶稻草盖。温水上面洒均匀，一天几次定时辰。桶子里面热气升，沉睡谷种已苏醒。总共只要三四天，谷种就会露芽尖……"① 这些技术生态知识通过傩歌的歌唱，广泛流传在乡间村野，成为妇孺皆知的生产常识。

（四）民间舞蹈

民间舞蹈也是土家族传统生态知识传承的重要方式之一，其中尤以摆手舞和毛古斯舞最为典型。摆手舞是土家族具有代表性的民间舞蹈，在酉水、沅水流域的土家族地区广为流传。

土家族摆手舞内容丰富，生动反映了土家族先民的社会生活，主要包括"渔猎舞""农事舞""军事舞""生活舞"四个方面的内容，② 其中"渔猎舞""农事舞"中蕴藏着丰富的传统生态知识。渔猎舞由"打猎""钓鱼""鲤鱼标滩""岩鹰展翅""拖野鸡尾巴""跳哈蟆""空拳斗虎"等舞蹈动作组成，是渔猎时代土家人劳动生活的缩影，反映了早期土家先人为生存而进行的利用与改造自然的行为。农事舞主要由"照太阳""砍火畬""种谷""洒小米""挽麻团""纺棉花"等舞蹈动作组成，它反映了土家人步入农耕经济后的生活场景，涉及农业生产、饲养家畜、手工业和纺织活动等内容，传承着适应自然的各种劳动技能。摆手舞是伴随摆手歌而开展的，摆手歌中的"人类起源歌"主要是反映人类起源、天地开辟的，具有神话和史诗性质，生动反映了"天人合一"的生态观和人类勇于改造自然的坚定信念（见图5—1）。"农事生产歌"歌词里承载着许多生态知识，如"农家无冬闲，四季要安排。天晴种冬粮，落雨翻板田。冬草沤下深深犁，乘冬整好冬水田"，"水牯青草吃得饱，拖耙犹如拖灯

---

① 孙文辉：《草根湖南——湖南民族民间文化解读》，岳麓书社2009年版，第197—198页。

② 周益顺：《酉水流域摆手舞》，国际文化出版公司2001年版，第4—5页。

草。耙得深，耙得平，泥巴耙成烂泥泞"①，等等。

图5—1　来凤舍米湖摆手舞

(来凤县民宗局提供)

土家族毛古斯反映的是人类原始的采集、渔猎和刀耕火种的生产方式以及原始的祭祀和婚姻生活图景，大致可以分为祭祀舞、采集舞、狩猎舞、农事舞、生活舞等类型，这些舞蹈内容中都蕴藏着土家族传统生态知识。祭祀舞要敬梅山神、八部大王等神灵，体现了土家人"万物有灵"、崇拜自然的生态观；采集舞包括"卡布利你"（找树果子）、"卡布利嘎"（吃树果子）或"枯若布利嘎"（吃棕树籽）等内容，包含着许多原始人类的采集知识；狩猎舞通过众毛古斯们叩请梅山神、表演查脚迹、放仗（即放猎狗追逐）、举棒追兽、与猎物搏斗、狩猎成功、酬谢梅山等细节表演，在短短十几分钟的时间里就将人们带进了土家族盛行了数千年的集体狩猎场景，他们熟悉猎物的生活习性和活动规律，懂得利用有利的地形和条件，用舞蹈动作传承着传统狩猎技术；农事舞中表演"砍火畬""撒

---

① 湖南少数民族古籍办公室主编：《摆手歌》，岳麓书社1989年版，第214—282页。

小米种""扯草""秋收"等内容，众毛古斯集体放火烧山、挥舞手中的
木棍砍山、播种小米，不施肥、不浇灌，等待秋后收获的动作让人看到了
原始刀耕火种的劳动场景。[①] 毛古斯通过丰富的舞蹈形态和原始古朴的舞
蹈动作不断传承了传统生态知识。

图 5—2　永顺双凤村茅古斯[②]

第二节　仪式强化机理

　　仪式周而复始，它在特定时间、特定地点举行的时候，不仅能够唤起
民族追本溯源的历史记忆，促进民族群体的团结互助，增强社区族群的凝
聚力，巩固社会结构的和谐秩序，而且仪式所蕴含的规范、禁忌、信仰等
文化因子也源源不断地传递给年轻后辈，具有言传身教的特点，特别是对
于无文字民族文化传承尤显重要。土家族每年都要举办各种各样的信仰仪
式活动，如进山打猎前要先敬梅山神，农历二月初二要祭祀土地神，农历

----

　　① 张子伟、唐方科、陈廷亮：《湘西土家族茅古斯舞》，湖南师范大学出版社 2011 年版，
第 42—46 页。

　　② 资料来源：http://blog.voc.com.cn/blog_showone_type_blog_id_724454_p_
1.html。

四月十八日要举办牛王会庆祝牛王生日，除夕时要给果树喂饭，等等，这些活动在满足当地民众心理需求的同时，也形成民族文化的社会传承场域，一定程度上促进了土家族传统生态知识的强化与传承，本书在此列举一些典型事项来加以阐释。

一 "谢果树"与"牛王会"：传统生态伦理观的强化

土家人感恩自然、亲近自然、崇拜自然，这些朴素的生态伦理观深刻地体现在人们的生产生活中，并通过各种仪式活动加以强化，"喂果树吃饭"与"牛王会"就是典型例子。

土家地区广泛盛行"谢果树"的仪式，不过操作方式南北有别：北部所谢的树种以板栗树、核桃树为主，技术的成分比巫术的成分多。南部以结果又少又酸的橘子树和柚子树为主。"谢"的方式比较草率，巫术的成分较重。土家族谢果树讲究"恩威并用"，先要用刀砍，再去用饭喂。所砍的是树干，用力不可过大。宣恩沙道沟、李家河土家族地区的习俗主要如下[①]：

除夕这天，土家人吃过团年饭，主人家根据自己家果树的多少准备一定数量的饭菜，全家人端上饭菜，提上酒，带着柴刀来果树下，由一人扮演果树，另一人扮演主人，主人先用柴刀在树干的任意一处砍一条口子后，就开始了有趣的对话：

> 果树："是哪个掰开我的嘴巴皮？"
> 主人："今天团年，是主人家请你把年饭吃。"
> 果树："主人家有情有义，我就放起肚子吃。"
> 主人："×××（果树名）树你好饿死（馋嘴）！"
> 果树："我还不算饿食，有人才饿食。我还是青疙瘩（未熟），他就想得口水滴。"
> 主人："×××树你快莫说那些，我刚才给你年饭吃。"
> 果树："不说就不说，快给我喂几坨。"
> 主人："喂了你明年结不结？"

---

① 郭大新等：《宣恩土家族习俗》，湖北人民出版社 2008 年版，第 268—270 页。

果树："结的像锅巴跎（密而多的意思）。"

主人："结密了桠枝撑不起。"

果树："你找竿芋来撑着。"

主人："结多了吃不完。"

果树："挑到街上去换钱。"

主人："换钱做么子（什么）？"

果树："买油和买盐，扯布做身穿，修起吊脚楼，高贵万万年！"

这时，主人就把饭菜用汤匙舀着喂到砍开的口子里，再往里倒些酒，连连说："多吃点，多吃点！"一家人这才欢欢喜喜地又到另一根树下演出同样的戏。

"谢果树"仪式生动体现了土家人与果树的亲密关系和互惠关系，人们善待果树、给果树喂饭，所以果树力求多结果，以满足人们食物和生活所需。同时它又形象而生动地再现了人与自然的生态关系：如果过度向自然获取而没有实际行动向自然界给予回馈，那么人与自然界的生态链条就会失去平衡。

土家人有农历四月十八过"牛王节"的习俗，这是土家族的一个重大节日。同治《来凤县志》记载："土人以四月十八日为大节，宰豕为大胾糁，糯米蒸之，祭祖先兼延客。"每到这一天，土家人像过年一样隆重，家家杀鸡宰猪，蒸糯米饭，打糍粑。这天，人们对耕牛特别优待，家家户户要让牛免耕一日，把牛栏整修一新或打扫干净，要给牛吃嫩草、喂鸡蛋。部分地区的土家人还要群聚在一起举行"牛王会"并设台祭祀，由道士主持仪式，先由道士敲打念唱"牛王表"，如"青威化身，为牛犊之主宰，傅山得道，司妖道之权衡"等，赞扬牛王的神圣出身、经历和神职。[①] 道士上表完毕，人们要磕头跪拜牛王。"牛王节"仪式主要是为了感激耕牛的恩德而举办的，体现了人们对动物的感恩之心。通过每年节日的举办，参与者耳濡目染，这份对自然的"感恩"也不断传承并延续下来。

---

① 向柏松：《土家族民间信仰与文化》，民族出版社 2001 年版，第 188—189 页。

二 "封山护林"与"梅山神祭祀"：生态保护规约的传承

武陵山区的土家人历来非常重视森林的保护，他们通过"封山护林"与"梅山神祭祀"等仪式活动来传承这些传统规约型生态知识。

土家族地区封山必须在村寨中举行"封山护林"，其具体程序如下：封山这天，由村内有威望的老人主持祭仪，在山林交叉路口杀羊一只，以羊血喷溅在白色的清明纸上并把带血的清明纸剪成若干小方块，然后贴在路旁树干上，表示此山已封禁。① 一旦封山，便鸣锣示众，插上草标，任何人不得违禁。凡封山的地段，自宣布之日起，公推管山员一名，执行巡山看林任务。此外，还要发布"封山育林"规约，如规定在封区禁止砍伐树木，禁止放牧牛羊，禁止拾柴割草，禁止落叶烧灰，等等。这些仪式与公约有效结合起来，构成了保护山林的有效网络，人们也因此提高了警戒意识，自觉遵从规约。

土家猎人狩猎总要先敬梅山神（部分地区称为猎神），祈求保佑平安和获猎多。"梅山神"在土家族地区是有一定来历的，传说也有多个版本，内容大致相似，贵州沿河县的传说如下。

过去黔东北的龙头山下一个土家族山寨里有个叫香妹的女孩，既漂亮又聪明，五岁就学会绣花，七岁就学会吹奏"冬冬奎"，九岁就跟她父亲上山学打猎的本领，不到三年，猎艺就超过了老阿爸，箭法和枪法是百发百中，曾猎获过不少野猪，也智擒过豹子、狗熊和老虎，她总是把打得的野兽分给大家。

有一次，龙头山出现七只老虎，伤人害畜，山周围村寨的人都不敢放牲畜上山，也不敢上山砍柴割草，香妹决心为民除害。从清早打到太阳落坡，她接连打死了六只老虎。此时，她的钢叉已断成两截，肚皮饿得咕噜叫，她正要准备下山回家，突然一阵狂风，山摇树动，一只猛虎迎面向她扑来，她一闪身，猛虎扑了个空，不等老虎转过身来，香妹一个箭步上前，一跃骑上虎背，用半截钢叉猛扎虎头，猛虎咆哮一声，屁股一掀，把香妹掀了下来，香妹又举起半截钢叉向老虎

① 冉春桃、蓝寿荣：《土家族习惯法》，民族出版社2005年版，第57—58页。

扎去，就这样，几经搏斗，人和老虎搅成一团，一齐从悬岩上滚下万丈深谷。第二天，寨里人和四周乡邻听说香妹打虎除害的事，都成群结队上山去找，结果只找到被香妹打死的七只老虎，却没有找到香妹。大家认为她是天上下来的仙人，又回到天上去了，被上天封为"猎神"。因为香妹是梅山寨人，所以也就把"猎神"叫做梅山神。从此，土家猎人敬梅山神成为习俗。①

　　土家族祭梅山神的活动各地不尽相同，有按固定日期祭祀和进山打猎之前祭祀两类。有的地方在大山口设有专门的梅山庙，比较简陋，如湘西永顺县双凤村历史上就有两个梅山神庙，一个位于村西北"齐力窟"山坡的东北面，另一个位于枫香湾，都是由三块一尺见长的石头垒合而成。② 有的地方将神位设在房屋的右侧背阴处，用三块砖或几块石头垒成，似土地庙，是一种非常简单的场所。土家人在出猎之前都必须祭拜梅神，常无固定场所，多在山间背阴处。少数在"梅山"小庙或梅山神位旁进行。无论哪一种方式，都须避开外人，秘密进行，忌为他人撞见。他们认为祭梅山的地方要是让人知道了，或者进行活动时被看见了，就不灵验了。出猎前的仪式一般比较简单，人们用两根香扎几张纸安在用石头垒的"小庙"上，就可以请梅山神了，恳求梅山保佑猎人和猎犬平安无恙，赶走野猪，多得野兽。赶山归来，获得猎物须先割一块肉谢梅山神或将兽毛沾血粘在枪上，以示不忘梅山的保佑。

　　土家人认为梅山神即是一山之主，山中野物当然归其统管。人们请梅山神的目的是让它把猎物引出来，有时猎物太多，则说是梅山神生气了，告诫渔猎者不可太贪心，这样他们会将所获野物悉数放回，停止猎获，悄悄离开。在人们看来，所有的野物都是有灵性的，而梅山神是人与自然界沟通的媒介，野物慑于梅山神的威力，听从调遣。梅山对它们也有一定的承诺：不可斩尽杀绝，保护进一步繁衍，禁止人们一味滥杀。③ 土家人通

---

　　① 中国民间文学集成全国编辑委员会：《中国民间故事集成·贵州卷》，2003 年，第 530 页。

　　② 马翀炜、陆群：《土家族湖南永顺县双凤村调查》，云南大学出版社 2004 年版。

　　③ 潘守永：《土家族"梅山菩萨"信仰的几个问题》，《民族艺术》1998 年第 1 期。

过敬梅山神仪式强化人们保护野生动物的意识：这些动物都是有神管辖和保护的，不能索取无度（见图5—3）。

图5—3　傩戏中的梅山神祭祀

（湖北民族学院杨洪林提供）

三　建房仪式：传统生态技艺知识的传承

土家人修屋造房也有隆重的仪式，当地人认为修建一栋房子是一件吉祥事，他们希望乔迁后能够兴旺发达，所以建房要遵照一系列程序，主要包括选址、打屋场、定法稷、伐木、立马、起造、画梁、安基石、排扇、立屋、开梁口、升梁、布盖、装屋、踩门、请火等。土家人一般都严格遵照这些程序进行，以免遇到不好的事情。这些仪式通过请神、祭祀、唱上梁歌、甩梁粑等一系列活动唤起了人们的广泛关注，建屋的同时也传递着许多技术生态知识。

选址是建房仪式的第一步，土家人一般以选择依山面水、坐南朝北、地势高低适中为原则，但许多时候也不完全拘泥于此，他们依据自身位处大山、深沟、大江小河、小溪、山区坪坝、斜坡山麓的自然特征，再根据气流走向、山脉坪坝的阴阳、出行的方便与否等来确定建筑基址。① 这些

---

① 张清平：《三峡乡土建筑——土家吊脚楼》，《三峡大学学报》（人文社会科学版）2010年第3期。

知识具有很强的实用性。好的屋场也会被木工师傅所称赞："站在高处打一望，主东坐的好屋场，前有狮子滚绣球，后有双龙在朝阳。左有青龙在戏水，右有白虎保华堂。粮山棉海脚下出，花山果海像汪洋。屋前屋前一排摇钱树，屋后一口聚宝盆。"① 从这首《赞屋场》歌谣我们可以看出，土家人大都以"左青龙，右白虎，前朱雀，后玄武"为最佳屋场，喜欢把住房建在依山傍水的地方，住处周围也常栽种一些果树和各种长青植物。

　　伐木是木工开始动工修造的开始，土家人首先要祭鲁班、祭山神、祭太阳神，祈求它们的保佑。"偷梁"是伐木过程中的一个特殊程序。"偷梁"寓意梁木的确是好木，以象征屋梁的高贵，同时也说明家主的高贵。② 梁木的选择很讲究，一般要选一蔸两梢的双叉杉树，寓意"人发家发"，因为杉木会不断地发子树，部分地区也可以选择椿树、泡桐树。这些树生命力强、成长快，可以降低对生态的破坏。伐梁木的时间也是根据房东、树主和木匠的情况而择的吉时，梁木作为"一家之主"，必须是一根树干笔直、青枝绿叶的杉树，并且一定要临时从山上砍下来，不能使用干木料。砍伐之时，还要先举行简单的祭梁仪式。树倒的方向也必须是东方。树倒之后还要放鞭炮，既驱邪又祝贺房主得梁后发达。

　　上梁甩粑粑也是民间造房的一个习俗，场面非常热闹，这里还有四言八句的赞词："粘米粑，糯米粑，正月犁田二月粑。三月农夫搭田坎，四月帮忙把秧插。五月六月扯秧草，七月八月把谷搭。九月晒干装进仓，碾出大米白花花。粘米拿来煮饭吃，糯米拿来打粑粑。站在梁头高又高，手拿粑粑往下抛。"③ 唱词里也蕴含着农业技术知识（见图5—4）。

　　土家人"装屋"是有一定讲究的，并不是屋修好后立即完成，一般要等几个月，新屋的各种用料都干枯以后再开始，不然装了木板后屋里通风就会更加困难。装屋也有一定程序，一般都是先装正屋中堂，神龛要由掌墨师亲自安装，以示尊敬。装屋主要以家主的经济状况和美观实用为原则，装好后还要用桐油刷面以保护木材延长寿命。

---

　　① 廖德根、冉红芳：《恩施民俗》，湖北人民出版社2013年版，第57页。
　　② 萧洪恩：《土家族仪典文化哲学研究》，中央民族大学出版社2002年版，第191页。
　　③ 宣恩县政协文史资料委员会：《宣恩文史资料》第15辑，2007年，第334页。

图 5—4　沿河建房中的"抛梁粑"

（沿河县人大主任李克相提供）

　　土家族建房仪式包含丰富的传统技术知识，这些知识是千百年来劳动人民对气象水文、结构布局、建筑审美等多方面的经验总结。土家人选环境、造环境，不断寻求神灵的庇护和保佑，追求人、神共存共荣与最佳和谐的生态观。萧洪恩教授认为，土家人的建房仪典追求的是一种境界，一种"放弃煞境、保证适境、力求佳境的"境界①。土家族的建房仪式活动按照一定的程序进行，通过相应的连接，使社区群众建立了一套集体记忆，传承了民族文化的同时也传承了独特的生态智慧。

第三节　人际网络引导机理

　　社会学研究表明，"纷繁复杂的人类社会是由各种社会关系耦合而成的网络系统，生存于社会之网中的所有个体与个体、个体与群体以及群体

---

　　①　萧洪恩：《土家族仪典文化哲学研究》，中央民族大学出版社 2002 年版，第 204—206 页。

与群体之间通过相互交往与互动，促进人际关系的和谐建构，并使社会交往最终成为社会稳定发展的强有力纽带"①。在土家族乡村社会里，村民们"抬头不见低头见"，地域上的邻近、生产生活中的互助以及感情上的融通使人们建构起亲密的人际关系网络，这一关系网络也是土家族传统生态知识传承的重要场域。

一 "换工互助"与"拉家常"的意外收获

历史上，由于土家族地区山大人稀，单家独户劳力不足，加上野兽出没，窃食庄稼，伤害人畜。在这种特殊的环境里，土家人形成了换工互助、结伴成群、协作生产的习俗，他们还有专人表演薅草锣鼓。据《龙山县志》记载："闻歌欢跃，劳而忘疲，其功效倍。"凡集体开荒种地、插秧、薅草等，为了抢天气、争节令，人们便采取对换工日的办法，一家有事，百家帮忙。在这种群体劳动中，为了提高效率，调节劳逸，土家族山民均喜唱锣鼓歌（见图5—5）。

图5—5 土家族薅草锣鼓
（宣恩县文化馆提供）

随着家庭联产承包责任制的实施，土家人集体劳作的时间少了，但换

---

① 詹娜：《农耕技术民俗的传承与变迁研究》，中国社会科学出版社2009年版，第180页。

工互助的习俗依然存在。每到春种秋收，相处较好的邻里间就会结成互助团体，大家搭伙一起种地或秋收，集中人力先为一家耕种，然后再集体转移到另一家。这种互助不仅有效提高了劳动效率，而且还巩固了村民之间的感情。在合作劳作中，在劳动歇息之余，人们往往相互谈论土地的质量与年节的气候，讨论耕种的技术与种田的心得，许多生态技术知识得到有效传承。

以下是笔者在来凤马家园村田野调查中听到的对话资料：

村民1：你家紫薇花树收成今年还不错吧？

村民2：今年天气还好，紫薇花树结籽还比较多，只是可惜我树下种植的蔬菜不大行，肥料种子钱怕都收不回来。

村民1：哦，那树下光线不好，种蔬菜确实不行的，我以前也试过。

村民2：那你后来在树下什么都没有种？

村民1：种南瓜可以，好像没有什么影响。还有，你就撒些紫薇花籽在这地下，明年就可以长小树也很好的，小树长大后你再把它移走。

村民2：那挺好，我明年也试试。你家今年水稻收成还可以吧？

村民1：比前两年好些，今年用的底肥多一些。

村民2：那你用的是什么做底肥呢？一亩地用了多少？

……

从上述访谈资料中可以看出，村民们"拉家常"看似漫不经心，但其实夹杂着"有效利用土地资源""促进作物增产增收"的技术知识。村民在闲聊中相互交流自己的生产心得，评论庄稼的长势与收成，一些传统农事技术及知识经验在此时得到充分的交流巩固。俗话说："三人行，必有我师"，并不是每位村民都均等地了解各种种植知识与耕种经验，对于自己所缺乏的知识，往往需要借助村民间的相互交流学习才能得到。"拉家常"一直是土家村民们十分钟爱而且每日必做的事情之一，尽管人们的闲聊主题松散琐碎，但大多是围绕与农民息息相关的生存生计及人际交往等话题展开的，总离不开天气、水分、庄稼的长势以及作物的产量等内容（见图5—6）。

图5—6　劳动之余的"闲聊"

（分别摄来凤马家园村、于永顺双凤村）

二　村落评价尺度的引导

在乡土社会中，社会评价对每个人至关重要，拥有良好口碑的人就拥有稳固广阔的关系网络，办事便利；而位于社会评价底端口碑较差的人则成为村落冷落的对象。在土家人评价尺度所创造的评价氛围内，评价结果或明或暗地监督农民的具体行为，为传统生态知识的推广提供了有利的心理动因及社会氛围。

在利川小河乡桂花村，杨ZA是村民们一致公认的庄稼能手，老人今年62岁了，一辈子吃苦能干，虽然儿女已经长大成人且收入颇高，可他依旧放不下手中的活，年年喂牲口、干农活，老两口在家除了种自己的那份地外，还要额外承包别人的耕地，闲暇时间还挖药材、采蘑菇、抓鱼抓虾。村民提起他总是赞叹声一片：

那人种地很有一套的，整田、选种、撒种、施肥、播种经验都非常丰富，他家的收成总比我们的好，我们去向他请教他也愿意跟你说。比如这播种，他家就很讲究的，不同的苗子采用不同方法，红豆杉要用泥土盖一公分，桂花树要盖两公分，银杏树要盖三公分，水杉苗一般盖谷壳或稻草，苗长出来后稻草必须要揭开，不然就容易长虫，谷壳不要紧。他还给我们讲打农药时要注意天气，打地下虫要下雨打，打面上虫要天晴打。他们种田技术好，又能吃苦，真的是能干！①

那人从来都不闲着，下雨做下雨的事情，天晴做天晴的事，每天忙忙碌碌的。你看他的地里一般都是同时生长几种作物，一种刚收获另一种很快又长起来，田里一点草都没有，庄稼苗长那么好！他儿子在外面每个月一万多的工资，说给他寄钱他硬是不要。②

勤劳、能干在为他带来可观的收入的同时，还为他获得赞誉、表扬以及信赖等无形的社会资产，使他成为其他村民效仿的榜样。村民也非常愿意和这类人交往，当他家里有什么困难时，村民总会自觉伸出援助之手。

桂花村邓 JP 是全村出名的懒人，2007 年因为和别人闹架被打死了，到现在村民提起他都还有恨意：

我们这里有句俗话："第一穷是背上背个吹火筒（火炮），第二穷是手上提个画眉笼，第三穷是好打官司逞英雄。"那个人就是这样，又懒又穷，别人都做了半天事情了他才刚起床，地里的草比庄稼还高他也不管。每天正事不做，就背着把枪到处跑，野猪那样毁庄稼的动物他打不到，就只会打些鸟、捣些鸟蛋，有时还打别人的鸭子，更可恨的是他有时还要到河里去毒鱼，毒死那么多……③

邓 JP 由于名声不好，所以他到死的时候已有四十多岁却还一直打光棍，用村民的话说："谁会把女儿嫁给他这样的人哦！"的确，懒惰、不务正业是乡土社会中最遭人厌、遭人恨的，村民们总是把这样的人当作反面教材来教育自己的子女。

---

① 访谈对象：林 TL，女，36 岁，土家族，小学文化，访谈时间、地点：2012 年 9 月于恩施利川。
② 访谈对象：杨 FR，男，81 岁，土家族，小学文化，访谈时间、地点：2012 年 9 月于恩施利川。
③ 访谈对象：杨 XJ，男，60 岁，土家族，小学文化，访谈时间、地点：2012 年 9 月于恩施利川。

走进土家族山寨，通过观察每家每户的房屋院落及作物长势你就可以清楚地了解村民的大致情况，勤劳能干、技术好的人家大多房屋干净整洁，庄稼长势好且没有什么杂草，而那些爱偷懒耍滑的人往往家中凌乱，地头的庄稼也差人一截。对于村里的这些能干人与懒人，村民有目共睹，对他们的评价也成为村民日常闲聊的主要话题：

> 那彭 QT 现在越来越懒了，别人都在薅苞谷草了他还赖在家里不动，后来就买个农药回来打，结果呢？草倒是死了一些，可那苞谷苗也死了一半，你搞农活怕吃苦怎么行？①

> 那彭 WF 小儿子现在结婚后好像变勤快多了哦，那天还那么早，看他和他媳妇就已经在用粪水浇园了，以前他哪里会碰那些东西呀，不都是搞化肥么，真是结婚后就好像长大许多啊！②

以上访谈内容是笔者在宣恩彭家寨组长家随意记录下来的，当时恰逢天下大雨几个中老年妇女聚在那里闲聊。从资料中可以看出，村民所谓的"个人行动"其实都暴露在别人的视线之下，这些评价在无形中可以督促并制约着当事人的行为。费老先生曾经指出："一块杂草多的田地会给它的主人带来不好的名声。因此，这种激励劳动的因素比害怕挨饿还要深。"③ 这种评价结果或明或暗地监督着村民的个人行为，为传统生态知识的延续提供了有利的心理动因和传承氛围。

村民们在对个体成员进行评价与认定过程中，"不论当事人抑或是旁听者，此种舆论上的评价无疑是对每一个成员身心的一次触动，是对成员观念及其行为所施加的一种既是外在的也是内在的压力"④。身处土家社会中的每一位个体成员，时时刻刻都可能体会到这种压力的存在，他们自

---

① 访谈对象：杨 LF，女，58 岁，土家族，小学文化，访谈时间、地点：2012 年 9 月于恩施宣恩。

② 访谈对象：彭 Y，女，32 岁，土家族，初中文化，访谈时间、地点：2012 年 9 月于恩施宣恩。

③ 费孝通：《江村经济——中国农民的生活》，商务印书馆 2001 年版，第 160 页。

④ 詹娜：《农耕技术民俗的传承与变迁研究》，中国社会科学出版社 2009 年版，第 195 页。

觉向"能干人"看齐，主动学习他们合理改造自然环境的经验、学习他们增产增收的技术、学习他们处理废弃物保护环境的知识等，促进了传统生态知识的横向传播与延续。

三 "权威"人士的指引与推动

在土家社会里，"权威人士"的作用是不容忽视的，这些"权威人士"既包括当地的风水先生、道士和梯玛，也包括家族族长、民间医生、土专家等，他们在乡土社会里具有重要影响力，在履行自身职责的同时也不自觉地促进了传统生态知识的延续与传承。

> 个案：酉阳后溪老中医刘 ZH
>
> 刘 ZH 是酉阳后溪有名的老中医，他在此地行医已达三十余年，但他"有名"不仅仅是因为他医治过这个地方的病人，更在于镇上许多地方都有他的墨宝。他写字、作记、撰联、题扁、铭碑，都是别人慕名请他写的，他还经常在报上发表散文随笔，在当地具有重要影响力。
>
> 年过花甲的刘医生现在还经常上山采药，一些常用的植物药材他就把它们种植在家中，既可以观赏又可以随时取来当作药用。如果有他人来访，刘医生会耐心为他们讲解这些植物的名称及功效，并教当地人到哪里采集这些药草预防疾病。
>
> 刘医生业余还喜欢收藏奇石古玩，他将土家人传统社会里所使用的农耕用具、渔猎用具、传统木雕、石雕等都收藏在家中，他说这些东西是土家人在漫长的农耕社会中为了适应自然、改造自然而留下的宝贵精品，都具有重要历史价值，反映了土家人过去的生活，现在这些工具都很少见到了，再不珍藏以后遗失了怪可惜的。他还自制了一个牛图腾放置在家中，并告知后人不能忘记土家族的传统信仰。
>
> 刘医生最拿手也曾被多家电视台报道的，还是他亲手捏造的"柚子龟"。据了解，在旧石器时期，生长在武陵山区酉水河畔的土家人就有制作柚子龟的传统。他们把柚子内腹取出，以整个柚子壳为原型，经过多道工序，慢慢拿捏，将那圆溜溜的柚子壳捏成栩栩如生的长寿龟。阴干后，就将火草放入内部，火镰、火石挂在外面，火镰击火石取火点燃火草吸烟。在"柚子龟"这种民间绝技几近灭绝之

时，刘医生继承和发展了土家族这一传统精湛的绝技，他在原始"柚子龟"工艺流程的基础上，还将龟腹部放入当地的青蒿、薄荷、山菊等20多味中草药物，药物香味扑鼻，据说这样挂于腰间可以达到驱瘟避疫之奇效。"后溪柚子龟"被业内人士称为"后溪一绝"。

传统农耕工具

传统渔猎用具

自制的柚子龟

自制的牛图腾

图5—7 刘医生家的藏品

在酉阳后溪调查中，当笔者向其他人打听刘 ZH 医生的情况时，他们都非常熟悉并能准确说出刘医生的住址，他们对刘医生的医术、才学、人品都佩服得五体投地。他们在找刘医生看病、撰联的同时，也欣赏着医生家的藏品和药用植物，许多传统生态知识由此不断传承（见图5—7）。

个案：永顺双凤村茅古斯传承人田老

田老是双凤村继彭英威之后的土家族茅古斯舞第四代传承人，今年72岁，初小文化，他是双凤村历史发展的见证人，也是当地土家族传统生态知识的重要传承者之一。

　　双凤村每年春节期间都会举办舍巴活动，活动历时长达八夜七天，田老先生几乎每年都参与其中。在社巴日活动中，田老和其他村民一起用稻草模仿毛人祖先表演茅古斯，通过原始狩猎、捕鱼、伐木烧畲、祭梅山等舞蹈展现土家先民在原始社会里如何有效利用自然满足自身需求、如何适应与改造自然环境的场景，虽然内容主要是讲"先人来历，先人生活"，但也传授着不少传统生态知识。

　　田老先生年轻时经常参与狩猎活动，狩猎经验非常丰富，他经常将这些宝贵经验毫无保留地传给后人。如今，田老先生在家中还专门饲养有自己驯养的竹鸡和锦鸡媚子，保存着自制的套鸟工具，虽然年已古稀但有时还会带年轻人一起到大山中去套鸟。

　　此外，田老先生还时常以一位长者的身份禁止村民随意砍树，他时常教育后人"有山才有水，山水才能护村"，村寨周围两公里以内的这些山都不能砍，甚至干柴都不允许捡，村民如果要用材，可以到村寨两公里以外的自家林地里去找。正是由于老辈人观念的代代相传，年轻人才形成了一种保护"禁山"树木的自觉意识（见图5—8）。

图5—8　田老及饲养的竹鸡和锦鸡媚子

（摄于永顺双凤村）

在土家族地区，这些特殊人物熟悉本民族的历史、文化和风土人情，掌握了许多合理利用自然资源、适应生态环境的传统知识，在当地具有重要影响力，他们在传承民族优秀文化的过程中发挥着重要作用。

第四节　外部环境制衡机理

外部环境对土家族传统生态知识的传承也具有重要作用。一方面，自然环境的长期稳定性为土家族传统生态知识的延续提供了合理空间；另一方面，政治环境的控制也限制了人们的破坏行为，使生态保护逐渐成为群众的自觉，促使人们的生态理念得以有效传承。

一　生存环境的长期稳定性

土家人常年生活在武陵山区的高山环境之中，虽然社会在不断发展变迁，但土家族地区的生存环境一直处于相对稳定的状态，这为土家族传统生态知识的传承提供了合适的空间。

一方面，土家族地区长期稳定的特殊自然气候环境阻止了新技术、新知识的采用。吉首大学杨庭硕教授曾经指出："无机环境，如地质、地貌、气候等要素变化的速度极为缓慢，有些内容在人类来到这个星球上的数百万年间几乎没有发生过明显变化。生态环境，如森林、草原变化的速率也很缓慢。"① 各民族本土生态知识是针对无机环境和生态环境的适应要求建构起来的，由于适应的对象不会轻易改变，因此本土生态知识也不会在短期内失效。土家族地区自然气候环境特殊，其他地方的新技术、新知识不一定会适应当地的生态系统。如"大跃进"时期，湘西保靖县为了促进水稻增产增收，用行政手段在高山寒冷、峡谷冷浸地方强行种植，最后终因日照、温度不足而失败。与此同时，他们在部分水田地区推行稻—稻—麦（或稻—油—肥）一年三熟，部分旱土地区推行麦类—苞谷—红苕或春洋芋—苞谷—红苕一年三熟，后来也终因肥料、资金、劳

---

① 杨庭硕、田红：《本土生态知识引论》，民族出版社2010年版，第51页。

力、温度不足，一年三熟失败。① 1966 年恩施建始县五星大队试种"小麦、红薯、洋芋"一年三熟，结果终因密度难以达到或"三争"（争肥、水、光）矛盾突出，导致"种的多而收的少"。② 因此，只有结合武陵山区特殊气候条件，具体问题具体分析才能做出正确的决策。

另一方面，土家族地区长期稳定的生存环境使人们一直延续着农、林、牧业兼营的传统生计方式和生活方式，传统生态知识在土家人的世界里一直发挥着重要效用。虽然改土归流以后的大规模移民开发和"文革"时期"大炼钢铁"都对武陵山区的森林植被造成破坏，但由于不少地区还是重视植树造林的，加之武陵地区生态自然恢复能力也相当强，所以本地区的森林覆盖率依然比较高，土家族的生存环境没有发生根本的变化。"特定人群的传统知识是在应对自然的不断'失败'与'成功'中积累起来的，而一旦被积累起来，就将会在特定人群中被不断地使用……若不到万不得已的情况下，人们是不会轻易地放弃其传统知识的。"③

土家族传统生态知识生成的自然生态一直相对稳定，虽然该地区曾经发生过多次自然灾害，但并没有发生重大的生态突变，因此传统生态知识在应对稳定的自然环境的时候依然可以长期有效地发挥作用。

二 政治环境的控制

土家族地区山高林密，森林资源丰富，这与土家族地区地方官府的政治权力控制是分不开的，他们一直具有保护森林植被的传统，禁止乱砍滥伐山林，经常发布告示要求乡民植树或立碑保护山林树木。这些政治权力控制在促进了土家族生态环境保护的同时，也促进了土家族传统生态知识的传承。如清雍正时期张家界市永定区向云轩撰文所立的《朝天观护林碑》云："观座于峰极，风大冥挡……为防风暴袭击，三十八位僧人，移栽松树百二十株，于寺观四周，到人管理，负责成活。自此后，不得在树下拴牲口、生火取暖、燃放鞭炮，冬防冻凌、夏防狂风暴雨……"④ 该碑

---

① 保靖县征史修志领导小组：《保靖县志》，中国文史出版社 1990 年版，第 140 页。
② 戴凤庭等：《建始县农业志（初稿）》，1988 年，第 148 页。
③ 罗康隆、杨庭硕：《生态维护中的民间传统知识》，《吉首大学学报》（人文社会科学版）2006 年第 4 期。
④ 该碑现存于湖南张家界市永定区兴隆徐家峪村。

至今保存完好，它不仅明确记载了森林在防冻凌与风暴方面的作用，还提出了若干保护措施。清同治年间贵州印江知事刘肇观所立《汪家沟禁砍山林碑》云："严禁盗砍树木，以清地方事案。……九道溪一带地方，土多田少，尚有丁粮。乡民寒苦，金赖护蓄山林，卖材以纳国课。……为此，示仰县属诸邑人等知悉：嗣后割材草者，只准在外割野草，毋得盗窃树木。朗示之后，尚有前项恶徒，结党成群，再以借割草为名，暗中偷砍树木者，许各牌乡民等，指名扭禀，以凭惩究，各宜禀遵毋违……"[①] 该碑的竖立，对保护九道溪一带山林树木，保护当地生态环境发挥了非常重要的作用。宣统元年（1909 年），施南府为保护山林令石匠刻山林禁令石碑于境内各处，名《勒石永禁》。今恩施天桥、黄泥塘、高拱桥、向家村、小龙潭、柳州城、南门、熊家岩、董家店等十余处还可见到。《勒石永禁》告知民众："府县批准立案，一律禁止外，合及勒石永禁。为此，示仰阖邑居民人等知悉，自示之后，有违犯禁令偷伐树木者，准告该团约地邻事主，协力扭送来县，随时严予惩治，以保林业而靖盗风。尔居民人等，亦各就近联络，守望相助。毋窝藏，毋循隐，毋宽纵，毋推诿，使条枚不遭戕贼，长养各遂生机，数年之后，同享美利。"[②] 此外，梵净山清代的《梵净山禁树碑记》《名播万年碑》《勒石垂碑》三块碑也都表现出地方官员对保护森林生态的重视。

民国以来，土家族地区地方政府也采取了一系列措施保护山林树木。1936—1937 年，来凤县政府为了鼓励村民植树造林，分别制定了《来凤县植树造林运动纲要》和《来凤县植树造林实施办法》，条约认为该县多山，荒废甚多，森林可预防风、水、旱灾，调和风景卫生，木材、花、果、叶均能受益，要求每年春季开展群众性造林运动。[③] 1953 年 6 月，针对各地毁林开荒砍伐用材幼树的问题，龙山县人民政府及时发布了《制止砍伐用材幼树，确保国家森林资源的通知》，使砍伐幼树的现象很快被制止。1956 年 8 月，针对山林入社出现乱砍滥伐的情况，龙山县人民委

---

① 该碑现存于贵州印江县城南九道溪上游汪家井旁。转引自彭福荣、李良品、傅小彪《乌江流域历代碑刻选辑》，重庆出版社 2007 年版，第 464—465 页。

② 周兴茂：《土家族区域可持续发展研究》，中央民族大学出版社 2002 年版，第 265 页。

③ 何宗宪：《来凤县民国实录》，1999 年，第 123—125 页。

员会又发布了《关于加强现有森林保护，防止乱砍滥伐森林的布告》。1957 年，全县各级还建立了护林组织，每年秋冬都进行一次森林保护大检查，并发动群众订立保护森林的乡规民约。在森林防火方面，他们对烧灰积肥提出了"六不准"，即"风大不准烧，太阳大不准烧，无打火工具不准烧，无人看管不准烧，没开防火线不准烧，不经批准不准烧"[①]。1957 年，咸丰县人民政府发布《关于严防山火保护森林的布告》（详见下文），这些措施有效控制了人们破坏森林的行为，为传统生态知识的传承营造了良好的传承空间。

关于严防山火保护森林的布告[②]

一、在山火严重的季节里，各级组织等要把严防山火保护森林，列为日常的重要工作之一。全县人民要把严防山火保护森林，认为是人民应尽之责，做到社社不烧山，人人防火情。

二、烧火积肥，必须做到下列五不烧：

（1）未经乡社批准不能烧；

（2）没有专人负责不能烧；

（3）四周未开好防火线不能烧；

（4）大风天气不能烧；

（5）没有准备好打火工具不能烧。

三、改烧田埂草为割田埂草；改烧灰肥为割草沤肥。

四、林区内及附近居民，每人都要准备一样打火工具，见山火发生后，立即向上反映，组织群众扑灭山火。

五、夜间打火把，火花落地，即踩即熄。在林区内不要随便抛烟头、烧火取暖、做饭等。

改革开放以后，国家各级政府更加注重对生态环境和自然资源的保护，先后成立了各级自然保护区，颁布了一系列法律法规文件，国土资源局、林业局、环保局、水利局、农业局等部门都加大了对自然资源的管理

---

① 龙山县修志办公室：《龙山县志》，1985 年，第 177—178 页。

② 《咸丰县志》编纂委员会：《咸丰县志》，武汉大学出版社 1990 年版，第 140 页。

和生态污染的防治。如贵州沿河县深入贯彻《贵州省封山育林管理办法》，1987—1989 年连续三年大力加强本地封山育林管理：1987 年封山育林 24.44 万亩，其中当年新封 10.65 万亩；1988 年立护林牌（碑）27 块，全县封山育林 28.71 万亩，其中当年新封 4.47 万亩；1989 年又立护林牌（碑）17 块，全县封山育林 32 万亩，其中当年新封 3.3 万亩并在各个封山地订立乡规民约。① 1989 年，巴东县提出《振兴林业，十年绿化巴东的决定》，依托长江防护林工程建设，1989—1991 年完成荒山造林 14346.7公顷，封山育林补植 3786.7 公顷。1992 年提出 "两年消灭荒山，五年绿化巴东" 的奋斗目标，1992—1993 年完成荒山造林 11053.3 公顷，封山育林 3140 公顷。1989—1995 年造林灭荒 33733.3 公顷，封山育林 6966.7公顷。②

　　政府部门的政治权利控制规范了土家人的生态破坏行为，也促使人们的生态理念得以有效传承，生态保护成为土家人的一种自觉行为。

本章小结

　　土家族传统生态知识在历史上主要通过 "纵向承继" 与 "横向传播" 两种途径传承，其传承机理主要分为四种形式：第一类为教育内化机理，通过个体实践及民间叙事的教化将传统动植物知识、生产技能及生态思想内化到社会成员的心里；第二类为仪式强化机理，土家人每年举行的各类仪式活动通过 "人、神" 的结合，在满足当地民众一定心理需求的同时，也强化了社区族群对生态知识的集体记忆；第三类为人际网络引导机理，个体是生活在一定的社会关系之中的，社会关系网络中的 "拉家常" 场景、村落评价尺度、特殊人物都在引导传统生态知识的横向传播；第四类为外部制衡机理，自然生态环境的稳定性和政治经济权利的控制也间接促进了传统知识的传承。这四种机理相互作用，共同构筑了一个承载着生态知识和土家民族文化的高度综合的文化传承空间。

---

① 《沿河土家族自治县志》编纂委员会：《沿河土家族自治县志》，贵州人民出版社 1993 年版，第 167—168 页。

② 巴东县地方志编纂委员会：《巴东县志（1986—2005）》，中国文史出版社，第 109 页。

第 六 章

现代化背景下土家族传统生态知识的境遇

"传统"与"现代化"之间的关系复杂：一方面，某些传统作为民族历史发展的精华和科学健康的成果，不仅不会成为社会现代化的障碍，而且和本民族的现代化发展有着直接联系，现代化进程中需要继承和利用这些优良传统；另一方面，民族传统毕竟是历史上形成的，历史条件的改变会使某些传统自身丧失其存在的价值，现代科学技术的发展和环境的改变也会使许多具有珍贵价值的知识面临危机。20世纪80年代以来，土家族地区不断加快现代化的进程，取得了经济发展的巨大进步，许多宝贵的传统生态知识在当代依旧发挥着重要作用，但在传承中也面临着许多困难。

第一节 土家族传统生态知识的现代价值

挖掘和利用土家族传统生态知识不仅有利于应对当前的生态破坏和食品安全问题，弥补现代科学技术的缺憾，而且有利于充分利用当地的山地生态资源，对于今天建设社会主义生态文明，推动社会主义新农村建设和实现社会的发展等都具有重要的借鉴意义。

一 生态价值：生态维护与生物多样性的保护

随着工业化进程的不断加快和人地矛盾的日益突出，环境破坏越来越严重，挖掘和利用少数民族传统生态知识促进生态维护和生物多样性的保护不失为一个好的决策。杨庭硕教授曾经指出："各民族文化中确实蕴含了较之于现代科技并不逊色的生态智慧和生态技能"，"发掘和利用一种地方性知识，去维护所处地区的生态环境，是所有维护办法中成本最低廉的手段"①。土家先民在长期的历史进程中形成了一套依靠自然、利用自然与保护自然的朴素的生态观念和生态技术，这些具有本土实践经验的生态智慧对于应对当前日益恶化的生态环境可谓是一笔宝贵财富。

首先，土家族传统生态知识本身蕴含着许多生态维护技术。"传统的生态知识能够保持民族群体与生态环境之间的平衡，它构建出社区民众生产生活必须共同遵守的千古规则和价值理念……生物多样性的存在与其分不开。"② 土家族传统生态知识是世世代代的土家人应对当地独特生境积累起来的智慧，具有应对山地环境的特殊适应性。土家人栽种防护林防风固土、预留水平浅草带防止水土流失、利用天敌防治病虫害等这些技术知识都是直接应对当地特定的生态系统的，适应武陵山区特殊生态环境，有利于维护当地的生态平衡，具有普同性知识所无法替代的作用。梯田的建造既可以增加土家人的农作物收入，也可以减少山体滑坡的风险，有利于石漠化地区的治理。

其次，土家人利用自然的同时坚持用养结合，有利于生态恢复。土家人"用树"与"植树"相随，"用林"与"护林"相伴，有利于植被的尽快恢复。"南方山地民族农耕文化不是对生态进行掠夺性开发，而是一种通过开发和补偿两种机制实现自我调适的文化系统。"③ 土家人的刀耕火种常常被认为是一种破坏生态的行为，其实也充满了他们对生态环境的理性认知。长期积累的生活经验告诉他们：这种火畲地在为村民带来一定作物收成的同时也有利于飞籽林的成长，因为在杂草丛生的荒山地里，随风飘落的马尾松、杉木等树种很难生长，树种无法接触土地要么自己烂掉了，要么就被鸟鹊吃掉了，但火畲地土壤相对蓬松，树种掉落后易于落地生根发芽，成林也很快。

最后，土家族的传统生态知识具有敬畏自然的朴素的生态观，它认为"万物有灵"，客观上有利于生态维护和生物多样性的保护。土家人认为无论是山川河流、古树、巨石、土地、坟山、动物、植物等都是崇拜的对

---

① 杨庭硕：《论地方性知识的生态价值》，《吉首大学学报》（社会科学版）2004 年第 7 期。

② 何大勇：《构建人与自然的和谐：传统生态学知识的价值》，《贵州民族研究》2006 年第 6 期。

③ 柏贵喜：《南方山地民族传统文化与生态环境保护》，《中南民族学院学报》（哲学社会科学版）1997 年第 2 期。

象。因此，村寨中的神山、神林禁止挖掘，许多杉木、枫香、银杏、樟树等上百种古树不能砍伐，一些野生动物也被列为禁忌狩猎的范围。在被列为"封山育林"的禁区，任何人都不允许进入砍伐森林或狩猎，使当地宝贵的生物资源得到了神明的庇护。虽然这些内容保留有很多"原生态色彩"，并非科学，但它与当今我们所倡导的科学发展观、建立和谐社会的许多内容是协调一致的：它摒弃人类自我中心主义，反对人们不顾自然环境的承受能力而过度滥用自然资源，等等。土家人民正是用这些神圣理念和自觉的行动保护了周边的自然环境，维护了周边地区的生态平衡，促进了生物多样性的保护。

二 经济价值：山地资源的充分合理利用

土家族是一个典型的山地民族，他们长期以来一直实行农、林、牧、渔复合经营模式，许多人既是种粮者、种茶者、植树者，又是渔民、猎人、工匠，他们充分利用身边的森林资源、水利资源、土地资源及野生动植物资源，使各种资源都能发挥应有的价值，因而可以持续而稳定地获得比单一土地利用方式更高的经济效益和社会效益。彭家寨种植大户彭 WC 介绍说：

> 我儿媳妇生了一对双胞胎，孩子太小所以就没有再出门打工，不过我们每年的收入还是很可观的。我们四人种了八亩百合和六亩的贝母（许多地是租的），一般而言，一亩地大概都可以赚一万元，当然有时也存在市场风险。另外还养了一些山羊，母羊一年可以产两胎，五六个月就可以长到四五十斤，每年卖 50 头羊可以收入三四万元。我们还用荒坡种了七八百棵橘树和柚子树，现在刚种两年，以后肯定收入也不错。我还是个吊脚楼木工师傅，偶尔还给别人做点木工活。我们自家种了一些稻谷、苞谷、黄豆等作物，种了蔬菜喂了猪，自己吃的东西平时都不需要买，有时间的话我们还上山采集植物、下河捞鱼捞虾来改善生活。

在对土地的有效利用方面，土家人希望"地尽其力"，重视每一寸土地，他们根据当地环境在不同的海拔地带种植不同的农作物，尽可能使每片土地发挥最大价值。在同一块土地上，他们实行间作、轮作、套种相结合，合理密植，有效提高了农作物产量。对于土地本来就稀缺的武陵山区来说，这种方法不管是从效益上还是从种植时间周期成本上都显得非常重要。这些传统技术知识促进了土家人的增产增收，凸显出重要的经济价值。俗话说"靠山吃山"，聪明的土家人利用传统的生态认知合理利用山地资源，也走出了一条条致富路。在来凤大河镇调查时，笔者就亲眼见证了当地楠竹的发展概况。

个案：　冷水溪村的"绿色银行"

鄂西来凤县大河镇冷水溪村是该县有名的"楠竹第一村"，以楠竹为主的森林覆盖率在 85% 以上，村民们依靠自己双手建造的一座座"绿色银行"过上了富足的日子（见图 6—1）。

早在 2002 年，伴随"打工潮"的日益兴起，该村许多劳动力纷纷赴广东、浙江等沿海地区打工，全村留守在家务农的劳动力不足 40%，"人走了，家门口的山头地块不能荒芜"。村党支部书记吴光正因势利导，一方面宣传国家退耕还林的惠农政策，另一方面给农民细算经济账和生态账，动员家家户户栽楠竹。开春时节，全村男女老少上山栽楠竹，房前屋后，田边地角，见缝插针，退耕还竹。许多外出务工的村民也抢在春节前后造竹，确保不留一块空地。8 年来，这里的楠竹已发展到近 5000 亩，不仅美化了家园环境，还增加了村民收入。

2010 年 2 月，吴光正动员村民组建了光正竹木专业合作社，走"公司＋合作社＋基地＋农户"的产业化经营模式。他们投资 100 多万元在大河镇建起了凉席加工厂，日均加工楠竹 4 吨，产品畅销州内及重庆、湖南等周边各地，上百个工人常年加工竹凉席，现在一年的销售收入可以达到 2000 万元（见图 6—2）。在山头现场交易，楠竹成交价也由 8 年前的 1—3 元上涨到 12—15 元，楠竹丰产林基地每亩年均纯收入在 1200 元以上，楠竹不愁销路，价格越卖越好。村民严格执行"五砍五不砍"，即"砍密不砍稀，砍劣不砍优，砍老竹不砍嫩竹，砍冬竹不砍春竹，砍林内竹不砍林缘竹"，保持合理的竹龄结构，年年间伐，年年有收入，荷包也越来越鼓。

除了大竹可以带来收入以外，竹笋也是村民收入的来源之一。竹笋含有维生素、磷、铁、钙和18种氨基酸、胡萝卜素等成分，具有减肥、降血脂、抗衰老等多种保健功能，是公认的最佳绿色天然食品。楠竹笋芽在7—8月份开始萌动，到了冬季芽体膨大成为竹笋，称为"冬笋"，可挖取食用。春笋一般3月中、下旬开始出土，村民挖春笋遵从"初期挖笋，中期选笋留母竹，后期笋挖光"的原则。（因为早期笋价格高，经济效益好，及时挖除早期笋，还可减少养分消耗，促使处于休眠状态但具有分生能力的笋芽萌发，达到多出笋，提高产量的目的。而后期出土的竹笋成竹率低，成竹质量差，不宜留作母竹。）这种挖笋原则在保证新竹发展的同时也获得了一定的经济效益。

图6—1　山坡上的楠竹林　　　图6—2　光正竹木专业合作社生产的竹凉席

（摄于来凤大河）　　　　　　　　　　（摄于来凤大河）

在这一个案中，冷水溪村人利用对楠竹的传统认知，大力发展楠竹，充分利用了当地的土地资源。这些楠竹不仅美化了家园环境，还增加了农民收入。村民"五砍五不砍"的间伐计划和"初期挖笋，中期选笋留母竹，后期笋挖光"的挖笋原则实现了资源的可持续利用，保证村民年年有收入。因此，该村一些村民还戏称："平原大坝是个名，三沟两岔出金银"，土家族传统生态知识有效实现了土地资源的充分合理利用。

土家人利用动物的不同习性实行混合循环养殖实现了水资源的充分利用（见图6—3）。就养鱼来说，一定面积的水域适合喂养的鱼类数量是有限的，土家人巧妙地选择不同鱼种混合喂养则会实现更大的经济价值。在来凤马家园调查时，笔者发现他们有的农户将鹅、青鱼、草鱼、鲢鱼、鲤鱼、鳙鱼、鳝鱼混为一塘，他们在池塘边种草，将鹅圈修在水池边，"这鹅吃草，晚上拉的粪便落下去鱼可以吃。青鱼一般在水的上层，以浮游生物为生；草鱼居中，主要吃草；鲤鱼和鲢鱼可以吃草籽及寄生虫、粪便等；青鱼、草鱼、鲢鱼、鲤鱼都不吃的则正是底层鳙鱼所需要的；四种水上鱼都不吃的东西又可以被泥里的鳝鱼吃掉。"① 他们还根据池塘面积选择大小不同的鱼类数量，达到了喂养单一鱼种所无法实现的经济效益。

图6—3　混合循环养殖

（摄于来凤马家园村）

三　科技价值：弥补现代科学技术的缺憾

在现代科技日益发达的现代社会，科学技术无疑对各行各业的发展做出了巨大的贡献，但是我们也应当看到现代科技不足一面。在土家族地区，由于地理、气候等各种因素的制约，许多现代机械无法使用，许多现代技术在当地收效甚微，而传统的、本土的地方性知识与技术却很好地发挥了它的功效。杨庭硕教授曾经指出："此类高度综合性的生态智慧与技

---

① 访谈对象：李DF，男，54岁，土家族，访谈时间、地点：2013年3月于来凤马家园。

能，不仅在实践上行之有效，而且还蕴涵着极大的可创新潜力。发掘并利用得当，完全可以解决一些现代科学技术难以解决的重大生态难题。"[①]因此，可以说土家族地区的传统生态知识在一定程度上有利于弥补现代科学技术的缺憾与不足。

武陵山区土家人在长期的农业生产中通过认真观察天象及动植物变化现象，总结出了许多有关物候学和气象学知识的谚语。这些谚语是实用性很强的地方性知识，一直以来不仅指导着人们的生产生活，而且为现代气象等自然科学的研究提供了很好的知识标本与素材。在科技高速发展的今天，预测气候和气象早已用上卫星探测、遥感技术等先进的科学技术，但由于我国地形复杂，小气候分布很广，有的山地气候是现代天气预报很难预测的。因此，许多土家农户反映通过收听电视节目得来的气象预报信息并不是很准，很多时候还得借助传统气象生态知识，只有两者结合才能更有效地安排指导农事活动。

土家人的传统生态知识也有利于弥补现代医疗技术的不足。土家人依据自己长年对周围药用植物的认知，生病时随时采药材，不花一分钱，而且治疗及时。虽然现在人们的就医渠道有所拓宽，但由于山高路远，土家人出行并不是特别便利，附近的乡卫生院或县医院医疗条件和技术也极为有限。因此，草药在土家山寨可以起到现代医疗不可替代的作用。此外，现代西药大都具有副作用，有些病暂时治好了可后期容易复发，或者虽然这种病治好了但又滋生了另一种病，利用中草药不仅治疗副作用小，而且有些病可以达到除根的效果。笔者在来凤大河镇调查时，该镇林业站老贾介绍说：

> 我老婆以前有一次叫肚子疼，到医院拍片、查血各种检查都做了，又吃药、又打针折腾了那么久还是止不住。附近一个老婆婆知道后对我说，你让她吃一个芋头看看，如果吃起来觉得芋头苦涩难咽就不要吃了，如果觉得很甜就把它吃完。后来我抱着试试的想法，拿个芋头给老婆，没想到老婆觉得好吃就把一整个都吃完了，过了一个小时就真的不疼了，真是神奇呀！比看医生还有效！

---

① 杨庭硕：《生态人类学导论》，民族出版社 2007 年版，第 102 页。

在这个个案中，土家人凭借当地对芋头的传统认知，没有借用任何药物就巧妙解决了病人的痛苦，有效弥补了现代医学知识的不足。

20 世纪 70 年代以来，化肥、农药在全国大面积推广，它们在促进作物增产增收的同时，其弊端也不容忽视：既容易导致环境污染与土质下降，又会危害人们的身体。蕾切尔·卡逊的作品《寂静的春天》1962 年在美国出版，该书关注农药对人类的危害，并把环境保护问题提到了各国政府面前，其内容引发了公众对环境问题的注意。据相关文献报道，农药利用率一般为 10%，约 90% 仍然残留在环境中。大量散失的农药或者挥发到空气中，或者流入水体中，或者沉降聚集在土壤中，或者残留在农畜渔果产品上，这些都会间接对人体产生危害。另外，农药的使用在杀死害虫的同时，也会杀死其他食害虫的益鸟、益兽，使益鸟、益兽数量大大减少，从而破坏生态平衡。加之经常使用农药，容易使害虫产生抗药性，导致用药次数和用药量的增加，加大对环境的污染和对生态的破坏。长期大量施用化肥除了会带来环境污染外还会造成土壤板结化，土地会越种越瘦且让庄稼产生抗肥性。土家人合理施用农家肥、对农作物病虫害实施药物防治、生物防治和人工防治相结合的防治技术，充分发挥了生态保护的正效应。如龙山县蔬菜种植面积达 10 万亩，他们对种植蔬菜土壤肥力的保持主要靠作物秸秆、畜禽粪肥、豆科作物、绿肥和有机废弃物，对于杂草和病虫害控制的主要手段是轮作以及各种物理、生物和生态措施。因此龙山蔬菜非常受外界欢迎，并成为长沙市蔬菜直供基地。龙山县被湖南省质量技术监督局批准创建"全省农业标准化示范区"。

四　产业开发价值：生态产业与绿色产品

进入 21 世纪，随着经济与技术发展引发的自然生态灾害日益严重，中国共产党第十七次全国代表大会报告中把"建设生态文明"明确列为全党全国人民的奋斗目标，包括生态农业、生态林业、生态畜牧业在内的生态产业的发展成为民族地区经济发展的主要趋势。生态产业主张顺应自然和保护自然，追求在提高生态效益的基础上提高经济效益，极力强调生态环境安全、稳定，农业生产系统良性循环。近年来，土家族地区充分利用传统生态技术知识与现代高新技术相结合大力发展生态产业，取得了显著成效。

土家族地区根据不同条件的自然环境和优势，合理布局、分区开发，探索出一些适合本地发展的"资源互补型"循环经济模式，同一地域资源多途径利用，互为条件，互利互补。如发展桑蚕致富的来凤县旧司区水田乡在 20 世纪 90 年代就开始对 1400 亩桑园冬季间作绿肥、蔬菜，夏季套种魔芋等耐荫作物，桑枝加工装袋生产食用菌，桑皮造纸，蚕沙喂鱼或作肥料，形成了桑—菜—蚕—菌模式，大大地提高了经济效益。[①] 自 2006 年以来，武陵山区土家人还走出了一条以沼气为纽带的循环经济生态农业模式，他们让猪粪、人粪进入沼气池，用沼气做饭照明，沼液喂猪喂鱼、施肥除虫，沼渣生产食用菌，菌渣又做肥料和鱼饲料，实现了资源的循环利用。截至 2012 年，龙山县沼气入村覆盖率达 97%，年产沼气 2800 万立方米，满足了 40 万人的生活用能。近三年来，他们利用沼气种植蔬菜帮农民增收 6000 多万元；利用沼气养猪帮农民增收 650 多万元；利用沼气发展水果产业帮农民增收 7000 多万元。[②]

林下经济是武陵山区目前正在着力发展的一项新生产业，其中包含着土家族许多传统生态知识的利用。它以林地资源为依托，以科技为支撑，充分利用林下自然条件进行合理种植、养殖，充分利用土地资源，为生物生长创造良好的环境空间，有利于实现农、林、牧资源共享，优势互补，循环发展，为农村经济发展开辟新路。恩施市利用林下空间大力发展节约型、健康型、生态型种养业，他们建立以舞阳坝、小渡船、三岔、龙凤、崔家坝、白杨坪、太阳河为核心的林下特禽养殖基地，全市红腹锦鸡、珍珠鸡、野山鸡、野猪养殖户有 2579 户，林下药材基地现已发展到 30 多万亩。贵州沿河县截至 2012 年已发展林下种植天麻、黑麦草、蔬菜共 2 万余亩，林下养殖土鸡 1.5 万只、蜂蜜 5 吨、牛 2000 多头、山羊 2 万余只。西阳县麻旺镇在 319 国道线大力打造"林下经济养殖示范带"，目前清香

---

① 恩施自治州鄂西高效农业指南编辑委员会：《鄂西高校农业指南》，中国农业出版社 1993 年版，第 300 页。

② 段超、陈祖海：《2013 年武陵山片区生态文明建设发展报告》，湖北人民出版社 2014 年版，第 270 页。

村林下养殖示范带已具雏形。

俗话说"民以食为天",食品安全是关系到人类社会发展的头等大事。近年来,"瘦肉精猪肉""蛆柑""速成鸡"等事件引起了国人的广泛关注,人们对食品的要求也日益提高,绿色、无公害食品成为广大群众的共同梦想。土家族地区森林覆盖面广、工业污染少,具有生产绿色产品的天然环境。(湖北土家族地区绿色产品详见表6—1)许多地方利用当地特殊的地理气候,因地制宜发展反季节蔬菜,取得了良好的收益。如长阳县火烧坪被誉为"全国高山蔬菜第一县",由于高山地势高阔、阳光充足、夏秋温湿,蔬菜生产季节正是低山及城郊蔬菜生长的盲点,他们利用这一优势大力发展高山蔬菜,2008年直供奥运餐桌。绿色食品在生产过程中还要求化学污染物质降到最低,因此必须投放有机肥料或菌肥,施用无毒农药,推广生物治虫技术。鄂西利川毛坝乡前些年出口茶叶,因为农残超标,国外用户不要,损失很大。现在用传统方式生产、加工茶叶,十分旺销,当地无公害茶园、绿色食品茶园、有机茶园、名优茶生产园发展到10.2万亩,2011年茶叶出口创汇426万美元,出口创汇居全省茶叶生产乡镇第一位。总之,土家族这些生态知识都有利于食品的安全生产,可以促进绿色食品产业的发展。

表6—1 湖北土家族地区绿色产品概况

	主要绿色产品品牌	绿色产业规模
恩施州	"利川黄连""紫油厚朴""湖北贝母""板桥党参""凤头姜""白皮大蒜""贡水白柚""天佛莼菜""翠泉茶""黄金梨"等	魔芋总面积达到40万亩,无性系良种茶园达到25万亩,山羊养殖达到150万只;建设了三大药源基地板块,发展30个地道药材重点乡镇;建立凤头姜、山药基地、白皮大蒜等地方特色基地20万亩,薇菜、莼菜、葛粉等山野菜基地20万亩,高山蔬菜基地20万亩;全州东北、西南、东南建成板栗基地80万亩,核桃基地25万亩,贡水白柚基地15万亩

续表

	主要绿色产品品牌	绿色产业规模
长阳县	清江早茶 "清江冻银鱼" "隐龙山矿泉水" "土家嫂豆瓣酱" "清江鱼豆豉" "维特魔芋粉" "清江烤鱼" "清江香椿" "资丘木瓜" "波尔山羊肉" "盐松坪椪柑" 等	高山蔬菜基地面积稳定在 20 万亩,以清江优质椪柑为主的柑橘基地达到 12 万亩。建成了年产量 1 万吨以上的省重点淡水养殖出口基地。以清江茶为代表的优质茶叶基地面积达到了 5 万多亩。建成全国重点木瓜及栀果的 GAP 示范基地,全县药材面积达到 10 万亩,脱毒马铃薯面积约 1 万亩,新增魔芋面积 0.2 万亩
五峰县	"采花毛尖" "天麻剑毫" "向师傅茶" "水仙春毫" 等	绿色产品基地突破 50 万亩,绿色龙头企业达到 13 家

资料来源:参考部分网络资料整理而成。

五 社会价值:生态管理与社会可持续发展

可持续发展是一种特别从环境和自然资源角度提出的关于人类长期发展的战略和模式,它是指既满足现代人的需求,同时又不损害后代人满足需求的能力;既要保证适度的经济增长与结构优化,又要保护资源的永续利用和生态环境的优化,从而做到生态环境与经济相协调、持续共进。1996 年,第八届全国人民代表大会第四次会议上把可持续发展战略纳入了国民经济和社会发展计划。如今,可持续发展已经成为我们经济、社会、生态协调发展,全面进入小康社会的一项基本战略方针。土家族传统生态知识追求 "适度" 利用自然与 "用养结合",在许多方面为当代社会的可持续发展提供了极为有益的启示。

土家人在森林管理方面具有自己的一套独特经验。他们对森林实行分类管理,根据树木的不同用途将森林分为用材林、经济林、防护林、薪炭林和风景林五大类型,防护林和经济林严禁任何人采伐,有利于维护生态;经济林满足了人们追求经济利益的需求;用材林和薪炭林满足了人们日常生活所需。人们平时采伐以生长快、蓄积量大的松、杉、柏树为主,十分讲究采伐的计划性,注意 "砍弯留直、砍粗留细、砍密留稀、砍干留生","砍柴不挖蔸,割草不刨根",以保证其持续利用。土家族这套森林管理模式是在与大自然朝夕相处的漫长岁月中逐步探寻出来的,它既保证了人们的生活所需，又有效地维护了生态环境。这条路正是今天可持续林业的必由之路。

土家人在依赖和利用大自然的过程中追求"适度"原则，他们节约用水，实行独特的分水和轮放制度；他们珍惜土地，许多地带不允许随便动土；他们不许滥捕滥猎鸟蛇虫鱼等一切动物，如果因食用需要，也必须讲求适度，不能为了满足一时的贪欲而滥捕，注意狩猎要分季节，捕鱼要智取并"留大放小"；他们砍伐竹子、树木时要间伐，而不是一次砍光；他们种植喜树和"十八杉"，用树前先栽树，实行"用养结合"……这些正是土家族可持续发展思想的精华所在，对于实现人与自然的和谐发展具有极为重要的意义。

此外，土家人订立的乡规民约、族规家规等传统生态管理知识更有利于适应特定的环境和经济条件。对于一些偏远山区来说，政府实际上很难依靠行政和经济手段有效地管理森林，严厉的保护措施反而容易导致人们的反感。但村规民约是由社区成员共同参与制定的，是在大多数村民共识的基础上形成的，增强了村民对生态管理的参与意识。村规民约在生态资源管理的许多方面都可以有详细的规定并有对应的奖惩制度，具有很强的操作性，可以成为约束村民行为的强有力的社会机制，更适合当地农村的发展。

综上所述，土家族传统生态知识在现代化发展的今天仍然具有重要价值，"传统"与"现代"并不是完全对立的，两者应该实现有效对接。只有融入传统，吸收借鉴了传统知识后发展起来的现代技术才能更好地适应当地农民和农村的需要，才具有着广泛的发展前景。面对当今全球生态环境问题日益突出的严峻形势，传承土家族传统生态知识将有利于人们自觉树立起尊重自然、热爱自然、保护自然和与自然和谐相处的生态观念，在实践中不断约束和规范自己的行为。

第二节　当代土家族传统生态知识的传承现状及流失原因

改革开放以来，中国的经济建设取得前所未有的成绩，但同时也带来了环境的巨大压力和生态的进一步恶化。在土家族地区，随着国家对生态问题的重视及生态保护工程的推进，生态保护法规与管理不断健全，人们的生态意识不断增强，这为传统生态知识的传承带来一定机遇。但同时我们也要看到，随着现代科学技术的发展和市场经济利益的驱使，土家人的生计方式不断发生变迁，许多传统生态知识因逐步丧失其持续传承的条件而不断流失。

一 现代化背景下土家族传统生态知识的传承现状

20世纪80年代以来，广大农村逐步由传统的农业文明向工业文明转型，传统文化处于式微状态。为全面了解土家族传统生态知识的传承现状，笔者专门制定了访谈提纲，除了对田野中的村民进行调查以外，还专门对来凤一中、酉阳二中和酉阳实验初中的近六十名学生咨询了具体情况。通过调查了解的情况来看，目前土家族传统生态知识的处境大致可分为消失、濒危、衰退、重构这四种情形。

（一）消失

消失是指某些传统生态知识完全失传或不复存在的一种现象。土家人过去信奉万物有灵，对日月星辰、山石井土、风雨雷电、动植物等心存敬畏，这一传统生态观是在科学极不发达、生产力水平落后的时代产生的，如今随着社会的进步和科学技术的发展，土家人受教育程度不断提高，人们对自然有了较科学的认识，人们逐渐开始摆脱神灵的束缚，对自然万物不再心存敬畏，许多过去生产生活中的祭祀活动也因被视为迷信而遭到排斥。

此外，由于社会环境发生了重大变化，人们改造自然的能力得到全面提升，许多传统知识在现代社会中因为不再具备生命力而丧失。过去土家人崇尚俭朴、经济实用，服饰多就地取材，自纺、自织、自染，但如今，人们都是从商店选购成衣，草鞋、钉鞋已基本走出土家人的生活。土家人过去为了种植人畲田积累了一整套技术，他们有计划地砍山、烧山、适时播种，用极少的劳动付出得到了意想不到的收获。如今由于多重条件的制约和政府的限制，砍火畲的行为渐渐淡出人们的视野，与之相匹配的一套知识体系面临失传，适宜畲田种植的作物品种也逐渐消失。

（二）濒危

濒危是指某些传统生态知识只掌握在极少数人手中或仅在极小的社区

和群体中传承，后继乏人。这种情况在土家族地区十分普遍，如土家族吊脚楼现在正逐步被钢混结构的砖瓦屋所取代，传统吊脚楼的建造技艺正面临失传的危险；金属和塑料制品逐步取代了传统的竹、木制品，传统的竹编、木活技术也一天天消失，年轻一代多不愿意学习这一整套烦琐的技术，他们认为学习时间长，又没有市场；土家人过去在长期的渔猎生活中掌握了许多野生动物和鱼虾的习性，他们利用这些习性巧妙地抓捕它们，在保护庄稼、牲畜的同时也增加了自己的食物来源，但现在国家政策的保护限制了人们的渔猎行为，传统狩猎经验和野生动物习性认知相关知识也面临濒危。

土家族历史上将猪与牛、马、羊一起混合放养主要是因为在过去落后的生产力条件下，他们还不可能生产充足的谷物，自己的生活还在相当程度上依靠渔猎和采集，就更不可能准备猪的食物了。但当前人们除了能够生产自己的食物所需外还能种植多余的农作物，同时由于猪的放牧也会危害固定农田中的农作物，因此现在大多采用圈养的喂猪方式。

（三）衰退

衰退主要是从数量减少来说的，主要是指一些传统生态知识影响力减弱，掌握者和使用者大大减少。土家族过去喜酸好辣、追求多样化的取食方式，这是人们长期适应武陵山区特殊生态环境与经济条件的结果。可现在的年轻人在外生活时间长了，逐渐接受了外面的饮食方式，他们大都以大米为主食，杂粮很少食用。随着生活条件的不断改善，蔬菜品种的增多，现在很少有人再去采摘野菜食用，传统野生植物认知不断遗失，药用植物知识了解得就更少了。在调查中，笔者向近六十名初高中生咨询过同样的问题"你认识哪些药用植物？可以用于治疗什么病？"他们一般都只能回答1—2种，有的学生还一种都答不上来，综合他们所有人的答案，只有以下几种："青蒿可以止血，艾蒿可以治肚子痛，金钱草可以治结石，金银花清热解毒，鱼腥草治高血压，枇杷叶治疗咳嗽，仙人掌治疗跌打扭伤，黄连治肚子痛"。在问及本地区每个月有哪些不同的动物出现和花盛开时，没有一个人能够把12个月的物候特征说全。由此可见，这些年轻一代现在所掌握的生态知识是极为有限的。

武陵山区山多田少，长期以来土家人一直非常珍惜每一寸土地的使用，他们对农作物实行合理密植、轮作套种，掌握了一整套适应当地环境的、有利于作物高产高收的技术体系。但如今，由于土家人大量外出务工导致农村劳动力缺乏，过去稀有的土地资源在当今看来反处于闲置、贬值的状态，人们充分利用土地的那一套技术也逐渐被人们淡忘。

（四）重构

重构是指土家族传统生态知识在外来生态知识的影响下吸其外来"精华"弃己"糟粕"（并非一定是真的"糟粕"）而重新建构一套体系。这种外来生态知识既包括现代主流化生态知识，也包括其他民族的生态知识。传统生态知识是民族文化的组成部分，具有应对环境变迁而自我更新的能力，因此重构也是一种很普遍的现象。比如土家人现在采用农家肥做底肥、将化肥用作追肥；喂养本地黑猪自己吃，喂养长势快的白猪用于出售；西药和本地中草药结合治病好得快；等等。外来生态知识属于强势力量，它们进入乡土社会以后，总是不断设法摧毁原有的生态知识体系，这种知识解构与重构的趋势必然导致许多传统宝贵生态知识的流失。这些外来生态知识虽然在其他地方证明是先进可靠的，但是并不一定适应本土地形、气候等生态条件，因此有时也必须为之付出代价。

由于村寨所处地理位置的不同，土家族各地传统生态知识解构—重构的进程是不一样的。一般情况下，交通相对便利的地方受到现代科技的冲击力比较大，传统知识在现代化进程中很难固守，传统知识重构是突变型的；但在离城镇偏远的山区，现代化知识传入的速度相对较慢，传统知识重构是渐进型的，传统生存方式在很长时间内不会发生变化，外来生态知识只是传统知识的一种重要补充。

二　土家族传统生态知识的流失原因探析

从以上土家族传统生态知识的传承现状来看，在现代化背景下，土家族传统生态知识正在不断流失，这种现象是多方面原因综合作用造成的。

（一）人们对传统知识的现代价值认识不够

土家族传统生态知识蕴藏在人们日常生活中，由于当地人对这些宝贵智慧司空见惯，他们看不到这些知识背后的重要价值，许多人在享受现代化成果的同时认为传统生态知识已经过时，对这些知识的现代价值认识非常不够。

在利川小河桂花村调查时，笔者曾经向当地一名兽医咨询过家禽畜疫病防治技术，从这一访谈内容中可以明显感受出他们对这些传统知识的态度。访谈内容如下：

访谈内容：家禽畜疫病防治技术

访谈对象：邓PA，土家族，66岁，利川小河桂花村兽医

笔者：大叔，您好，不好意思过来打扰您，听村里人介绍说您以前是个兽医呀？

邓：是啊，从十几岁就开始搞了。

笔者：那您肯定经验丰富，您可否给我讲讲过去人们是怎么防治动物生病的呀？

邓：这个你问了还有啥子用哦？都过时了哇。

笔者：那不，这些东西现在还有很大价值哦，您就帮忙讲一点嘛！过去人们是不是一般都是用草药啊？

邓：过去没有那么多针药，草药肯定是要用的咯。

笔者：那草药一般可以治哪些病呢？

邓：比如说这个柴胡、荆芥可以在猪、牛感冒的时候用，黄柏、黄芪可以消炎。

笔者：那这些草药怎么让动物喝下去呢？

邓：那就麻烦哦，可以跟人一样煎水给它喝啦，也可以混到食物里喂。有的药可以晒干后磨成面，冲粉子给它灌。这哪有针药那么方便嘛！

笔者：那您现在还用这些知识吗？

邓：现在哪个还用哦，采药麻烦、熬药麻烦、喂药更麻烦，好的又慢。针药多好啊，一两针下去就好得差不多了，多省事哇！

笔者：那您有没有把这些传统知识教给自己的孩子或其他徒弟啊？

邓：这个东西现在都没什么意义了嘛，现成的针药不用，用这个搞什么哦？兽医现在都没有人愿意搞，不赚钱嘛，这些东西就更不可能有人学了。

在这个访谈个案中，邓兽医多次提及传统草药"过时""麻烦""没

意义"，而现代针药却省力又省事，对这些传统草药的现代价值认识非常不够。事实上，针药和传统防治技术在现代社会中各具优劣，只有将两者相结合才能更好地防治家禽畜疫病，为人类提供更加安全的肉制品。

除了普通乡民外，许多政府干部和农业技术人员对传统知识的价值认识也是非常不够的，如他们劝服人们使用杂交稻、杂交玉米提高产量，而忽视了对作物多样性的保护；劝服人们实行产业规模经营，而忽视了多样化经营在武陵山区的适应性；等等。现代化的发展改变了土家人的生活条件，科技的进步也减少了人们劳作的辛苦。因此，在现代社会中完全拒绝现代化的优秀成果是极不明智的，但是全然接受外来知识而抛弃祖辈千百年来留下的宝贵智慧也是非常愚蠢的，人们必须正确看待传统生态知识的现代价值。近年来，联合国教科文组织和世界知识产权组织等国际机构十分强调传统知识的地位，发展中国家也必须引起高度重视，将传统生态知识与现代科技有机结合。

（二）国家生态政策的治理

为了保护和改善生态环境，国家各级政府颁布了一系列的生态保护政策。这些生态政策有力促进了武陵山区植被的重建与恢复，但同时也破坏了土家族传统生态知识传承的自然场域。

一方面，国家生态政策对森林树木的"过度保护"阻止了土家人的"用养结合"。在传统社会中，土家人将森林分为用材林、经济林、防护林、薪炭林和风景林五大类型，实行"用树"与"植树"相结合，砍伐时注意"砍大留小、砍粗留细、砍密留稀"。但如今，国家生态政策提倡退耕还林，严格控制人们对森林树木的采伐，在自然保护区的管理更为严格，如《恩施土家族苗族自治州星斗山国家级自然保护区管理条例》规定："自然保护区根据保护、管理、建设、利用和科研的需要，划分为核心区、缓冲区和实验区。……禁止在自然保护区的核心区、缓冲区内进行采伐活动。严格限制在自然保护区的实验区内进行采伐活动；确有需要的，须依法向省林业行政主管部门申报采伐计划并经批准后，按程序实施。"这些措施限制了人们的正常使用，阻止了人们对森林树木的种种认知，也扼制了刀耕火种传统农业种植技术的传承。

另一方面，国家生态政策对野生动物的"过度保护"破坏了人与动物的和谐共处。渔猎生活是土家人的传统生计方式，他们在与野生动物的长期交往中了解了他们的生活习性，在保护庄稼、牲畜的同时也增加了自己的食物来源。土家族围猎的对象有专吃豆苗的野山羊，有吃苞谷棒棒的刺猪，但主要对象还是对庄稼危害最大的野猪。由于野猪缺少天敌，正因为有了一定数量的猎杀，才得以控制住这些动物的无限制繁衍，保护农作物，维护当地生态系统的平衡。如今，国家没收了人们的猎枪，严禁任何猎捕、杀害、出售或收购野生动物等行为。这些规定导致土家族渔猎行为的完全消失，野生动物大量繁衍，不仅与人类"争食"，还危害人类的安全，这对于尚未完全摆脱贫困的山区农民来说更是雪上加霜。笔者在田野调查中多次听到人们对野生动物的抱怨声音，如湘西龙山县草果村 74 岁老书记向 GR 曾说：

> 我们这里山大，特别是五组，山高林密，野猪特别多，种的谷子、洋芋、苞谷、红薯它都要来吃，所以在粮食快要成熟的时候必须派人去守，不然 1/3 的收成都难得到，种子、肥料钱都不够。现在村里的猎枪、铅等东西都被没收了，野猪再多也不能打。

在部分土家族地区，人们还要饱受多种动物的危害。在神农架下谷坪土家族乡，绿水青山成了各种动物生活的宝地，猕猴、野猪、黑熊的经常出没给当地居民的生活造成了很大的困扰。据当地统计数据显示，2009年一年内全乡 6 个村共有 1631 户的耕地受到野兽侵害，粮食受损亩数达到了 3998 亩。其中遭灾最严重的相思岭村，全村 93 户人家中有 84 户受到过野兽侵害。[①] 恩施建始县 2009 年还出现猖狂野猪进入菜园咬伤农妇的事件，人与野生动物的关系不再和谐。此外，由于土家人与野生动物的疏远，他们特有的丰富的动物学知识也随之消失，年轻人都不再学习狩猎技术，有的野生动物的名字很多人都叫不出来了。

（三）现代科技的介入与传统技术的变迁

现代科学技术的发展对人类的贡献是巨大的，利用这些先进技术有利于保护和重建生态环境，有利于控制环境污染和水土流失，有利于提高土

---

① 杜娟：《人与动物粮食之争——神农架下谷坪乡生态保护情况的实地调查》，硕士学位论文，中央民族大学，2011 年，第 26—29 页。

地产出率，减少人类对大自然的索取。但同时，现代科学技术的介入也扩大了人类改造自然、征服自然的能力，人们在传统社会中积累的许多技术知识慢慢流失。

1. 现代用具的推广

随着生产力的发展，现代化生产生活用具走进了千家万户，塑料盆取代了木盆，瓷碗代替了竹碗……现代化用具的大量使用提高了土家人的生活水准，但同时也导致了土家人传统手工技艺的流失。在传统社会里，勤劳的土家人利用当地丰富的竹木资源制造出许多生产生活必需品，他们善于选料、精于编织，能够根据人们的不同用途制作出不同式样的用具，练就了一身高超的技艺，小至锅碗瓢盆，大至吊脚楼、筒车、风雨桥，都充分体现了土家人的智慧。但如今，随着现代化用具的广泛推广，许多土家人都认为现代新型用具更漂亮、更方便实用，传统竹木器具在人们生活中逐步消失。以排灌工具为例，土家人过去常常使用竹筒、木枧、戽斗、龙骨车、桔槔、筒车等排灌工具，这些引水、提水工具多为当地竹木所制。后来，政府组织大建水轮泵站，推广水轮泵、水锤泵等提水机械，在有电源的地方还发展了电力提灌工程。这些新型排灌设施比传统工具提水扬程高，灌溉面积大，在农业生产中发挥了较大的作用，所以从 20 世纪 60 年代开始，传统引水、提水工具逐渐被淘汰，用水力带动的筒车也仅在某些小河边偶尔见到。①

2. 杂交品种的引进

俗话说："种子不选好，秋天一把草"，"种子一年一换，一亩多收几石"，种子质量的好坏始终是决定农业收成的最直接要素。20 世纪 60 年代以前，土家人一直延续传统作物品种，他们非常重视选种、留种工作，即使生活再艰难，他们也"宁吃爹娘饭，不吃种子粮"。许多有经验的农民不仅对各种作物的生长习性了如指掌，还娴熟地掌握着作物的选种及储存技术。

20 世纪 60 年代以后，土家族地区不断引进杂交品种，最先推广杂交玉米和水稻，到 70 年代中后期，恩单 2 号成为土家族地区普遍种植的玉

---

① 柏贵喜：《转型与发展——当代土家族社会文化变迁研究》，民族出版社 2001 年版，第73—76 页。

米品种，杂交水稻品种主要有南优 2 号、矮优 2 号、汕优 8 号、威优 6
号、汕优 2 号、南优 6 号等。80 年代以后，种子工作由"四自一辅"（自
选、自繁、自留、自用，辅之以调剂）向"四化一供"（生产专业化、加
工机械化、质量标准化、布局区域化，统一供种）转化，土家人在劳动
实践中逐渐意识到优良种子和科学种田的重要意义，他们纷纷学习新技术
知识，每年不惜花费大量金钱和路费去买种。不过这一新技术的推广并不
是一帆风顺的。2011 年笔者在草果村调查时，61 岁的老村长介绍了该村
杂交水稻的推广情况：

> 家庭联产承包责任制初期，我们这里使用的种子都是自己"头
> 一年留下来的"。每年稻谷收割后，我们首先要做的一件事就是"留
> 足下一年的谷种子"，不管是不是有粮食吃，也不管是不是缺钱花，
> "都不能把下一年的粮食种子吃了、卖了"，我们精心选种并妥善储
> 存。后来，政府推广一些新的稻谷种子，说是"杂交水稻"，我们最
> 初都不愿意采用这些新种子，但是，由于政府采取了一些优惠的扶持
> 政策，开始免费赠送种子还进行补贴，再加上看到别人采用这些新种
> 子后产量确实提高了很多，我们也就开始慢慢使用了。①

杂交水稻的推广提高了农作物的产量，但土家人传统的选种、育种、
储种技术也慢慢消失了。俗话说："良种要有良法"，采用了新种子后，
无论是在耕作技术还是在管理技术上都会与以前有所不同，一些传统农耕
技术知识在传承中出现断层。由于杂交水稻很多都是矮秆作物，不适宜同
时养鸭，因此很多地方稻田养鸭技术也在慢慢流失。

3. 化肥、农药的广泛使用

土家人过去不管种植什么庄稼作物都采用农家肥，他们也因此掌握了
一整套积肥、制肥、施肥的传统技术，这些农家肥虽然工序多、耗劳力，
但"含有大量有机质和作物生长必需的营养元素，是优质的有机肥
源……将之用在农业生产中，不仅可提高作物产量和品质，而且可以增加

---

① 访谈对象：向 XH，61 岁，土家族，小学文化，访谈时间、地点：2011 年 8 月于湖南龙
山。

土壤肥力，改善土壤理化性"。① 20 世纪 50 年代以来，土家族地区开始推广化学肥料，70 年代以后，化肥成为主要肥源，80 年代以前以氮肥和磷肥为主，80 年代以后尿素和复合肥得到普遍推广。化肥带来的巨大功效与便利是显而易见的，因而成为许多年轻人的首选，但与此同时，许多传统积肥技术及施肥技术却在不断流失。虽然一些上了年纪的老农们还坚持要给土地上些农家粪肥，但这些农家粪肥以人畜禽粪、草木灰为主，其他肥种如河泥肥、绿肥等由于工序麻烦则很少再被施用。

除了化肥外，各种除草剂、杀虫剂等化学农药也逐渐走入土家人的农事劳动中，这类化学药品虽然能防治农林病虫害、造福于人类，但也会对人畜产生危害，污染环境，同时阻碍了部分生态知识的传承。武陵山区土家人通过长期经验的积累，认识到部分动植物相生相克的关系，掌握了一套药物防治、生物防治和人工防治相结合的防治技术，针对不同作物、不同病虫使用不同方法，有效保护了农作物。他们认为"想要来年害虫少，冬天烧去地边草"，"春不施肥夏不锄，秋天易过冬来忧"，为了防治病虫害及杂草，人们注重田间耕种及管理的每一个环节，也掌握了一套独特的防治病虫及除草技术，如"湿锄高粱干锄花，不干不湿锄芝麻"，"牛粪当年富，猪粪年年强"，等等。但如今，由于人们寄希望于农药，不再讲究精耕细作，很多宝贵技术与经验也成为牺牲品。

（四）市场经济条件下农民经济理性的驱使

舒尔茨在《改造传统农业》一书中认为传统农业中的农民就像企业家一样，他们在特定的资源和技术约束下从事农业生产，追求利润的最大化，并根据利益调节生产以实现要素配置的最优化。他认为农民的行为符合理性选择，农民也是具有经济理性的人。

改革开放以后，市场经济威力远播，为了追求更好的生活，越来越多的土家人开始走出村寨，外出务工成为一股潮流。先是一些村民开始到镇上从事个体经营，后来则是更多的村民外出到沿海城市务工。由于在外时间长，打工经验丰富，一些人成为企业高级管理人员，一些人在外地有了自己的店铺，还有一些人通过多年打工积攒了数额不菲的资金后回乡盖楼

---

① 中国农业科学院土壤肥料研究所：《中国肥料》，上海科学技术出版社 1994 年版，第114—129 页。

房、办工厂。在这样一批成功人士的带领下，人们外出务工的积极性空前高涨，大多数人初中毕业后便离开家乡，部分农民甚至全家外出，经年不回。据笔者田野调查，鄂西彭家寨全寨254人，年轻劳动力除了个别特殊原因不能外出以外，其他五十多人几乎都在广州、浙江等地务工，常年不回。湘西龙山县草果村由于自然环境恶劣、土地产出非常有限，该村外出劳力占总劳力近70%。由于长年在外，他们每天耳濡目染着都市文化气息，离开了传统生态知识自然传承的场域，因此他们只能学习和掌握大量现代文化知识而非乡土社区的传统知识，这往往导致一些土家族民间传统知识的传承出现年龄断层，后备人才缺乏。

土家人现在大多选择砖瓦房而不是吊脚楼，其实也体现了他们的"经济理性"。在田野调查中，彭家寨一位吊脚楼木工师傅说：

> 如今修吊脚楼难啊，你首先要办采伐证，自己山上没有那么多树还得花钱买，我们村因为是特色村寨办采伐证还稍微容易点，其他村就更难了。现在砍树、锯树、运树、做木料、建房都需要钱，主要是现在人工贵呀，一天一个人100—120元根本做不了多少事情，哪里像过去盖房呀，请人过来帮忙仅供一顿饭就可以。不过做砖瓦房就快多了，省事又省钱，宽敞明亮住着也舒服。现在年轻人都不愿意学木工，我儿子就是这样，他们嫌做木工累，还要动脑思考，难学又不赚钱，所以现在会做的都只有我们这些老人了。①

从访谈资料来看，目前土家吊脚楼逐渐消失的原因主要有三：一是建造吊脚楼需要大量木材，这和国家禁止砍伐森林政策明显相左；二是建造吊脚楼工序繁杂，伐树、运树、建造都需要人力和技术，年轻人更愿意在外务工，不愿学这"难学又不赚钱"的传统技术，老人在家有心无力，而且现在人工费用也非常高，不如建造现代砖瓦房便利；三是人们认为建造现代砖瓦楼房比传统吊脚楼舒适、明亮，代表一种现代气息。正因为如此，许多外出务工的土家人为了改善家里的生活条件，挣了钱就想为家里

---

① 访谈对象：彭WC，64岁，土家族，小学文化，访谈时间、地点：2012年9月于湘西龙山。

重新修建一栋和外面一样的砖房。从这些原因来看，土家人的选择并不是缺乏理性思考的，追求美好生活是他们的合法权利，在这点上我们没有任何理由去责怪。

在市场经济条件下，为了追求经济效益，人们往往忽视环境价值和生态效益。在土家族地区，为了迅速提高生活水平及改变家乡面貌，许多人为了眼前利益而忽视传统"用养"结合的宝贵生态思想，他们偷偷到森林里砍伐树木运往外地出售，对自然资源进行掠夺式的开发和无节制的耗费。在调查中，笔者亲眼见到一些人将偷偷捕获的珍贵野生动物在市场上出售，亲耳听说一些政府官员和村民一起将埋藏于地下长达千百年的大量阴沉木挖出后运往外地。在利川齐岳山，据当地村民介绍，每年9—10月都会有许多人从不同的地方赶过来挖野生药用植物熟段，挖这种药物一个月就可以赚取1万元，由于相关部门管理不到位，这种药物如今越来越少。

（五）传统文化传承场域的变迁

杨庭硕教授认为任何民族的本土生态知识都是该民族文化的有机组成部分，因此"传统生态知识的传承危机其实质并不在于生态知识本身，而在于相关民族文化的传承和延续受到了挑战"。① 如果民族传统文化的传承问题无法得到合理解决，本土生态知识的传承肯定也会受到影响。

土家族在历史上只有语言而没有文字，所以这个民族的历史文化及相关知识和技艺大多是通过口头传承来实现的。口传教育在土家族历史发展进程中有着十分重要的地位，对于传统生态知识的传承尤为如此。在传统社会里，土家族传统生态知识技能主要是通过两个方面传授的：一是父母或长辈、师傅有意识地传授，孩子们在观察中不断学习，潜移默化地受到感染；二是通过口传文本间接传授。如土家族《摆手歌》《茅古斯》《梯玛歌》等文本中都有大量关于大自然的认识和采集、狩猎、农事劳动等方面的知识。土家族民间传说故事和谚语中也包含着丰富的生产经验和生态思想，通过一代一代的讲述，自然而然传承了这些宝贵智慧。但在现代社会里，大多数父母都在外务工几乎无法教育孩子，爷爷奶奶在家溺爱孩子，家庭的教育功能呈现出一种弱化的趋势，许多孩子在家极少参加田间劳作，失去了学习传统知识的机会。

---

① 杨庭硕、田红：《本土生态知识引论》，民族出版社2010年版，第134页。

另外，现代娱乐交往方式也破坏了传统生态知识的传承环境。20 世纪 90 年代以前，土家族地区村民的闲暇时间还是比较多的，所以家庭娱乐活动也比较多。每年秋冬农闲时，村寨都会举行一些传统体育游艺活动，老年人、青年人常常聚集到一起跳摆手舞、唱山歌、下棋、吹木叶，拉家常也是常有的事，有时三五人聚在一起讲农事收成，年轻人围着老年人听他们讲历史传说、人生经验。现在，由于电视、手机走进了千家万户，村民有事就拨个电话，无事大多待在家里看电视，不少年轻人还经常使用电脑和手机上网，那种许多人围坐在一起讲故事、听故事的和乐融融的场景已经非常少见了。现代化的娱乐消遣设施和通信交往形式，使得大多数民间集体记忆失去了传承和存在的基础，使传统生态知识的传承陷入困境。

此外，随着时代的发展和社会的进步，土家族的生活方式不断发生变迁，许多人赶时髦、追时尚，衣食住行方式盲目地现代化，这些变迁完全背离了土家人传统社会中的"适度""节俭""适宜"等原则，土家族传统生态知识原初的传承氛围不断弱化。

本章小结

本章分两节论述了现代化背景下土家族传统生态知识的境遇，第一节阐述了土家族传统生态知识在现代社会中的重要价值：生态价值、经济价值、科技价值、产业开发价值和社会价值，挖掘和利用这些知识对于今天建设社会主义生态文明、实现社会的可持续发展都具有重要的借鉴意义。第二节分析了这些传统生态知识在现代化浪潮的巨大冲击下所面临的传承现状，并对其流失原因进行阐释。研究认为，由于现代化背景下人们对传统知识的价值认识不够、国家政策的"过度保护"、现代科技的介入、市场经济条件下农民经济理性的驱使、传统文化传承场域的变迁等多重因素的影响，土家族宝贵的传统智慧正处于不断消失、濒危、衰退、重构的困境之中。

第七章

新时期土家族传统生态
知识有效传承的思考

土家族传统生态知识是土家人民千百年勤劳与智慧的结晶，是我国优秀传统文化的重要组成部分，这些宝贵财富对于促进土家族地区人与自然的和谐可持续发展仍然具有重要意义。近三十年来，在现代化浪潮的巨大冲击下，这些传统知识处于弱势并不断流失，抢救和传承这些珍贵遗产已经成为一项意义深远、刻不容缓的工作。为此，我们必须建立科学而有效的传承体系。段超教授认为中华优秀传统文化传承体系是一个复杂的系统，其构成要素主要有：传者与受者、传承内容、传承方式、保障体系等。① 从这几个要素入手，笔者认为要促进土家族传统生态知识的有效传承必须从以下几个方向去努力。

第一节　加深人们对传统生态知识的理性认知

"文化自觉"是费孝通先生于 1997 年在北大社会学人类学研究所开办的第二届社会文化人类学高级研讨班上首次提出来的，它是指"生活在一定文化中的人对其文化有'自知之明'，明白它的来历、形成过程，所具有的特色和它发展的方向"②。土家族传统生态知识是经过土家人长期实践检验过的适宜当地生态环境的宝贵财富，如果人们不珍惜，那要保

---

① 段超：《中华优秀传统文化当代传承体系建构研究》，《中南民族大学学报》（人文社会科学版）2012 年第 3 期。
② 费孝通：《关于"文化自觉"的一些自白》，《学术研究》2003 年第 7 期。

护与传承这些传统知识则只能是一句空话。因此，"传承本土生态知识的核心在于改变观念"，① 我们必须加深人们对传统生态知识的理性认知。

一　克服对传统生态知识的文化偏见

在现代社会，越来越多的土家人接受了普同性知识的教育，他们向往现代化的生活方式，尽可能多地摆脱本民族文化传统。因此，必须采取有效措施加强引导，增强青少年一代对土家族传统文化的认同感，以提高少数民族传承本民族文化知识的自觉性。为了确保土家族传统生态知识的传承，应该首先克服对传统生态知识的文化偏见，从以下两方面去努力：

一方面，必须坚决反对传统生态知识过时论，将传统生态知识的传承与现代化进程对立起来。纳日碧力戈曾经指出："传统与现代并非直接对立物，其关系错综复杂，顽固的传统性会吸收现代性的某些成分而获得新生命，问题不是去消灭它们，而是利用它们动员和整合社会，实现现代化。"② 土家族传统生态知识在社会历史发展过程中发挥过重要作用，许多内容在今天仍然具有重要价值。它与现代社会所倡导的生态文明建设是一致的，挖掘与利用这些传统生态知识有利于弥补现代科学技术的不足，有利于武陵山区的生态维护并实现山地资源的充分合理利用。

另一方面，必须主动为传统生态知识的传承营造一个良好空间。目前现代化的冲击对传统生态知识的传承构成重大挑战，许多宝贵的传统智慧在无形中不断流失，这一事实必须引起人们的高度重视。传统社会中农业生态技术传承主要是通过家庭成员间的代际传承或乡邻之间的互相学习与交流。但现在，随着社会环境的巨大变迁，则必须变"被动"为"主动"，变"无意识传承"为"有意识传承"，才能将这种流失降到最低限度。

二　认清传统生态知识传承的特殊性

传统生态知识属于民族文化的范畴，具备民族文化传承的一般属性，但同时也具有自己的特殊性：

---

① 杨庭硕、田红：《本土生态知识引论》，民族出版社 2010 年版，第 162 页。

② 纳日碧力戈：《现代背景下的族群建构》，云南教育出版社 2000 年版，第 249 页。

首先，土家族传统生态知识的传承中没有绝对的"传者"与"受者"。传统生态知识源于集体成员对特定自然生态与生产劳动的认知积累，被群体中的大部分成员共同掌握并世代传承，这些知识是集体智慧的结晶。因此，土家族传统生态知识具有集体性、群众性的特点，社区中的所有人都拥有一定的传统生态知识，哪怕最忠厚的老农也会给你讲出一点道道。但另一方面我们也应该看到，由于这一知识体系的庞杂，这些传统知识并不是均衡地存在于任何地点或任何人身上，不同人群如妇女与男人、年轻人与老人所拥有的知识在数量和种类上都是不同的，同一个人群由于个人自身经历不同、所处环境不同，所掌握的知识技术也会有多寡之分，个体差异普遍存在，"有的成员掌握得多一些，有的成员掌握得少一些，而且这种分布格局还会在实际的社会运行中不断地变化"①。如妇女在植物采集及家养动物养殖方面拥有的技术及认知较多，男人在狩猎及田间耕作方面更擅长，一些老人及乡土精英对传统技术经验的积累更为丰富，等等。由于知识多寡的差异，每个人都可以成为某些知识的"传者"，但同时又可能成为另外一些知识的"授者"，其传承并没有绝对的传者与受者之分。

其次，土家族传统生态知识内容具有共享性和言传身授性。任何形式的传统生态知识都是集体创造和漫长积累的产物，它"不是一种严格意义上的理论知识"，虽然具有重要价值但并不存在私密，"在知识分享程度上要比包括全球科学在内的其他形式的知识要高得多"②。因此，要把专利权落实到任何个人都是不可能的。布罗修斯（J. Peter Brosius）认为传统生态知识的分享可以分为两种类型："一种是祖辈世代传承下来的知识，这些文化信息通常是通过体现于民俗故事中的民间智慧或在多种形式的仪式和宗教典礼情境下得到传递和传承。另一种则包含个体经验观察获得的信息。由于在本群体中存在一个共同的概念框架，因此个体经验观察很容易被解释和被整合进已有的知识体系，最终很容易被社区群体中的其

---

① 杨庭硕、田红：《本土生态知识引论》，民族出版社 2010 年版，第 53 页。

② 付广华：《传统生态知识：概念、特点及其实践效用》，《湖北民族学院学报》（哲学社会科学版）2012 年第 4 期。

他人所共享。"① 由于这一特殊性，传统生态知识的传承并不存在严格的师承关系和权利控制，它往往是通过"言传身授"进行的，传承具有随意性，既没有固定不变的方式，也没有固定不变的地点，只要有传承的机会，就可以随时随地毫无保留地让这些知识传承给任何一个人。

再次，传统生态知识处在不断的发展变化中。"民族传统文化是一个活的有机体，每个民族所面对的自然和社会环境都不会一成不变，自然和社会环境中出现了新的内容，相关的民族都得重新适应。取得了新的适应成果之后，原有的传统文化为了保持其有序性和整体性，在接纳这些新的适应成果时，都得重新调整。"② 土家族传统生态知识是民族文化的有机构成部分，它也会随着时代的发展和环境的变迁而不断增加新的内容，剔除失去适用价值的部分陈旧内容。土家人在实践中不断验证和改进，为适应其变化的生境而不断做出调适和重构。但是，"一个民族长期繁衍下来的各种理念、知识、智慧、经验和生存能力并没有改变"③，传统生态知识的精髓和内涵也不会发生重大变化，只会随着时代的发展而不断丰富与充实。

第二节　传统生态知识内容的系统化与科学化

土家族传统生态知识产生于传统农业社会，植根于土家人传统生计方式和生态行为中，这些生态知识内容庞杂，必须经过挖掘、整理与创新，形成系统化和条理化的有机体系。

一　挖掘与整理：传统生态知识的系统化

土家族传统生态知识与武陵山区自然生态系统密切相关，同时又与本民族文化融为一体，它并不是以一种直观的体系存在的。因此，为了实现这些知识的有效传承，我们必须首先做好传统生态知识的挖掘工作。如何

① J. Peter Brosius, George W. Lovelace, and Gerald G. Marten, "Ethnoecology: An Approach to Understanding Traditional Agri-cultural Knowledge", in Gerald G. Marten ed., *Traditional Agriculture in Southeast Asia*, Boulder: Westview Press, 1986, p.187.

② 杨庭硕、田红：《本土生态知识引论》，民族出版社 2010 年版，第 52 页。

③ 罗有亮：《民族民间生态智慧研究》，人民出版社 2015 年版，第 236 页。

去有效挖掘呢？杨庭硕教授通过研究认为：本土生态知识的挖掘不能"盲目地见资料就收，遇到特异文化现象就跟踪"，而应当"立足于人与生态系统的关系去寻找线索，通过脆弱生态环节的捕捉和三大适应方式（常态适应、抗风险适应和补救性适应）的梳理去收集资料"。① 在挖掘过程中，由于很多传统生态知识都具有隐含性，比如一些作物病虫害防治知识只有在作物遭受到病虫害后才能体现出来，气候灾害发生后的补救知识也只有在风险发生后才能观察到，等等，因此，传统生态知识的挖掘非常困难，必须经过长期的田野实践和反复验证才能实现。另外，这些生态知识体现在民众的生产生活实践中，他们大都习以为常，无法体会到其中的重要生态价值。罗有亮教授认为民间生态智慧要"置身于其中，与当地的自然村落及其周围的生态环境融为一体，与当地村民融为一体"，既要考察它的"实态"（自然生态范畴），又要考察它的"虚态"（文化意识范畴）。② 所以，调查者必须熟练掌握文化人类学的调查方法并具有一定的生态素养，调查前还要做好周密的准备工作。

　　挖掘资料只是工作的第一步，之后还必须对这些资料进行鉴别、归纳和整理，使这些零散的传统生态知识系统化和条理化，最终形成规范的调查文本。经过整理后的传统生态知识必须具有两重性：文化性和科学性，"不仅要忠实于知识持有者的价值观和思维方式，还要获得现代科学技术理论的认同与支持，甚至要求提供可以反复验证的依据"③。土家族传统生态知识有的是沿袭传统，有的是借鉴和吸收其他民族的经验，因此资料整理工作也并不是一件易事。

二　发展与创新："弱生态知识"→"强生态知识"

　　"民族文化既不是先天就有的，同时也不意味着它是一成不变的，它既有一旦形成，便具有相对稳定性、传承性的特点，同时也有不断进行充实、调整、丰富、相对变化的特点。"④ 土家族传统生态知识是经过时间

---

① 杨庭硕、田红：《本土生态知识引论》，民族出版社 2010 年版，第 76 页。
② 罗有亮：《民族民间生态智慧研究》，人民出版社 2015 年版，第 22 页。
③ 杨庭硕、田红：《本土生态知识引论》，民族出版社 2010 年版，第 76 页。
④ 林耀华：《民族学通论》，中央民族大学出版社 2002 年版，第 218 页。

检验的、与当地特殊的生态环境与生产生活方式相适应的宝贵财富。但与此同时，我们也要看到这些传统知识是建立在封闭的、落后的农业社会生态经济系统之下的，它的功能也仅限于维持一种低水平、低层次的脆弱平衡，只是一种朴素的、经验性的生态知识体系，是一种"弱生态知识"。如今在新的经济环境下，生产力水平不断提高，人口数量大幅度增加，人类改造自然的能力进一步增强，我们有必要使这些传统生态知识在科学发展观的指导下进一步完善，使之系统化、科学化和制度化。

首先，必须在继承土家族传统生态观合理内核的基础上确立科学的现代生态观。土家族传统生态知识中虽然包含着许多科学的、辩证的合理成分，但从严格意义上来说，传统自然生态观毕竟是一种直观、朴素、经验性的自然观，很多都充满了神性色彩，没有对人与自然之间的复杂关系作出全面而准确的科学解释与说明，无法满足现代科学的实证性和精确性的要求。为此，土家族传统生态观必须实现现代转换，建立科学的、辩证的自然生态观，这就意味着要"充分认识人与自然关系的多样性、复杂性、复合性、关联性与共生性，并在此基础上追求人与自然之间的和谐性、互利性以及整个地球生物圈的可持续性"。[①] 在传统社会，土家族地区生产工具比较简单，大自然以人类的相对贫困为代价保持着自己的平衡状态，但近几十年来现代科技日新月异，人们改造自然的能力大大增强，依然采用"靠山吃山""靠水吃水"的一套知识只会严重破坏生态。

其次，土家族传统规约型生态知识必须实现规范化，增强其约束力。过去，土家族规约型生态知识大多以乡规民约和风俗习惯的形式体现出来，非常零散，对生活在现代法制环境下的民众来说约束力相对较弱，离现代制度文明所要求的规范性和准确性还有较大距离，远远满足不了该地区环境保护与经济可持续发展的长远要求。为此，这些生态知识必须按照现代社会的要求进行补充和完善，形成具体规范条文，进一步提高规约制度文化的水平和层次，增强约束力。

再次，土家族传统技术型生态知识应该与现代科学技术相结合，走一条集约型、效益型、科技型、环保型的经济发展道路。土家族许多传统技

---

① 袁国友：《中国少数民族生态文化的创新、转换与发展》，《云南社会科学》2001 年第 1 期。

术如作物密植与轮作技术、选种锄种技术、除虫技术、积肥技术等都是与生产力落后的时代相适应的。但如今，科学技术的发展带来了现代化的生产工具及设备、作物品种及配方肥料等先进产品，完全坚持传统而拒绝现代技术的采用是极其愚蠢的。两者必须有效结合，实现传统农业向现代生态农业的成功转型，改变过去粗放型的物质生产方式，减轻人们的劳作负担，走出一条以科技为动力、以市场为导向、以效益为中心和以可持续发展为目标的生态经济发展道路。这就需要利用生态学理论与现代技术对传统知识和技术进行理论总结和技术改良，使其在新的环境和新技术条件下得到发展和推广应用。

总之，"强生态知识"是在土家族传统"弱生态知识"基础之上发展而来的，但在观念层面、制度层面、技术层面都要比传统生态知识更具科学性、合理性和适应性，一定能更好地协调土家族地区人与自然的和谐可持续发展。

第三节　实现传承途径的多样化

索晓霞在研究贵州少数民族文化传承以后，总结出民族文化传承的几种通常方式：（1）一对一的方式，偏重于民族物质生产文化；（2）一对多的方式，主要传承文化模式、文化观念，偏重于精神文化范畴；（3）多对多的方式，主要是通过规范文化在社会生活中进行无形调控，客观上实现文化传承的目的。① 土家族传统生态知识是一个庞大的体系，内容丰富、表现形式多样，既包括物质生产文化，也包括精神观念文化，因此我们必须在不同场合灵活采用这三种传承方式。具体而言，一方面要继承和完善传统传承方式，发挥它们的积极作用；另一方面也要合理利用现代科学技术和种种途径，实现传承方式多样化，多个传承场域并存，从而增强传承效果。

一　历史传承方式的继承

"文化的传承离不开一定的传承方式和传承场，正如磁力的运动要借

---

① 索晓霞：《贵州少数民族文化传承方式初探》，《贵州社会科学》1998 年第 2 期。

助并形成一定的磁场一样。"① 文化传承是指人习得文化和传递文化的总体过程，所以一切人与人、人与社会接触的空间组合都可以是传承场。文化传承的历史传承方式非常多，主要可以分为：家庭家族传承、师徒传承、行业传承、社区传承、节日仪式传承、民间叙事传承等。就土家族传统生态知识而言，如第五章所述，这些传统方式都曾在历史上发挥过重要作用，许多传统方式在当代社会仍然具有重要价值和作用。如民间叙事就一直是群众习以为常、喜闻乐见的重要传承方式，通过民间传说故事的讲述、民间歌谣的传唱、民间谚语的流传，传统生态知识也逐渐深入到人们的心中。土家族过去有语言而无文字，土家族传统生态知识之所以能够绵延千年主要仰仗"示范身教"和"口传心授"，即通过"活人"用"口头"和"肢体"为载体，父母教子女，长辈教晚辈，代代相承。这些民间传承方式多是一种实践记忆方式，这种方式是指"人们在日常交往、生活、行为或仪式实践活动中，耳闻目睹、耳濡目染、潜移默化习得的文化记忆"②。这种实践记忆方式是土家族传统生态知识传承不可或缺的重要方式，在今天仍不过时。

　　然而，由于社会环境变化，许多传统传承场域、传承方式在当代社会面临困境，其作用发挥有限。如土家人过去常常集体劳作，从刀耕火种到开土造田，在集体劳动中人们互相学习各种生产技能，扬长避短，使土家族的诸多生态技术知识能够代代相传。无论是作物及四季蔬菜的种植方法，还是禽畜动物的饲养经验，通过人们的相互交流，千百年来不仅流传于整个土家族地区，而且潜移默化地被后代接受并流传下来。但现在，村民年纪轻轻就外出务工，集体劳作的场景大大减少，这种传承场功能也大大减退。

　　对此，我们必须采取措施完善民间传统传承方式，使其在现代社会中依然能发挥重要作用：一是要全面认识民间传承方式在当代的重要价值，不能全面否定其作用，对于生态知识尤为如此；二是要保护和重建民间传承方式生存的文化生态；三是可以通过举办竞技比赛、娱乐表演、召集会

---

① 赵世林：《民族文化的传承场》，《云南民族学院学报》（哲学社会科学版）1994 年第 1 期。

② 罗正副：《实践记忆论》，《世界民族》2012 年第 2 期。

议等形式增强群众之间的联系与交流，扩展生态知识的传承场域，等等。

二 现代传播手段的充分利用

（一）编写乡土教材，培养乡土精英

乡土教材是传承土家族传统生态知识的一种很好的途径。政府可以组织部分人员深入民间去调查与挖掘土家族传统生态知识，在专家学者的指导下，组织专门人员编写具有特色、浅显易懂、图文并茂的乡土教材，这些教材可以送到学校供中小学生学习，也可以散发到民间。由于许多生态知识蕴藏在土家族传统文化中，因此可以把这些知识与土家族的历史文化、风俗习惯、传说故事、歌谣舞蹈、谚语格言等结合起来编写。具体编写时必须把握以下几个原则：一是教育性原则。乡土教材的编写既要使读者在知识上获得益处，同时还要使他们在情感、意识、态度等诸多方面受到启示。二是科学性原则。选入教材的内容要客观真实、有科学根据，表述力求准确，不能为了吸引读者而随意编造。三是趣味性原则。要让读者爱读、想读，文字叙述要深入浅出、编辑方式要图文并茂、表现手法要灵活多变；四是特色性原则。乡土教材要反映土家族地区独特的生态环境及传统生态知识的适应性，体现一定的民族特色性及地域差异性。

乡土精英在村寨中具有重要的影响力，他们对传统生态知识的传承也能发挥重要作用。在民间，乡土精英一般是指文化程度较高、思想开通、精明能干的杰出者，他们传统生产经验丰富，接受力强，具有模范带头作用。为了更好地发挥乡土精英的作用，可以利用农闲时间邀请他们现身说法，介绍成功经验，也可以组织他们去别的地方参加培训及学习考察，回来发挥示范作用。

（二）重视当代学校教育传承

当代学校教育在文化传承中具有系统性、完整性、稳定性等特点，是传承文化最重要的场所。"一个多民族国家的教育，在担负人类共同文化成果传递功能的同时，不仅要担负起传递本国主体民族优秀传统文化的功能，而且同时也要担负起传递本国各少数民族优秀传统文化的功能。"[①]目前我国各级各类的学校教育课程大都以全国统编教材为范本，注重普同

---

① 滕星、苏红：《多元文化社会与多元一体化教育》，《民族教育研究》1997 年第 1 期。

性、现代性知识的传承，对各少数民族的地方性知识及传统文化关注有限。因此，必须制定政策，完善措施，充分发挥当代学校教育在传统文化传承中的重要作用。

对于土家族传统生态知识而言，学校教育传承可以采取以下几种方式：一是将传统生态思想与道德教育相结合，根据学生的不同年龄、不同层次选择适当的教学内容，确立不同的传承任务，培养学生热爱自然、保护环境的高尚情操，使生态环境知识学习成为素质教育的一部分。二是学校可以组织一些有意义的课外活动，如通过"传统生态知识和现代生态知识价值高低"的辩论可以让学生更深刻地理解传统生态知识的重要意义，通过"牛王节"系列活动的开展可以深化学生对人与动物关系的认识，等等。三是开展生态体验教育和警示教育。可以利用节假日组织学生积极参与义务植树、生态旅游等社会实践，充分发挥生态示范园、自然生态保护区和生态创建示范单位的实地教育作用。也可以让学生到田间地头和土家族群众一起劳作，结合生态退化区和地质灾害点有针对性地开展生态警示教育。通过实践体验，让学生对土家族传统生态知识、生态化产业模式、可持续发展等较为抽象的内容有一些深切的体会，强化生态危机意识和保护意识。

（三）利用大众传媒传承

随着经济的发展，报纸、广播、电视、网络等现代传媒与人们的生活联系得越来越紧密，它们在为群众的生活提供方便与娱乐的同时，各种重要信息也无声无息地渗入。

自 20 世纪 80 年代开始，电视逐渐走入土家族地区，最初是 14—19 寸的黑白小电视，如今，大屏幕彩色电视也基本得到普及，每家每户都安装了"白色天锅"的卫星电视接收器，电视宣传已经渗透到社会的每一个角落。电视作为视听结合的电子媒介，形象、直观，观众较少受文化程度与生活经验的限制，利用电视大力宣扬传统生态知识是一个既方便又效益高的方法。电视传播者如记者、编导、主持人等首先必须通过学习，全面掌握传统生态知识的内容，然后运用现代电视制作及传播技术，多策划、制作、播出一些与生态相关的节目，多开辟一些专门针对乡土技术知识传播的栏目或频道。一是可以通过举办电视讲座的形式加强宣传和教育，邀请一些文化专家、种田能手或养殖专业户进行讲授。如来凤的《凤城讲坛》专门邀请本县县委宣传部退休干部、知名人士叶明理讲授本土的历史文化与风土人情，他引经据典、谈古论今，深入浅出地侃侃而谈，节目非常受当地百姓欢迎，在不经意间传承着土家族传统生态知识（见图7—1）。二是可以录制并播放专题纪录片。通过到土家族地区实地拍摄，真实的记录当地村民的各种传统生产技术知识，然后通过整理和加工制作成资料片进行推介。三是通过娱乐益智类节目加强宣传。把少数民族传统生态技术及观念改编成歌曲、舞蹈、相声、小品、快板等节目，让人们在愉快的氛围中不知不觉地接受教育。四是开设乡村《致富经》栏目。该栏目以百姓的视角解读他们身边的致富明星，报道涉农经济发展过程中运用传统知识与现代技术结合涌现出的致富经验，呈现给观众以启迪智慧的真实案例。电视节目在创作时力求内容真实、形式多样，贴近群众的生活，有时可以采用故事化叙事手法增加悬念和揭秘的环节，运用现代数字化技术对声画元素进行唯美处理，追求画面的视觉冲击力，把严肃的传统知识用通俗易懂、生动形象的电视手段讲述给观众，如中央电视台的《探索·发现》、湖南长沙台的新闻频道的《绿色家园》都是观众非常喜欢的节目。

图7—1　来凤的《凤城讲坛》

（摄于来凤大河宾馆）

随着信息化的快速发展，互联网越来越多地融入到人们的日常生活之中，土家族地区的电脑也逐步增多。如湘西龙山县捞车村在2011年春笔者去调查时就拥有电脑37台，村里的年轻人经常在村务学习室上网浏览新闻、娱乐、学习。现代网络技术以其便捷、及时、海量的信息，也可以成为宣传土家族传统生态知识的重要手段之一。一方面，政府可以组织建立传统生态知识的相关网站，既要全面介绍这些知识的内容，又要宣传它们的现代价值，引导人们认真学习与实践；另一方面，可以邀请相关农事专家在网上开展"在线交流"，利用网络的互动功能随时向人们释疑解惑，利用传统技术帮助人们解决生产生活中的困难，用实际行动证明传统生态知识的价值。

（四）墙报、农家书屋的推广传承

利用墙报、黑板报宣传相关知识在是当今农村普遍采用的一种形式，这种宣传简单易行、通俗易懂，不仅能美化村容村貌，还可以营造生态文明的良好氛围（见图7—2）。墙报、黑板报的设计制作风格可以根据当地群众的审美习惯而定，但必须符合本村实际，特色鲜明、贴近生活、贴近群众。具体而言，这种板报可以采取如下几种形式：一是可以直接在墙体上粉刷一些关于传统生态知识的民间谚语，如"莫打林中鸟，树木长得好"，"山区林是宝，无林富不了"，"人误地一时，地误人一年"，等等，这种标语也可以作为对联张贴；二是可以在村委会宣传栏直接张贴图文并茂的广告牌或宣传画；三是可以在村民住房墙体上直接用粉笔或文墨书写。由于这种板报版面有限，在制作时必须对传统知识进行选择与提炼，根据农时选择主题、安排最适宜的宣传内容，尽可能满足村民的迫切需求。为了美化这些墙报、黑板报，让村民喜闻乐见，让文化水平低的村民也可以看懂，制作中应该采取图文并茂、优化排版、采用艺术字等多种措施。

图7—2　传统生态知识的墙报宣传

（分别摄于利川团堡、来凤大河）

　　为了深入贯彻落实中共中央、国务院《关于进一步加强农村文化建设的意见》，切实解决广大农民群众"买书难、借书难、看书难"的问题，国家新闻出版总署会同中央文明办、国家发展改革委员会、科技部等部门一起从2007年3月开始在全国范围内实施"农家书屋"工程。如今，土家族地区几乎每个村寨都拥有了自己的村办图书室或"农家书屋"。这些农家书屋可以作为传承传统生态知识和推广现代技术的重要场所。为了充分利用这些农家书屋，保证图书室内图书资料的丰富性，各村寨还建立了生态文化图书角，将各类传统知识和技术的书籍分类整理摆放，随时供村民查阅，有的地方还组织了书画展（见图7—3）。

　　（五）农村文化娱乐活动传承

　　在农村大力开展健康的文化娱乐活动、"寓教于乐"地传承传统生态知识是土家人更容易接受、更欢迎的一种方式。一方面，村寨中可以利用农闲、节日和集市的时间组织灯会、赛歌会、编顺口溜、跳摆手舞、演讲比赛、文艺演出、电影放映、劳动技能比赛、民间工艺比赛等活动，紧密结合村民脱贫致富的要求，倡导人们学文化、学技术，正确认清传统生态

图7—3 利川谋道的书画展

（摄于利川谋道）

图7—4　来凤"野猪灯"

（来源：来凤新闻网）

知识的重要价值。在大河镇龙潭坪村，当地村民根据护秋收、撵野猪的场景编排的"野猪灯"，通过薅草和狩猎场景，配以锣、鼓、钹等乐器，加以唱词，生动再现了当时农民辛勤劳作和与野猪斗争的场景（见图7—4）。另一方面，政府可以组织一批农村文艺爱好者或文艺骨干成立专门的文艺宣传队伍，通过专门培训，运用传统生态知识编排一些专门的节目如小品、快板、相声、歌曲、舞蹈等节目，然后到各村寨巡回演出。他们运用地方语言将丰富的内容以具有地方特色的形式表现出来，让村民们喜闻乐见，增强宣传活动的吸引力。此外，也可以为孩子们准备一些适合的节目，让他们乐于其中，从小强化他们的生态意识。

（六）开展生态社区创建活动

在武陵山区开展生态社区创建活动有利于增强群众的生态意识。城市社区可以通过创建"绿色社区"，评选"绿色明星家庭"，倡导"绿色办公"和扶植绿色企业等活动促进生态文化理念的传播和生态城市的创建，要以保水、保绿、节能、减废为目标，提倡绿色环保型生活方式。如恩施州于2015年就提出"六城同创"的重要部署，巩固中国优秀旅游城市、国家园林城市创建成果，加快创建国家森林城市、国家卫生城市、国家环保模范城市、全国文明城市，打造城市亮点，努力提升城市品位，推进"山更青""水更绿""天更蓝""土更净""城乡更美"五大专项工作，大大提升了恩施的城市形象，也调动了全体民众的积极性和共创意识。

农村社区可以开展"生态村"的创建活动，坚持生态创建与美丽乡村建设相结合，抓实"村容整洁，乡风文明"，培育生态农业发展。如湖南省捞车村自2006年以来就紧紧抓住"清洁田园、清洁水源、清洁能源、清洁家园"的"四清"重点，以"天更蓝、树更绿、水更清、人更美"作为创建目标，大力开展文明生态村的创建活动。该村开展粪便无害化处理和资源再生能源工程，推行全村秸秆—人禽畜粪便—沼气—能源综合利用的资源循环型模式。他们还制定了《捞车村创建生态村公约》，广大村民纷纷开展争创"生态户"活动，尽量不使用一次性用品，垃圾进行分类回收，2009年被授予"省级生态村"的荣誉称号。

三 开发利用中活态传承

在现代社会中，将传统生态知识与生态技术相结合发展生态产业，在开发利用中传承，这样既可以促进经济发展，又可以使传统知识获得新的条件和生长土壤，从而具有更加强大的生命力。由于生态环境、经济基础、交通条件等方面条件的限制，武陵山区土家族的发展不可能走东部沿海城市工业化的道路，必须凭借当地所拥有的丰厚的自然生态及文化资源优势，发展具有地方特色和民族特色的生态产品，走发展特色产业的道路，让土家人获得直接的经济利益，从而提高自我保护、发展及传承的能力。

(一) 生态农业发展实践

现代农业由于化肥、农药的残留和工农产品的废弃物对环境和农产品的污染，严重危害人与动植物的健康。因此，土家族地区农业现代化的发展方向应是高效、低污染和低能耗的生态农业。现代社会要求农产品实现"无公害农产品"—"绿色食品"—"有机食品"的逐步转化，要求产地环境无污染，生产过程符合规定的农产品质量标准和规范，有毒有害物质残留量控制在一定范围内，将传统生态知识与现代科技相结合成为现代生态农业发展的必然选择。

个案：利川市阳光农业发展有限责任公司的生态种植

利川市阳光农业发展有限责任公司成立于 2010 年 10 月，截至目前总投资 800 余万元，环保投入 100 余万元，目前已经种植葡萄 600 亩，蓝莓 3 亩，蔬菜基地 220 亩，它通过科学使用化肥、农药，改进种植技术，有效实现了农产品的优质、无公害目标，每年的产品供不应求。该公司主要采用的生态技术有：(1) 栽种主要采用有机肥料。他们将鸡粪、人粪尿、枯饼肥和稻草发酵后用作底肥，后期追肥时也主要采用从外地购买的有机肥，化肥使用较少且主要采用测土配方施肥。(2) 运用太阳能高效杀虫灯。这种杀虫灯主要是利用许多害虫的趋光性研制的，白天聚集太阳能以后晚上就会发光，一些飞虫看到亮光飞过来就会被电死。(3) 葡萄上套"口袋"。这种口袋是专门购买的特制口袋，牛皮纸做的，透光透气，不会影响葡萄的生长。待葡萄结果一段时间后给每串葡萄套上一个袋子，采摘的时候再把它取下，这样有利于减少病虫害和鸟害。万一葡萄树长虫，确实需要喷洒一定的农药和生物制剂时，套袋可以减少果面与农药的直接接触，这样生产出来的果品果面光洁、色艳、口感好。（4）年前用石灰和硫黄合剂喷洒葡萄树，可以减少病虫害且没有污染。（5）安装滴水管网，实行滴灌技术，节约水源。

从阳光农业的发展可以看出，土家族传统生态知识在当今仍然具有重要价值，他们运用传统积肥施肥技术，将有机肥与现代配方施肥配套使用；参照传统病虫防治办法，利用病虫趋光性研制出太阳能杀虫灯（见图7—5），采用石灰和硫黄合剂。同时，他们还利用了现代"套袋"技术和滴灌技术（见图7—6）。正是传统生态知识与现代科技的有效结合，才实现了农产品的低残留、无公害，实现了清洁种植。

图7—5　太阳能杀虫灯　　　　图7—6　套袋的葡萄

（摄于利川团堡阳光农业）

自2006年农业部推动"生态家园富民行动"以来，武陵山区许多地方都开展了以沼气池为中心的生态家园建设，大力实施"五改三建"。人们用猪粪生产沼气后用于照明、煮饭、烧水，用沼液浸种、防虫，沼渣做肥料，减少了对薪柴的需求，从而减少对森林的砍伐。沼气池的建立还使人禽畜粪便以及其他生产生活污水得以进行无害化处理，显著改善了卫生环境，大大减少了臭气、蚊虫和苍蝇。土家人依据传统生态知识还走出了一条以沼气为纽带的循环经济生态农业模式，他们在水果基地建立了"猪—沼—果"模式，在蔬菜基地建立了"猪—沼—菜"模式，在粮食基地建立了"猪—沼—粮"模式，在茶叶基地建立了"猪—沼—茶"模式（见图7—7），生态有机农业成为农业产业发展的"新宠"。鄂西咸丰县以200公里茶叶走廊带为重点，引导农民合理轮作、深松少耕、秸秆还田，完善推广"猪—沼—茶"等生态模式。如今，他们还新建沼气池6.4万口，新建有机高效茶园、药材、优质水果、特色蔬菜等有机食品生产基地2.4万亩，建成绿色食品生产基地9.5万亩。宣恩"伍家台贡茶"一开始就采用"猪—沼—茶"模式，通过喷灌方式给茶树施沼液，实行农药不进园，不用任何杀虫剂，都采用物理和生物防治手段，他们栽厚朴专门杀绿叶蚕，使用太阳能杀虫灯和白色杀虫板。现在有机茶基地通过了世界上最严格的有机食品认证——欧盟认证，茶叶身价陡增，亩产可达5000元，是普通茶园产出的一倍以上。

图7—7　"猪—沼—茶"

（摄于来凤大河桐子园）

（二）生态林业发展实践

林业是土家族地区经济发展的重要组成部分，随着年轻人大量外出务工，从前开垦的田土荒芜现象越来越严重，只有发展林木产业才能使有限的资源更好地发挥出应有的效益。将传统生态知识与现代科技相结合，不仅有利于促进林业经济发展、带动农户增收，而且有利于在维护生态环境的前提下满足现代化经济发展的需求。

在酉阳县酉酬镇调查时，笔者有幸遇到了酉阳县景全林木种植有限公司总经理冉景全，他是 2008 年响应政府号召从福建返乡创业的，4 年来他先后投资上千万元在酉阳完成造林 3 万余亩，他积极参与速丰林、油茶、城周森林屏障、生态绿化、集镇绿化、城市主题公园建设，解决农村剩余劳动力用工 7000 余人次，实现劳务支付 600 余万元，为全县造林工程树立了样板，成为酉阳远近闻名的"林老板"。笔者特对他进行了重点访谈：

访谈内容：酉阳县景全林木种植有限公司林业发展概况

访谈对象：冉景全，土家族，40 岁，酉阳县景全林木种植有限公司总经理

笔者：冉总您好，您可以简单为我介绍一下您公司的发展情况吗？

冉：我 2008 年回乡创业，用我自己的名字注册成立了这个公司，最开始投资 200 余万元在泔溪、麻旺等乡镇流转荒山，建了杉木速丰林 10000 多亩。2009 年建成了泔溪的龙洞、蒋家湾和酉酬镇的芭蕉村 3 个苗圃，在酉酬镇流转 2 万余亩荒山建造杉木速丰林基地，并积极参与了城周森林屏障工程建设。2010 年在桃花源镇、板溪镇、龙潭镇等地实施生态绿化工程造林 6000 余亩。2011 年在新建 2000 余亩速丰林基地的同时，营建油茶基地 1000 余亩。2012 年春季在酉酬、泔溪镇新建优质杉木、枫香、栾树、杜英、木合等苗木基地 300 余亩，在龙潭镇官偿村高质量新建杉木速丰林基地 1200 亩，目前总投资已达上千万元。

笔者：您当初为什么选择投资做林木产业这一行呢？

冉：我 15 岁前往福建务工，经过 20 余年的打拼，在那里发展成为林场包工头，经营 5 个林业工地，掌握了造林、育苗的全套方法。现在国内建设需要的很多木材大部分都从国外进口，而不自己生产，真的很可惜。我是酉阳人，想起家乡那么多荒地可以利用，所以返乡做林木产业。

笔者：据我所知，树木生长周期一般比较长，您的收益从哪里来？而且砍树会破坏生态环境，如何处理呢？

冉：我是企业老板，当然追求效益。我采用特别技术，所以长势比较快。我在山林里栽种杉木每亩300株，8年后砍伐1/3，12年后砍伐余下的1/2，然后在砍伐后的地方每亩栽种40株楠竹，待15年后砍掉所有杉木时，整个林子将全部变成楠竹林，楠竹林每亩每年产值3万元。

笔者：您刚刚提到"特别技术"，这指的是什么技术呀？

冉：我采用"公司＋农户"的方式流转了不少荒山，选择在那些没有乔木、灌木丛和杂草比较多的地方种树，因为不会长草的地方也不会长树。首先组织人马砍掉荒山里的灌木、杂草，设置隔离带以后开始烧山。烧山时要注意从高的地方一点点烧下来，不能从下往上烧。"火不烧山地不肥"，这一把火烧死了地里的病虫、老鼠，同时也烧肥了土地，烧过的草一两个月就可以长起来，而且比以前长得更好。然后我们严格按照要求整地，坚持标准挖窝，严格按照"三埋两踩一提苗"的栽植规范，进行科学栽植，栽树时直接把这些草木灰弄到树窝内，可以减少成本。同时抚育管护也是非常重要的，我专门聘请了专业管护人员，坚持长期管护。

笔者：您组织人马去烧山，国家政策允许吗？

冉：（笑）开始确实遇到了一些阻力，有人告我破坏森林、纵火烧山，政府干部、林业局干部、公安局干警蜂拥而至。我跟他们解释烧山是"炼山"，是一种新的造林技术，我在福建那边都是这样造林的，它可以全面实现速丰林的高产，他们半信半疑。但由于我是全国造林模范，国家林业局李斌签字认可了，加上林业局多名领导联名担保，我才幸免于难。以前的荒山现在变换成郁郁葱葱的杉木林，我栽的树苗长势也特别好，他们才慢慢认可了我的做法，还把我评为"重庆市绿化先进个人"。

笔者：您造林所用苗木从哪里来？都选择种杉木吗？

冉：2008年我最先造林时所用苗木全部从福建调进来的，2009年开始在酉阳酉酬、泔溪镇发展苗木基地。为了保证苗木长势，苗圃内全面实施套袋技术；在苗圃内我采用大苗套小苗，常绿苗木套种落叶乔木的方法，用好用活每一寸土地。造林我们讲究"适地适树"的原则，不同海拔地带适宜树种不一样，由于杉木长势快、适应性强，所以成为我们选择的长期树种。

笔者：造林最怕发生火灾了，您有没有采取什么好的防火措施呢？

冉：为了防止森林火灾，我在林地适当距离种上 12 米宽可以阻火的木合树。这是全世界最先进的育林技术，不仅可以防火，同时有很强的绿化功能。酉阳这里火灾还好，由于我采用"公司 + 农户"的方式将林地所有者和公司实行二八分成，速丰林不仅仅是我个人的，任何土地的所有者都有份，公司承担一切前期费用，群众没有任何风险还利益共享，这样既保障了群众利益，同时又避免了有些人故意搞破坏。

笔者：现在树木还没有成林，您在林地里有没有再发展其他什么作物呢？

冉：我在自建的 6000 余亩速丰林基地实施林下种豆、种菜都取得了实效，还散养了数千只土鸡，同时还将在林内种植特色蘑菇。由于我们人力有限，大部分土地还是只能靠土地所有者自行经营，他们在种植作物和养鸡的同时我的树木也得到了肥料和养分，我何乐而不为呢？只是现在年轻人都外出打工了，家里劳动力太少根本经营不过来。

从以上访谈资料来看，冉景全所谓的"炼山"这一"特别技术""新造林技术"其实就是土家族传统的刀耕火种知识，只是刀耕火种主要是种植粮食作物，而冉景全用于种植林木。在现代许多人看来，砍山、烧山就是破坏生态，殊不知，许多植物只有经过大火焚烧后才能越长越好。冉景全造林还讲究"因地制宜""适地适树"，合理套种，用活每一寸土地，这些传统生态知识在当今仍然具有重要效用。当然，现代科技知识的运用也是必不可少的，冉景全讲究"三埋两踩一提苗"的科学种植方法，实施"套袋"技术，栽种木合树并在林内种植特色蘑菇，正是这些现代知识与传统知识的结合，最终实现了林木的快速生长。酉阳县林业局技术人员杨胜军说"像这样的长势，保守估计 15 年内平均每亩材积可达 25 个立方。按目前每立方 1400 元计算，冉景全的速丰林和苗木基地可实现上亿元产值。"此外，他们还有种豆、种菜、种蘑菇、养鸡及楠竹林的各种收益，经济效益更是不可估量。

（三）生态畜牧养殖业的发展实践

生活在武陵山区的土家族历来都有饲养猪牛羊的传统，他们把猪与牛羊一起放养，由于山羊主要吃树叶，牛主要吃青草，而猪主要吃块茎植物，不同的取食方式有利于合理利用资源且不会对生态造成破坏。改土归流以后，由于受到汉族生产生活方式的影响，土家人对畜牧业开始存有芥蒂，饲养规模不断减少。事实上，畜牧业是一种劳动付出较少，可以提供肉源同时又可以增收的生计方式。新时期，随着劳动力的大量外出，为了有效利用丰富的植物资源，畜牧养殖业应该适当发展起来。

在笔者重点调查的重庆酉阳和贵州沿河，政府都大力发展林下养殖产业，畜牧业生产已经稳固地成为当地农业和农村经济的支柱和农民增收的依靠力量。沿河县招商引资成立了盛鼎有机肥开发公司，这样，民众养山羊后遗留下来的粪便也成为增加农民收入的一项来源。在笔者调查的宣恩彭家寨、永顺双凤村、龙山草果村，养殖业近年来也开始引起了当地百姓的关注，畜牧养殖业的发展重新焕发生机。

在利川齐跃山，笔者拜访了公路边的养蜂夫妇李 CZ 和欧 MZ。通过亲密访谈，笔者了解了很多养蜂知识以及小蜜蜂背后潜在的巨大经济价值。

> 我们家世代都养蜂，现在养的蜜蜂主要有中华蜂和意大利蜂两种，中华蜂是本地的，不怕冷，可以长期驻扎在这里，但只采蜜且量很少，容易蜇人。意大利蜂既采花粉又采花蜜，还有蜂王浆，产量都很高，这种蜜蜂就是怕冷，所以我们要经常迁徙，一年要换六个地方。齐跃山这里从 3 月到 10 月一直都有花，所以我们每年在这里待的时间最长。
>
> 你看这些小小的蜜蜂整天都忙碌个不停，它们分工其实很细的，有的负责清理蜂房，有的负责外出采集，每一只蜜蜂飞出去都不会空手回来，有时采蜜，有时采花粉，有时采水。蜂王产的卵如果落在蜂槽里，长大了就是一只蜂王，落在其他地方的就是工蜂，每个蜂房只能留一只蜂王，不然它们就会打架迁走。为了避免这些情况，趁这些蜂卵还未孵化出来以前我们就要把它取走。这些小蜜蜂很有意思，由于不同的花有不同的颜色，所以它们采的蜜也有多种颜色，它们会细

心地分类储存在蜂房里。花多的时节你去采它们的花粉、花蜜不打紧，但是如果天气不好它们的采集地很少时，你还要去动它们就会很小气地蜇你。

　　你可别小看这些蜜蜂，它们的功劳可大呢！蜂王浆、蜂蜜、花粉都是珍贵的保健品，蜂胶内服可以杀菌、增强免疫力、美容养颜，泡酒后外用可以解毒、消肿、止痒，蜂蜡既可以用作中药材，又是重要的工业原料（见图7—8）。此外，还可以用"蜂疗"治病，我们这里以前就有个医生专门采用蜂疗，蜜蜂都是从我这里拿去的，据说效果很好，吸引了很多病人前往，只是可惜这个医生后来被其他地方挖走了。①

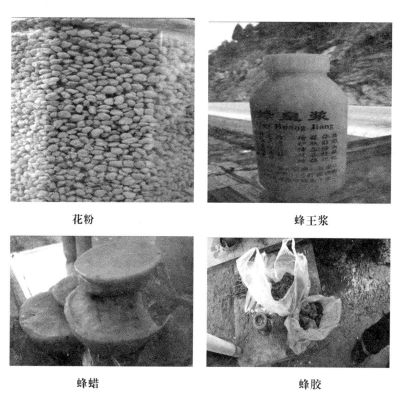

花粉　　　　　　　　　　　　蜂王浆

蜂蜡　　　　　　　　　　　　蜂胶

图7—8　天然蜂产品

（摄于利川齐岳山）

---

①　访谈对象：欧MZ，女，45岁，土家族，小学文化，访谈时间、地点：2012年8月于恩施利川。

在这个案例中，报道人讲述了她对蜜蜂的习性及植物生长花期的认知，正是这些传统的动植物知识为我们带来了天然珍贵的蜂产品，同时也帮助她取得了事业的成功。据介绍，他们每年蜂产品的收入都不会低于15万元，而且劳力、资金投入都不多。

总之，只有将传统生态知识与现代科技相结合，在开发利用中传承，才能让传统生态知识真正活起来，才能真正发挥传统生态知识的效用。

第四节　建立现代传承的保障体系

为了促进土家族传统生态知识的有效传承，还必须建立一定的保障体系。"保障体系既是文化传承体系的组成部分，也是文化传承体系相关要素、环节发挥作用的保证"①。要建立土家族传统生态知识传承的保障体系，应该从以下几个重要环节入手。

一　法律法规的完善

在法治社会里，法律法规是规范政府、社会及民众行为的最有力的武器。当前，随着国家对生态问题的重视，相关的生态法律法规制度不断出台，这对于改善生态环境、促进生物多样性的保护发挥了一定的作用。但这些法律法规制度还有许多不合理的地方，例如，禁止狩猎一切野生动物的规定就侵害了人类的正当权益，破坏了人与自然的和谐，同时也阻止了人们对野生动物的认知及狩猎技术的传承，等等。因此，武陵山区各级政府必须联系本地实际建立一套较为完善的规章制度体系。一方面，法律法规的完善应该坚持因地制宜和实事求是原则，根据本地特殊自然环境和社会环境修改一些条款；另一方面，法律法规的完善还应该坚持可持续发展和创新原则，在实践中不断更新，确保传统生态技术与现代社会有机融合。只有这样才能为促进土家族传统生态知识的有效传承和发展提供一个良好的制度环境。

---

① 段超：《中华优秀传统文化当代传承体系建构研究》，《中南民族大学学报》（人文社会科学版）2012年第3期。

二 政府与学者的支持

政府与学者的支持是促进文化传承的重要力量，土家族传统生态知识的传承也离不开二者的相互配合。首先，政府要组织专业人员和学者一起制订科学合理、可操作的调查方案，对土家族传统生态知识进行全面调查，摸清这些知识的内容、历史渊源、发展变迁情况、现存状态、传承和保护的意义，等等。其次，专家学者要对这些传统生态知识进行认真分析鉴定，分类处理，考察其价值，确定其保护层级。再次，政府要制定相应的措施进行分级、分类保护，通过一定的物质载体如文字、图片以及音响材料等将这些传统知识变成看得见的民族智慧，然后通过编写乡土教材、组织村民培训等方式促进这些知识的科学管理与传承。就政府而言，应当在主导立法、落实政策、科学管理、加大投入力度和努力培养传承人等方面狠下功夫；对于学者而言，应该在摸底调查、科学鉴定、分级分类、建言建策等方面做出努力。总之，学者与政府的支持对于土家族传统知识的传承来说是至关重要的。

三 经费保障

乡土教材的推广、"农家书屋"的培训、传统知识的调查等工作都需要一定的资金，可是土家族地区由于经济发展水平落后，再加上支农银行信用担保体系不完善，经费支持是决定土家族传统生态知识传承的重要因素。因此，武陵山区各级政府应该积极采取各种有效措施，广泛筹集资金。一方面，国家和政府的财政投入是必不可少的，政府必须为此设立专项经费，专款专用；另一方面，还可以多渠道吸纳资金，本着互惠互利的原则，向外招商引资，为项目开发争取资金。比如利用会展、网络宣传、农产品推介会、以商引商等形式进行招商引资，吸引它们在本地建设生态旅游村、生态养殖场、生态农业示范基地等，将传统生态技术运用到现代经济发展中，在活态传承知识的同时也争取了经费。

四 人才队伍保障

土家族地区传统知识的传承及可持续发展离不开各类先进人才。只有拥有一支高素质的干部队伍，才能在工作中发挥独创精神，增强工作的系统性、预见性和创造性；只有拥有一支高水平专业技术人员队伍，才能更好地利用传统生态知识，帮助解决农民生产生活中遇到的各种问题；只有拥有更多的乡土精英和技术能手，才能更好地在村寨中发挥示范效应。因此，土家族地区一方面要通过各种途径加强对本土人才的培训；另一方面也要建立灵活的人才机制，加强与高等院校及社会团体的联合，邀请他们利用节假日深入农村进行相关技术指导。

第五节　吸收借鉴国内外实践经验

人类文化传承具有共性，在现代化背景下，生态与环境问题引起了全社会的高度关注，如何传承与利用传统生态知识，我国港澳台地区和国外都曾进行过尝试，它们在此方面的研究和实践比我们早，积累了较为丰富的成功经验。它们追求生态的协调性和资源利用的持续性，重视传统生态知识在现代利用中传承、在传承中利用，它们的宝贵实践经验值得吸收与借鉴。

一　发展观光农业与生态旅游

观光农业是一种具有旅游功能的现代新兴农业，主要是指利用田园景观、自然生态及环境资源，结合农林牧渔生产、农业经营活动、农村文化及农家生活，为人们体验农业和了解农村提供场所。这种形式可以让游客参与到不为都市人所熟悉的农事活动中，在亲身观察与体验中传承传统生态知识。意大利的观光农业在19世纪30年代就发展起来了，是世界上观光农业最发达的地区之一，其主要特点就是让游人观看农民进行农事活动。20世纪初期他们出现了具有观光职能的农园，不仅有观光农场、牧场、林场、渔场，而且还结合食、游、购、住等多种方式经营。20世纪中期，农业观光有了进一步的发展，其功能扩展到吃农家饭、干农家活，如游人可以临池抓鱼、作坊制酒、下田插秧等。

日本从1993年起开始推进"农山渔村休闲余暇"活动，使绿色观光农业成为国民生活的一种新方式。他们的绿色观光农业大体可分为四大类型：农林业公园型、饮食文化型、景观观赏与山野居住型和终生学习型，让游客在体验农村生活中学习生态环境知识，其形式主要有：与富有特色的野生生物的接触，如鲸鱼观察会、野鸟观察会、萤火虫观察会等；大自然观察活动，如星空观察会、自然散步会等；在对农林业等的体验中加深对自然理解的活动，如田地的生物调查、植树、除草体验等；体验地区生活和文化，如学习深山的管理和再生知识，学习古来的生活智慧等；在大自然中体验悠闲旅游，感受自然恩惠①……这些观光旅游活动的开展让游客亲密接触大自然，深入体验农业生活，在带来巨大经济效益的同时也传承了传统动植物知识及农业生态技术。

我国台湾地区的森林游乐区是社会大众非常喜爱的户外休闲旅游场所。它以体验自然野趣为特色，除必要的住宿、餐饮、卫生、服务等设施外，主要发展登山健行、森林浴、自然疗养、观赏野生动物、赏景、观花、观叶、观星、自然解说及户外教室等无碍生态活动。游乐区内设置有必要的指示牌、解说设施和避难山屋等，他们委托相关公益团体、原住民社团、非政府保育组织等，以制度化的导游与解说教育方式，将保护区内的珍贵自然资源及生态知识传输给游客。

二　建立生态学校

建立生态学校也是传承传统生态知识的重要方式之一。生态学校的目标是通过课堂学习和在校内外开展行动，提升学生对可持续发展问题的关注，注重绿色实践。巴西圣保罗专门建立了生态学校，这些学校关注生态环境问题，它们把孩子每天与大自然零距离接触作为课程的重要组成部分，让孩子关注菜园、花园、森林和养殖场，播种并观察植物的生长过程以及与动物共同生活在一起。在托马斯·克鲁斯学校，学生们与鹅、鸭、鸡等动物分享空间，借助环境对学生进行生物学、植物学、动物学、地理、地质学等方面的教学，让学生从具体实际中获得知识。生态学校的建立有利于学生接触自然、接触动植物，有利于传承动植物习性认知并帮助学生树立热爱大自然的思想情感。

位于美国佐治亚州的萨凡纳乡村日校是唯一得到 LEED（美国民间绿

① 时临云、张宏武：《日本的生态旅游管理及其对我国的启示》，《科学·经济·社会》2008 年第 4 期。

色建筑认证奖项）银奖认证的学校。该校让学生经营有机花园，为校园的食堂提供新鲜蔬菜和香草。学校里的蠕虫堆肥系统、低碳排放的油漆以及雨水收集系统，校园里的动物笼舍等，大大增加了校园的生态环保功能。学校拥有丰富的户外教育场地如盘古花园、莎士比亚花园等，学生每周都会在校外进行学习和游玩，课间学校组织了生态学习小组，小组的组员都能够为学校的生态发展提供建议和帮助。家长也被邀请作为代表为学校的生态课程以及环境献计献策。

大洋洲的新西兰霍顿山谷中学在学校建立了蠕虫农场，以分解食物残渣，发展堆肥系统，尽量回收一切可回收的物品。该校操场上种植了一片热带雨林，让学生培育和维护这片雨林。他们也拥有一片健康食品菜园，教师们利用这个场所给学生讲述关于人类居住环境的知识。①

三　发展有机农业，建设农业生态园

有机农业已经成为世界绝大多数国家确保农业可持续发展和粮食安全的重要途径之一，利用传统生态技术大力发展生态产业更能体现传统生态知识的价值。美国是世界上最大的有机产品市场，有机农业已经与美国人的生活息息相关。他们的有机农业是一种完全不用或基本不用人工合成的化肥、农药、生长素和牧畜饲料添加剂的生产体系，利用传统知识使农业生态实现自我调节和农业资源的再生利用。如美国东南部的阿拉巴马州农业生态园的发展主要采取水土保持、养地用地相结合的方式，他们利用作物合理轮作抑制杂草及病虫害，实行10—15年休耕还林还草，免耕播种减少土壤水分流失，施用有机肥。长岛的有机蔬菜农场不用除草剂和化肥，利用天敌消灭虫害，实行轮作，蔬菜价格比同类无机产品价格高30%。

瑞典的轮作型生态农业模式现在已处于世界领先地位，他们的农业生态园在农业生产中采用四年轮作模式与生态饲养模式相结合，最大限度地减少了农业污染，以保证农产品的生态化、环保化。他们主要采用轮种牧草、小麦、豆类、燕麦的四年轮作种植方法来保

---

① 黄宇、王晓利：《国际生态学校的案例和启示》，《环境教育》2013年第2期。

持土壤肥力，减少病虫害。同时，施用天然肥料（人畜禽粪便）进行人工除草等，以保证农作物的生态化。虽然其生产的农作物产量比普通模式下的产量要低 16%—21%，但其售价却高出近 100%。另外，瑞典还采用室外放养、生态饲料喂养等生态饲养禽畜方法，采用生态方式替代药物来对禽畜传染病进行预防，所生产的生态食品供不应求。

德国的有机农业在 20 世纪六七十年代得到了迅猛发展，政府采取农田休耕，减少化肥和农药施用量，提高农产品质量，保护生态环境等措施，通过 30 多年的努力，目前已经发展成为当今世界上最大的有机食品生产国和消费国。如他们 1727 年建立的第二王宫农场用小麦、大麦喂有机鱼。鱼病防治只使用生石灰消毒，虽然捕获时间延长半年，产量与常规养殖相似，但价格却翻一倍多。生猪养殖除提供宽松的养殖环境和运动场所，按照猪的自然习性进行饲养外，顺势疗法是主要的治病方法。

由于本土生态知识属于民族非物质文化的有机组成部分，国外一些保护非物质文化的做法和经验，如建立活态博物馆、建立传承人制度等也可以适度借鉴。但在吸取经验时，我们也不能简单地将国外经验直接照搬，必须注意国内与国外的异同，历史与现实的异同，区域之间的异同。由于土家族传统生态知识内容广泛且很多具有很强的隐含性，我们应该根据各地区实际情况采取灵活合理的传承策略。

本章小结

本章从文化传承体系的几个构成要素：传者与受者、传承内容、传承方式、保障体系等入手，认为在新时期要促进土家族传统生态知识的有效传承必须加深人们对传统生态知识的理性认知，促进传统生态知识的系统化与科学化，实现传承方式多样化，建立有效的保障体系并不断吸收借鉴国内外生态知识传承的实践经验。这几个方面应该同时进行，共同构筑有利的传统生态知识传承空间。

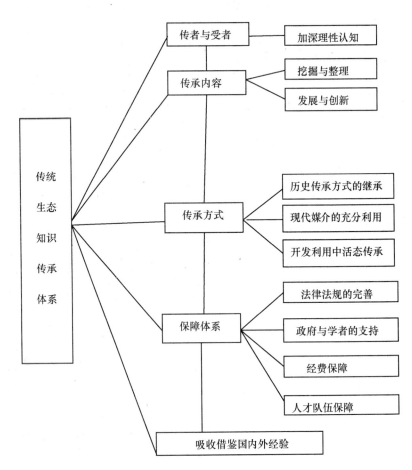

图7—9 传统生态知识传承体系

结　语

一　土家族传统生态知识的独特魅力

土家族传统生态知识是土家人千百年来在适应和改造本民族独特自然生存环境的历史过程中逐渐总结、提炼出的人与自然和谐共存的观念、规约、技术知识的总和。这些知识与武陵山区的自然与生态系统紧密相关，同时又与土家族民族文化融为一体，是长期历史积淀的产物，不仅具有丰富的文化内涵，而且具有自己的独特魅力，主要体现在以下几个方面：

其一，多样性与一体性。俗话说："十里不同风，百里不同俗。"不同民族具有不同的文化，不同地域具有不同的文化。对于土家族传统知识而言，这种"差异"确实很多。虽然同属一个民族、同处武陵山区，但多样化生态环境造就了多样化的生态知识。由于土家族地区山峦起伏，地貌类型复杂，不同海拔地带的气候具有很大差异，"山高一丈，大不一样""一山有四季，十里不同天"，高山区、二高山区、平坝地、丘陵地、低山区气候资源相差悬殊，人们的生计方式、耕作制度与劳作时间都存在一定差异。因此，生成于这种环境之下的土家族传统生态知识也呈现出多样性的特征。尽管如此，各地土家人追求的原则却是一致的，他们都讲究"因地因时制宜""用养结合""适度利用自然资源"，追求与大山和谐共存，整个武陵地区都没有像平原地区单纯的农业和草原地区单纯的牧业，多是农业、牧业、渔猎、采集和经济作物种植兼而有之的混合山地农业。

其二，山地适应性。传统生态知识具有地方性，一般都只能在一定的地域范围内适用，并没有规律性和普适性。土家族传统生态知识也不例外，它主要适宜武陵山区特殊的山地环境，是对山地资源的充分合理利用，它在指导山地民众从事农事活动、减少自然灾害的影响、促进人与自然关系的和谐等方面都具有重要的价值，具有很强的实用性。虽然在许多学者看来，土家族地区的农业、林业和牧业都不具备特色和优势，与其他地方相比似乎都稍逊一筹，但"三者兼营"、多样化的生计方式不会造成武陵山区人与自然资源的紧张，可以提供种类繁多的农产品，在一定程度上满足了区域内部居于不同小环境的各民族生产资料和生活资料的需要。这种全面利用农林牧自然资源的生态模式是其他许多民族所无法实现的，有利于山地资源的充分合理利用。在田野调查中，笔者看到许多地区正在推广"一片一业""一村一品"的特色农业，但有时如果遇到市场风险或病虫害，农民往往亏损非常严重，但也正是因为有了这个"多渠道来源"，农民的生活才不至于特别困难。

其三，民族性与交融性。斯图尔德认为，各民族所处的自然与生态环境对文化具有重要的模塑作用，此外，每个民族所经历的历史过程也具有其独特性，这一特殊历史过程也发挥着重要的模塑作用。土家族传统生态知识是与武陵山区特定自然与生态系统长期适应与积累的产物，与土家族特殊的历史文化、风俗习惯密切相关，许多知识蕴藏在创世史诗、神话传说、宗教信仰、习惯法、谚语、歌谣、舞蹈以及生产生活方式之中，具有鲜明的民族特色。但由于土家族地区与汉族地区直接相邻，土家人又长期与苗族、侗族、白族等多民族杂居共处，这一特殊的文化生境导致土家族传统生态知识具有多民族交融的特点，部分生态知识是在吸取和借鉴其他民族文化后重构的产物。

总之，土家族传统生态知识是适应武陵山地特殊自然生态环境的产物，它既具有丰富的文化内涵，又具有自己的鲜明特色。

二 土家族传统生态知识的"声声不息"

土家族传统生态知识是武陵山区土家人在长期的生产生活过程中不断积累起来的有地域性特征的知识，是人类知识的重要组成部分。这些地方性知识虽然不具有普适性，过去在现代话语体系里没有应有的话语权，但这些知识对于特定的地域和有着独特文化传统的民族而言却是必不可少的，其独特价值现在正逐步得到关注。

（一）传统生态知识与土家族地区的可持续发展

在现代社会里，市场经济的发展与现代科技的介入极大地改变了村民的生产方式与生活方式，但土家族的民俗生活并没有因此出现紊乱，传统生活逻辑依然在延续，"对于任何时代、任何地域、任何民族的特定群体而言，只要生存，就永远离不开自然空间与生存资源的依托，并且在特定的时空生态区位内，人们总能不断摸索出'合宜'的生计方式与生活方式，这就是适宜于特定区域的民众的生存框架。民众的生存永远都离不开这样一个特定生存框架的规约"①。虽然现代化带来了土家人生活的巨大变迁，但该地农业、林业、饲养业依然在发展，打工者依然会归来，习俗依然在延续，这使土家人的生存框架的运行始终以一种"惯习"的方式存在，传统生态知识的延续与传承也正是人们"生存理性"的直接体现。

多年来，为了武陵山区的经济发展和扶贫攻坚，国家投入了大量财力、人力和物力，取得了一定成效，但贫困状况依然普遍存在，基础建设和公共事业发展严重滞后，特色产业发展乏力，与发达地区的差距不断扩大。面对这种情况，我们不仅要思考，土家人到底应该如何生存和发展呢？尹绍亭教授曾经指出："如果完全排斥民族传统文化，脱离当地的自然条件等实际情况，那么无论多么先进、新奇的发展思路，多么惊人、宏伟的规划和目标都是无济于事的。"② 土家族地区的可持续发展不能盲目地照抄、照搬外来经验，必须从它们的传统生业入手，那里有它们延续了几千年的切实有用的经验、技术和知识，只有将这些传统智慧与现代科学技术相结合，才能创造出独特有效的发展模式，走自己的山地"特色"之路。

首先，土家族地区山多田少，要实现可持续发展，应该因地制宜地合理利用本地生态资源。由于自然地理条件的限制，山区大多数地方都不能采用大型机械化生产，传统的粮食作物生产在这里没有优势，因此必须以绿色资源为依托，利用传统生态知识大力发展绿色产业，大力开发绿色产品，构筑以绿色产业为支撑的经济结构，变资源优势为竞争优势，最终形成具有竞争力和鲜明个性的土家族区域特色经济体系。湖北恩施州按照"生态立州"的基本要求，先后实施了"十年绿化鄂西"和"林业绿色致

---

① 詹娜：《农耕技术民俗的传承与变迁研究》，中国社会科学出版社 2009 年版，第 296 页。

② 尹绍亭：《远去的山火——人类学视野中的刀耕火种》，云南人民出版社 2008 年版，第 281 页。

富工程"，尤其是天然林保护、退耕还林、生态家园建设三大工程的有效实施，对于保护森林资源、提高绿化水平起到了重要作用。他们推广立体复合种植模式，堪称发展现代林业的典范。恩施市华中药用植物园运用各种模式的间作、套作、轮作，既有效地保护了生态环境，又促进了农民增收，实现了生态效益、经济效益和社会效益的有机统一。

其次，山区的养殖畜牧业也不能忽视，这是一种付出劳力少又能带来稳定收入的重要生计方式。武陵山区牧草品种资源丰富，有禾本科、豆科、菊科等400多种，具有一定载畜能力，当地农民也有养牛、养羊和养兔的传统，积极发展畜牧业是推进其特色农业发展的较好方式。但畜牧也要遵循适度原则，大规模养殖势必会破坏生态环境。贵州的"沿河山羊"很有市场，当地政府制定了可持续发展的思路："提倡家家种草、户户养羊，实行定点定区域放羊与高床圈养相结合；在山坡上实行退耕还林，林下种草；按照种草养畜，草畜配套的工作思路；立足当前，自给自足；着眼长远，立草为业；推进山羊养殖区域化，区域养殖专业化，专业养殖规模化，规模养殖集约化的进程。"① 这种思路既没有破坏生态环境，又带动了当地的经济发展。

再次，利用土家族传统生态知识大力发展旅游业也应该成为武陵山区旅游业发展的一条新路径。武陵山区各级政府都非常重视生态旅游产业的发展，把生态旅游产业作为该地区生态保护、民众就业和增收致富的主导产业来抓。各地区都举办了大型旅游节事活动以推动当地生态旅游发展，如恩施州举办了"生态文化旅游节暨恩施女儿会"，渝东南各民族县轮流举办"渝东南民族生态旅游文化节"，张家界国家森林公园、贵州梵净山、恩施大峡谷都成为国内外一流的著名生态旅游目的地，旅游发展成绩斐然。利用土家族传统生态知识可以增加许多旅游项目，有利于丰富游客生活，让游客真正体验到民族生态文化的魅力。此外还可以结合食、游、购、住等多种方式，大力发展观光农业或农业生态园，人们不仅可以观光，还可以亲自参与农场、牧场、林场、渔场的生活实践，如抓鱼、制酒、下田插秧、采茶、编织等。武陵山区自然和人文生态良好，生态旅游

---

① 何立高：《武陵山土家族地区山村经济发展思考》，见《土家族研究》第4集，贵州民族出版社2005年版，第61页。

资源种类繁多，大力发展生态文化旅游既可以带来经济收入，同时也是实现传统生态知识活态传承的一条有效途径。

当前，许多土家人选择到外地务工，这是一种短期获取资金的生计方式，它不能成为民族贫困地区生产和生活的支柱，不可能从根本上让土家人民脱贫致富。只有因地制宜地将土家族传统生态知识与现代科学技术相结合，实现多样化经营模式，充分利用本地自然资源，宜农则农，宜林则林，宜牧则牧，宜渔则渔，才能在保住青山绿水的前提下实现经济发展和人民收入的提高，才能真正实现人与自然的和谐发展。

（二）传统生态知识与"美丽中国"的建设

土家族世代聚居的武陵山区是我国重点生态功能区，也是人与自然和谐相处的示范区。但由于森林植被资源不合理开发等原因，也致使武陵山区生态功能退化，面临土壤侵蚀加重、地质灾害增多等生态问题。吉首大学罗康隆教授认为生态灾变救治的主要目标是追求稳定，而绝对不是要凭借社会力量去另建一套所谓的"优良"生态环境。因为即使能够造得出所谓"优良"生态环境，如果它不能自我稳定延续，那肯定是得不偿失的做法，也是不可持续的败招。武陵山区虽然存在许多生态脆弱环节，但长期以来土家人凭借传统生态知识的运行和积累维系了自身的长期稳定与发展。我们今天建设武陵山区的生态文明就是要凭借这些传统知识去完成民族生境的再建，在尽可能减少投入的情况下，也能够借助自然力而得到稳定延续，以利于本民族的利用并造福于全人类。土家族传统生态知识对于土家族而言就是生存的根基，是可持续发展的依赖，其价值经过了历史的长期验证，我们不能忽视它的作用。

少数民族的传统生态文化是我国当前生态文明建设的文化土壤，生态文明建设必须充分挖掘和汲取优秀传统生态文化中的宝贵资源。土家族传统生态知识中的很多内容其实也并不仅仅只是适用于土家族地区，对于其他生态环境类似的地区也同样适用。这些知识的典型特征就是对山地资源的充分合理利用，因此很多内容对于南方山地环境中生存的民众来说也具有一定指导意义和实用价值，利用这些宝贵智慧有利于山地环境的生态建设与恢复。

世界著名生态和社会学家唐纳德·沃斯特指出："我们今天所面临的全球性生态危机，起因不在于生态系统本身，而在于我们的文化系统。要度过这一危机，必须尽可能清楚地理解我们的文化对自然的影响。"①　在科学技术高度发展的今天，人们虽然掌握了所谓现代的高新技术，但是在生态灾变救治和生态文明建设上仍然需要依靠在特定生态背景下生成的传统生态知识。随着全球生态环境污染的日益突出，追求人与自然的和谐成为全人类的共同目标，党的十八大报告明确提出要建设"美丽中国"，把生态文明建设摆在总体布局的高度来进行论述。土家族传统生态知识中蕴藏着许多对今日有启示意义的与大自然和谐相处的宝贵智慧，挖掘与传承这些生态智慧可以为当代的生态保护与生态管理提供参考，有利于生物多样性的保护，有利于弥补现代科学技术的缺憾，有利于实现"美丽土家"并最终为建设"美丽中国"提供借鉴。因此，保护和传承这些知识有益于民族的生存和人类的进步，土家族传统生态知识在当今仍然具有巨大的发展空间。

①　转引自贾治邦《深化认识，统一思想，大力推进生态文化体系建设》，《生态文化》2007 年第 10 期。

参考文献

一 地方史志文献

[1]（清）缴继祖：《龙山县志》，嘉庆二十三年刻本。

[2]（清）符为霖：《龙山县志》，同治九年修，光绪四年重刊本。

[3]（清）多寿：《恩施县志》，同治三年修，民国二十年铅字重印本。

[4]（清）李勖：《来凤县志》，同治五年刻本。

[5]（清）毛俊德：《鹤峰州志》，乾隆六年刻本。

[6]（民国）陈侃：《咸丰县志》，民国三年刻本。

[7]（清）廖恩树：《巴东县志》，同治五年修，光绪六年重刊本。

[8]（清）林继钦等：《保靖县志》，同治十一年刻本。

[9]保靖县征史修志领导小组：《保靖县志》，中国文史出版社1990年版。

[10]龙山县修志办公室：《龙山县志》，1985年。

[11]（清）傅一中：道光版《建始县志校注》，建始县档案馆，2000年。

[12]湖北省《来凤县志》编纂委员会：《来凤县志》，湖北人民出版社1990年版。

[13]《恩施州志》编纂委员会编：《恩施州志》，湖北人民出版社1998年版。

[14]乾隆版《永顺府志》，湖南地方志少数民族史料，岳麓书社1991年版。

[15]何宗宪：《来凤县民国实录》，1999年。

[16]向子钧、周益顺、张兴文：《来凤县民族志》，民族出版社2003年版。

［17］《鄂西土家族苗族自治州概况》编写组：《鄂西土家族苗族自治州概况》，1990年。

［18］湖南省少数民族自治地方概况修订编纂委员会：《湘西土家族苗族自治州概况》，民族出版社2007年版。

［19］《沿河土家族自治县概况》编写组：《沿河土家族自治县概况》，民族出版社2007年版。

［20］《酉阳土家族自治县概况》编写组：《酉阳土家族自治县概况》，民族出版社2008年版。

［21］铜仁地区地方志编纂委员会：《铜仁地区志民族志》，贵州民族出版社2008年版。

［22］李德胜等：《长阳土家族自治县概况》，民族出版社1989年版。

［23］郭祖铭：《宣恩县民族志（重修本）》，长江人民出版社2011年版。

［24］新编《湘西州志》，湖南人民出版社1999年版。

［25］《沿河土家族自治县志》编纂委员会：《沿河土家族自治县志》，贵州人民出版社1993年版。

［26］戴凤庭等：《建始县农业志（初稿）》，1988年。

［27］《鄂西农特志》，武汉大学出版社1993年版。

［28］《咸丰县志》编纂委员会：《咸丰县志》，武汉大学出版社1990年版。

［29］《永顺县志》编纂委员会：《永顺县志》，湖南出版社1995年版。

［30］恩施州统计局：《恩施州统计年鉴》，恩施统计出版社2006年版。

［31］《容美土司史料汇编》，鄂西州民委编印1986年版。

［32］龙山县民间文学集成办公室编：《中国谚语集成湖南卷·龙山县资料本》，1988年。

［33］鄂西土家族苗族自治州民族事务委员会：《鄂西谚语集》，四川民族出版社1993年版。

［34］湖南省少数民族古籍办公室：《湖南土家族社会历史调查资料精选》，岳麓书社2002年版。

二 著作类

［1］瞿明安：《当代中国文化人类学》，云南人民出版社2009年版。

［2］周光大：《现代民族学》，云南人民出版社 2008 年版。

［3］庄孔韶：《人类学通论》，山西教育出版社 2004 年版。

［4］［美］吉尔兹：《地方性知识：阐释人类学论文集》，王海龙、张家瑄译，中央编译出版社 2000 年版。

［5］［英］凯·米尔顿：《环境决定论与文化理论》，袁同凯、周建新译，民族出版社 2007 年版。

［6］［美］唐纳德·L. 哈迪斯蒂：《生态人类学》，郭凡、邹和译，文物出版社 2002 年版。

［7］［日］秋道智弥、尹绍亭等：《生态人类学》，范广融等译，云南大学出版社 2006 年版。

［8］王如松、周鸿：《人与生态学》，云南人民出版社 2004 年版。

［9］郭家骥：《生态文化与可持续发展》，中国书籍出版社 2004 年版。

［10］廖国强、何明、袁国友：《中国少数民族生态文化研究》，云南人民出版社 2006 年版。

［11］杨庭硕、田红：《本土生态知识引论》，民族出版社 2010 年版。

［12］杨庭硕、罗康隆等：《美丽生存》，贵州人民出版社 2012 年版。

［13］杨庭硕、罗康隆、潘盛之：《民族，文化与生境》，贵州人民出版社 1992 年版。

［14］罗康隆：《文化适应与文化制衡》，民族出版社 2007 年版。

［15］罗康智、罗康隆：《传统文化中的生计策略——以侗族为例案》，民族出版社 2009 年版。

［16］尹绍亭：《文化生态与物质文化》（论文篇），云南大学出版社 2007 年版。

［17］尹绍亭、［日］窪田顺平：《中国文化与环境》，云南人民出版社 2006 年版。

［18］尹绍亭：《人与森林——生态人类学视野中的刀耕火种》，云南教育出版社 2000 年版。

［19］［韩］全京秀：《环境人类亲和》，崔海洋译，贵州人民出版社 2007 年版。

［20］杨红：《摩梭人生态文化研究》，四川大学出版社 2010 年版。

［21］葛根高娃、乌云巴图：《蒙古民族的生态文化》，内蒙古教育出版社

2004 年版。

[22] 刘荣昆:《傣族生态文化研究》,云南大学出版社 2011 年版。

[23] 王玉德:《中华五千年生态文化》,华中师范大学出版社 1999 年版。

[24] 杨晓波:《农村生态学》,中国农业出版社 2008 年版。

[25] 罗有亮:《民族民间生态智慧研究》,人民出版社 2015 年版。

[26] 薛达元:《民族地区保护与持续利用生物多样性的传统技术》,中国环境科学出版社 2009 年版。

[27] 佘正荣:《生态智慧论》,中国社会科学出版社 1996 年版。

[28] 崔明昆:《象征与思维——新平傣族的植物世界》,云南人民出版社 2011 年版。

[29] 詹娜:《农耕技术民俗的传承与变迁研究》,中国社会科学出版社 2009 年版。

[30] 赵世林:《云南少数民族文化传承论纲》,云南民族出版社 2002 年版。

[31] 艾训儒:《湖北清江流域土家族生态学研究》,中国农业科学技术出版社 2006 年版。

[32] [美] 保罗·康纳顿:《社会如何记忆》,纳日碧力戈译,上海人民出版社 2000 年版。

[33] 彭英明:《土家族文化通志新编》,民族出版社 2001 年版。

[34] 胡炳章:《土家族文化精神》,民族出版社 1999 年版。

[35] 段超:《土家族文化史》,民族出版社 2000 年版。

[36] 向柏松:《土家族民间信仰与文化》,民族出版社 2001 年版。

[37] 柏贵喜:《转型与发展——当代土家族社会文化变迁研究》,民族出版社 2001 年版。

[38] 宋仕平:《土家族传统制度与文化研究》,民族出版社 2005 年版。

[39] 冉春桃、蓝寿荣:《土家族习惯法研究》,民族出版社 2001 年版。

[40] 萧洪恩:《土家族仪典文化哲学研究》,中央民族大学出版社 2002 年版。

[41] 田孟清:《土家族地区经济发展探索与思考》,民族出版社 2002 年版。

[42] 周兴茂:《土家族区域可持续发展研究》,中央民族大学出版社 2002

年版。

［43］李幹、周祉征、李倩：《土家族经济史》，陕西人民出版社 1996
年版。

［44］曹毅：《土家族民间文化散论》，中央民族大学出版社 2002 年版。

［45］田发刚、谭笑：《鄂西土家族传统文化概观》，长江文艺出版社 2003
年版。

［46］曹毅：《土家族民间文学》，中央民族大学出版社 1999 年版。

［47］刘芝凤：《中国土家族民俗与稻作文化》，人民出版社 2001 年版。

［48］邓红蕾：《道教与土家族文化》，民族出版社 2000 年版。

［49］刘伦文：《母语存留区土家族社会与文化》，民族出版社 2006 年版。

［50］廖德根、冉红芳：《恩施民俗》，湖北人民出版社 2013 年版。

［51］杨昌鑫：《土家族风俗志》，中央民族学院出版社 1989 年版。

［52］罗士松：《土家族渔猎》，中央民族大学出版社 2009 年版。

［53］田永红：《走进土家山寨：贵州土家族风情录》，贵州人民出版社
2001 年版。

［54］朱国豪：《土家族医药》，中医古籍出版社 2006 年版。

［55］李良品、彭福荣：《乌江流域口承文学研究与集成》，中国戏剧出版
社 2011 年版。

［56］吴旭：《土仓：华中山区食用植物的民族植物学研究》，复旦大学出
版社 2010 年版。

［57］马翀炜、陆群：《土家族——湖南永顺县双凤村调查》，云南大学出
版社 2004 年版。

［58］刘吉清、戴美明：《宣恩民间语汇》，湖北人民出版社 2008 年版。

［59］郭大新等：《宣恩土家族习俗》，湖北人民出版社 2006 年版。

［60］王晓宁：《恩施自治州碑刻大观》，新华出版社 2004 年版。

［61］李良品、傅小彪：《乌江流域历代碑刻选辑》，重庆出版社 2007
年版。

［62］中国科学院民族研究所湖南少数民族社会历史调查组：《湘西土家
族苗族自治州龙山县草果社调查报告》，1958 年。

［63］国家民委古籍办：《中国古籍总目提要·土家族卷》，中国大百科全
书出版社 2008 年版。

[64] 彭荣德、王承尧：《梯玛歌》，岳麓书社 1989 年版。

[65]《土家族简史》编写组：《土家族简史》，民族出版社 2009 年版。

[66] 周立荣、李华星：《土家民歌》，湖北人民出版社 2003 年版。

[67] 湖南少数民族古籍办公室主编：《摆手歌》，岳麓书社 1989 年版。

[68] Anderson E. N., *Ecologies of the Heart-Emotion*, *Belief*, *and Environ-ment*, Oxford University Press, 1986.

[69] Emillio F. Moran, *Human Adaptability*：*An Introduction to Ecological An-thropology*, Westview Press, 1982.

[70] Balick, Michael and Paul Cox, *Plants*, *People*, *and Culture*, New York：Scientific American Library, 1996.

[71] Nash, RodetiekFrazier, *The Right of Nature*：*A History of Environmental Ethies*, University of Wiseons in Press, 1989.

三 论文类

[1] ［美］斯图尔德：《文化生态学的概念和方法》，《世界民族》1988 年第 6 期。

[2] 宋蜀华：《论中国的民族文化、生态环境与可持续发展的关系》，《贵州民族研究》2002 年第 4 期。

[3] 何星亮：《中国少数民族传统文化与生态保护》，《云南民族大学学报》（哲学社会科学版）2004 年第 1 期。

[4] 袁国友：《中国少数民族生态文化的创新转换与发展》，《云南社会科学》2001 年第 1 期。

[5] 郭家骥：《云南少数民族的生态文化与可持续发展》，《云南社会科学》2001 年第 4 期。

[6] 瞿州莲：《浅论土家族宗族村社制在生态维护中的价值》，《中南民族大学学报》（人文社会科学版）2005 年第 5 期。

[7] 赵世林：《民族文化的传承场》，《云南民族学院学报》（哲学社会科学版）1994 年第 1 期。

[8] 段超：《中华优秀传统文化当代传承体系建构研究》，《中南民族大学学报》（人文社会科学版）2012 年第 3 期。

[9] 晏鲤波：《少数民族文化传承综论》，《思想战线》2007 年第 3 期。

［10］罗康隆：《论民族生计方式与生存环境的关系》，《中央民族大学学报》2004 年第 5 期。

［11］罗康隆：《论苗族传统生态知识在区域生态维护中的价值——以贵州麻山为例》，《思想战线》2010 年第 2 期。

［12］罗康隆：《地方性生态知识对区域生态资源维护与利用的价值》，《中南民族大学学报》（人文社会科学版）2010 年第 5 期。

［13］游俊、杨庭硕：《当代生态维护失误与匡正》，《吉首大学学报》（社会科学版）2006 年第 6 期。

［14］杨庭硕：《论地方性知识的生态价值》，《吉首大学学报》（社会科学版）2004 年第 3 期。

［15］崔明昆、杨雪吟：《植物与思维——认知人类学视野中的民间植物分类》，《广西民族研究》2008 年第 2 期。

［16］付广华：《生态环境与龙脊壮族村民的文化适应》，《民族研究》2008 年第 3 期。

［17］温士贤：《山地民族的农耕模式与生态适应——基于对怒江峡谷秋那桶村的田野研究》，《贵州民族研究》2011 年第 2 期。

［18］袁同凯：《地方性知识中的生态关怀：生态人类学的视角》，《思想战线》2008 年第 1 期。

［19］姜爱、刘伦文：《人地关系与土家族生计变迁六十年——湘西龙山县草果村的再研究》，《西南民族大学学报》（人文社会科学版）2013 年第 3 期。

［20］尹绍亭：《中国大陆的民族生态研究（1950—2010 年)》，《思想战线》2012 年第 2 期。

［21］崔明昆、崔海洋：《近三年来中国生态人类学研究综述》，《中央民族大学学报》（哲学社会科学版）2013 年第 4 期

［22］任国英：《生态人类学的主要理论及其发展》，《黑龙江民族丛刊》2004 年第 5 期。

［23］李霞：《生态人类学的产生和发展》，《国外社会科学》2000 年第 6 期。

［24］宋蜀华：《论中国的民族文化、生态环境与可持续发展的关系》，《贵州民族研究》2002 年第 2 期。

［25］ 何星亮：《中国少数民族传统文化与生态保护》，《云南民族大学学报》2004 年第 1 期。

［26］ 姜爱：《近 10 年中国少数民族传统生态文化研究述评》，《北方民族大学学报》（哲学社会科学版）2012 年第 4 期。

［27］ 王孔敬：《西南地区苗族传统生态文化的内容特点及其保护传承研究》，《前沿》2010 年第 1 期。

［28］ 段超：《试论改土归流后土家族地区的开发》，《民族研究》2001 年第 4 期。

［29］ 雷翔：《游耕制度：土家族古代的生产方式》，《贵州民族研究》2005 年第 2 期。

［30］ 柏贵喜：《南方山地民族传统文化与生态环境保护》，《中南民族学院学报》（哲学社会科学版）1997 年第 2 期。

［31］ 柏贵喜：《乡土知识及其利用与保护》，《中南民族大学学报》（人文社会科学版）2006 年第 1 期。

［32］ 柏贵喜、李技文：《认知人类学视野下的土家族农家肥知识探析——鄂西五峰土家族自治县红烈村的个案研究》，《吉首大学学报》（社会科学版）2009 年第 5 期。

［33］ 梁正海、柏贵喜：《村落传统生态知识的多样性表达及其特点与利用——湘西土家族村落"苏竹"个案研究》，《吉首大学学报》（社会科学版）2009 年第 3 期。

［34］ 龙运荣、李技文、柏贵喜：《传统知识的现代价值与反思——以土家族传统养猪方式为个案的民族志研究》，《湖北民族学院学报》（哲学社会科学版）2009 年第 2 期。

［35］ 李技文、柏贵喜：《土家族传统农业生产知识的实践内容及其现代价值——基于红烈和龙桥两个村寨的田野调查》，《吉首大学学报》（社会科学版）2010 年第 1 期。

［36］ 梁正海：《民族学视野下土家族传统生态知识类型及其内涵》，《湖北民族学院学报》（哲学社会科学版）2010 年第 4 期。

［37］ 王希辉：《少数民族地方性生态知识的传承与保护——以石柱土家族黄连种植为例》，《广西民族大学学报》（哲学社会科学版）2008 年第 9 期。

[38] 土希辉、余平:《土家族的生态观及其当代意义》,《前沿》2009 年第 8 期。

[39] 瞿州莲:《浅论土家族宗族村社制在生态维护中的价值》,《中南民族大学学报》(人文社会科学版)2005 年第 3 期。

[40] 雷翔:《游耕制度:土家族古代的生产方式》,《贵州民族研究》2005 年第 2 期。

[41] 邓锐:《土家族文化的生态适应与出路——落都社区个案调查》,《土家族研究》2008 年特刊。

[42] 付广华:《传统生态知识:概念、特点及其实践效用》,《湖北民族学院学报》(哲学社会科学版)2012 年第 4 期。

[43] 许再富、黄玉林:《西双版纳傣族民间植物命名与分类系统研究》,《云南植物研究》1991 年第 4 期。

[44] 安德明:《渭水中上游地区的农事禳灾研究》,博士学位论文,北京师范大学,1997 年。

[45] 梁正海:《传统知识的传承与权利——以湘西苏竹人的医药知识为中心》,博士学位论文,中南民族大学,2010 年。

[46] 戴嘉艳:《达斡尔族农业民俗及其生态文化特征研究——以内蒙古莫力达瓦达斡尔族自治旗阿尔拉村为个案》,博士学位论文,中央民族大学,2010 年。

[47] 杜娟:《人与动物粮食之争——神农架下谷坪乡生态保护情况的实地调查》,硕士学位论文,中央民族大学,2011 年。

[48] 姚丹:《土家族传统文化与生态保护研究——以鄂西来凤县兴安村为例》,硕士学位论文,中南民族大学,2011 年。

[49] 韦玮:《当代土家族农民生态保护意识研究——以长阳土家族自治县龙舟坪镇为例》,硕士学位论文,中南民族大学,2011 年。

[50] 瞿师节:《土家族传统知识及其传承与保护研究——以湘西龙山县苏竹村为例》,硕士学位论文,中南民族大学,2011 年。

[51] 张彦:《土家族药用植物民间利用研究》,硕士学位论文,中南民族大学,2009 年。

[52] Berkes, F., Colding, J., Folke, C., "Rediscovery of Traditional Ecological Knowledge as Adaptive Management", *Ecological Applica-*

tions, 2000 (5).

[53] Michael A., "Little: Human Ecology in Anthropology: Past, Present, and Prospects", *Anthropologist Special Issue*, No. 3, 2007.

[54] Hunn, E., "The Utilitarian Factor in Folk Biological Classfication", *American Anthropologist*, 1982.

后　　记

　　本书是我博士研究生阶段的一份答卷，几经修改，今天终于要画上句号了，心中百感交集。古人云："受人滴水之恩，当以涌泉相报。"回望自己的求学与工作之路，值得感谢的人太多。

　　感谢导师段超教授2010年将资质平平的我引进博士的大门，三年的时间里，老师教给我为人为学的道理，传授我从事科学研究的方法，引导我建构科学合理的知识结构体系，锻炼我独立调查、独立从事科学研究的能力。老师严谨的治学精神和崇高的人格魅力深深地影响着我，让我受益匪浅。导师倡导"德业双修"，惯行批评式教育，但于我，得到的却多是老师的鼓励和帮助，带给我无穷的信心和力量。本书从选题到提纲的拟订，从撰写修改到最终成稿，每一步都倾注着导师的智慧和心血。在此向老师表示最衷心的感谢和最深的敬意，师恩之情，永存心间！

　　感谢中南民族大学雷振扬教授、田敏教授、柏贵喜教授、许宪隆教授、李吉和教授等多位老师，他们不仅精心安排我们的课程教学，还在本人论文开题中给予过悉心指导！感谢对我的论文进行过匿名评审的五位专家和参加答辩的周大鸣教授、高永久教授、孙秋云教授、雷振扬教授和吴开松教授，他们都对我的论文提出了许多宝贵的修改意见，也感谢他们对我论文不足之处的包容。

　　感谢湖北民族学院民族学与社会学学院院长谭志满教授及诸位领导对我工作的莫大支持和经费资助，感谢他们为我提供了宽松的环境和许多锻炼学习的机会！感谢我的硕士导师学报编辑部刘伦文教授，他将我领进武陵山区土家族社会文化的研究领域，让我深切体验到土家文化的独特魅力。刘老师长期关注我的学业与工作发展，多次为我排忧解难，真心感谢老师的悉心指导和帮助！感谢吉首大学杨庭硕教授和罗康隆教授在百忙之中抽出时间为我指点"迷津"并以书相赠！此外，本人在论文写作过程中也参考了大量学术前辈的研究成果，为我撰写论文提供了丰富的资料和有价值的思想，在此一并致谢！

感谢田野调查中众多热情的土家人！根据选题需要，我到恩施州、湘西州、重庆酉阳县和贵州沿河县都展开过田野调查，同当地许多政府官员、村干部、技术人员、民间医生、文化专家及土家乡民打过交道，由于路线不熟且没有任何有利的"熟人"关系，调查中遇到重重困难也在所难免。田野里总是听到类似的声音！"你一个女孩怎么敢独自闯到我们这个山窝窝里来哦？""因为我相信土家人的淳朴！事实确实如此，田野因为有这些热情的土家人而拥有一串串难忘的回忆：难忘利川福宝山梁家禄场长和张永然场长、来凤大河林业站向松林站长不仅热情周到地安排食宿，还亲自驾车陪同调研；难忘沿河人大李克相主任不仅为我搜集、复印文献资料提供了许多便利，还将长期拍摄的照片提供给我；难忘在利川小河迷路的茫然中，一位不知名的小兄弟冒雨骑摩托主动送我到十里外的目的地，而不肯收取一分钱；难忘酉阳老中医刘仲华先生耐心地为我讲解各种药草的功效，并将多年收集与珍藏的古玩拿出来供我观摩；难忘无数的土家乡民不仅为我提供了大量第一手鲜活的资料，还在饮食、住宿、出行等方面提供尽可能的帮助……点点滴滴，终生难忘。

最后还要感谢我的家人和朋友。感谢先生李永诚，多年来我们共同承受着学业、经济、生活等多重压力，但我们相互支持、患难与共，总是坚信"明天会更好"，也正是由于他的包容与支持才给予我不断前行的动力。感谢父母，多年来他们一直在默默付出，但我们常常"顾小家忘大家"，未能好好承担儿女之责任，深感羞愧！同时也要感谢我的同事、同学、同门和众多朋友对我的所有关爱与帮助！

本书的出版得到了中国社会科学出版社的大力支持，他们用心修改、细致校核，其精益求精的精神真是难能可贵，在此也感谢孔继萍老师为此所付出的所有努力。

由于个人学识和研究水平有限，论文中难免有疏漏和不当之处，敬请各位学界同仁批评指正！

姜爱

2016 年 9 月于湖北民族学院